21世纪普通高等学校信息素质教育系列教材

信息素养与信息检索教程
（第二版）

主　编　李贵成　刘　微　张金刚
副主编　王招富　杨　梅　吴长江

华中科技大学出版社
http://www.hustp.com
中国·武汉

内 容 提 要

信息素质教育（也称信息素养教育）是整个素质教育体系中的一个组成部分，已成为我国大学生通识教育的一大特色，它对培养大学生的信息意识和获取信息的能力、提高大学生自学能力和科研能力起到了重要作用。

本书通过对信息的基本知识、信息素养与信息素养教育、文献信息检索基础知识、图书馆与大学生信息素养教育、常用数据库检索、网络信息资源检索的介绍，比较系统地分析和总结了信息检索的技术、方法、途径，并给出了检索案例分析。同时，本书对信息利用的相关知识（如信息分析与鉴别、学术论文写作、学术规范与合理使用文献等方面的基本知识），以及大学生就业信息搜集与求职方面的知识进行了介绍。

本书附有科技查新报告样例，方便师生了解科技查新报告的要求；附有上机实习作业样例，供师生上机实习时参考；附有TRIZ理论入门导读，让大学生对TRIZ理论有初步的了解，以便提高大学生的创新能力，激发大学生的创新意识。

图书在版编目(CIP)数据

信息素养与信息检索教程/李贵成,刘微,张金刚主编.—2版.—武汉:华中科技大学出版社,2021.5
(2023.1重印)
ISBN 978-7-5680-7116-1

Ⅰ.①信… Ⅱ.①李… ②刘… ③张… Ⅲ.①信息素养-高等学校-教材 ②信息检索-高等学校-教材 Ⅳ.①G254.9

中国版本图书馆 CIP 数据核字(2021)第 084657 号

信息素养与信息检索教程(第二版)	李贵成 刘 微 张金刚 主编

Xinxi Suyang yu Xinxi Jiansuo Jiaocheng(Di-er Ban)

策划编辑：袁　冲
责任编辑：段亚萍
封面设计：孢　子
责任监印：朱　玢

出版发行：华中科技大学出版社（中国·武汉）　　电话：(027)81321913
　　　　　武汉市东湖新技术开发区华工科技园　　邮编：430223
录　　排：武汉创易图文工作室
印　　刷：武汉开心印印刷有限公司
开　　本：787mm×1092mm　1/16
印　　张：16
字　　数：393千字
版　　次：2023年1月第2版第2次印刷
定　　价：45.00元

本书若有印装质量问题，请向出版社营销中心调换
全国免费服务热线：400-6679-118　竭诚为您服务
版权所有　侵权必究

第二版前言

《信息素养与信息检索教程》自 2016 年出版以来,受到全国各高校读者的好评,并在使用的过程中给我们来信反馈了非常好的意见和建议,同时也就相关问题进行了十分深入的研究和探讨。因此,在华中科技大学出版社的大力支持下,我们对第一版进行必要的修改。

随着信息时代的发展,在"谁先占有了信息,谁就抢占了发展的先机"这样的社会背景下,高职高专院校相继开设了信息素养教育课程,编写一本适合信息社会发展的信息素养与信息检索教材显得尤为重要。因此,对第一版《信息素养与信息检索教程》的修改,我们尤为慎重。一方面,通过调研获取关于教材内容设置的意见和建议,在此基础上对教材做相应的内容调整;另一方面,征询同行专家和企业信息服务专业人员对教材相关章节内容的编排的建议。同时,也兼顾高职高专院校"专本衔接"的需求。

本教材继续沿用第一版的编写体例,通过"增""减""删""并"等方法,对原教材中表述不够详尽的内容进行扩充,增加适应信息时代发展的新内容,删除过时、陈旧的部分,合并原教材中部分关联性比较大的内容,减少原教材中部分理论阐述过度的内容。

本次修改工作的参与人员主要来自一线负责信息素养与信息检索课程教学工作的在校大学教师,他们具有丰富的教学经验和指导学生的实践经验。

本教材的修改、出版得到了华中科技大学出版社的鼎力支持,借此机会表示由衷的谢意。本教材在修改编写过程中借鉴、参考了多种来源的资料,有的已经做了说明,有的无法说明出处,在此对原作者一并表示感谢!

由于时间紧迫,加上编者能力及水平有限,本教材难免存在疏漏和不足之处,敬请同行专家及广大读者批评指正。

编 者

2020 年 12 月

第一版前言

21世纪是知识经济时代,也是人类经济飞速发展的黄金时代,这个时代最明显的特征就是知识创新。知识创新呼唤时代的创新人才。作为一个全面发展的创新型人才应具备什么样的素质条件呢?永远充满对新知识的渴望,善于获取知识,以及具有较高的信息素养是创新型人才应具备的基本素质。

信息素养教育是创新教育的重要部分,为适应时代的需要,大学生应切实提高对创新教育的认识,努力提高自身信息素养。大学生信息素养是大学生素质的重要组成部分。具有较高的信息素养的大学生能够高效地获取信息,能够熟练和准确地利用信息。

本书将信息素养教育作为全书的基本指导思想,结合网络环境的特点和信息时代的趋势,将最新的信息检索方法及其利用作为全书的主要内容,重点介绍了信息素养、检索技能、信息资源、就业信息、信息分析、信息管理、论文写作与检索案例等方面的理论和知识,阐述了信息素养的科学内涵、信息检索的基本技能及论文写作的基本格式。

本书通过常用的检索工具、多样的信息资源、最新的检索技术、实用的检索案例,全面、具体、系统地介绍了信息检索时,分析课题背景、选取检索词、编制检索式等信息检索流程,具有内容新颖、实践性强等特点。

本书可作为高等学校文献检索课的通用教材,也可供其他读者学习参考。

本书是集体智慧的结晶,但由于时间仓促,加上编者水平有限,书中难免存在遗漏和不妥之处,敬请各位专家、同行及广大读者批评和指正,以便今后修订时加以改进。

编 者

2015 年 12 月

目　　录

上篇　理论篇 ··· (1)

第1章　信息的基本知识 ··· (2)
1.1　信息的概念 ··· (2)
1.2　信息的特征 ··· (3)
1.3　知识的概念与特征 ··· (4)
　1.3.1　知识的概念 ··· (4)
　1.3.2　知识的特征 ··· (4)
1.4　文献的概念与构成 ··· (4)
　1.4.1　文献的概念 ··· (4)
　1.4.2　文献的构成要素 ·· (5)
　1.4.3　文献的功能 ··· (6)
1.5　情报的定义和特征 ··· (7)
　1.5.1　情报的定义 ··· (7)
　1.5.2　情报的特征 ··· (7)
1.6　信息与知识、情报、文献的关系 ·· (8)

第2章　信息素养与信息素养教育 ·· (10)
2.1　信息素养的时代意义 ·· (10)
2.2　信息素养的概念 ··· (10)
2.3　信息素养的内涵 ··· (11)
　2.3.1　信息意识 ··· (11)
　2.3.2　信息知识 ··· (12)
　2.3.3　信息能力 ··· (13)
　2.3.4　信息道德 ··· (13)
2.4　信息素养教育 ·· (14)
　2.4.1　国内外信息素养教育发展概况 ·· (14)
　2.4.2　信息素养教育与高等教育 ··· (16)
　2.4.3　高等学校信息素养教育的框架体系 ·· (16)
　2.4.4　信息素养教育与文献检索课 ·· (17)

第3章　文献信息检索基础知识 ·· (19)
3.1　文献信息的分类 ··· (19)
　3.1.1　按文献信息的载体形态分类 ·· (19)
　3.1.2　按文献信息的出版形式分类 ·· (20)
　3.1.3　按文献信息的加工程度分类 ·· (24)

3.1.4	按文献信息的公开程度分类	(25)
3.2	信息检索基本知识	(26)
3.2.1	信息检索的内涵	(26)
3.2.2	信息检索的类型	(26)
3.2.3	信息检索系统	(27)
3.2.4	信息检索语言	(28)
3.2.5	信息检索途径	(33)
3.2.6	信息检索方法	(34)
3.2.7	计算机信息检索发展概述	(36)
3.3	信息检索基本技术	(37)
3.3.1	布尔逻辑检索	(37)
3.3.2	截词检索	(38)
3.3.3	词间位置检索	(39)
3.3.4	限定字段检索	(40)
3.3.5	限定范围检索	(40)
3.4	检索策略的制定	(41)
3.5	检索效果的评价	(43)

第4章 图书馆与大学生信息素养教育 (44)

4.1	图书馆的概念及基本类型	(44)
4.1.1	图书馆	(44)
4.1.2	高校图书馆	(45)
4.1.3	数字图书馆	(46)
4.2	大学生与图书馆	(47)
4.2.1	馆藏目录	(47)
4.2.2	馆藏文献的组织与管理	(49)
4.2.3	图书馆的服务体系	(50)
4.2.4	大学生与图书馆	(51)
4.2.5	图书馆的规章制度	(53)

下篇 实践篇 (55)

第5章 常用数据库检索 (56)

5.1	中文数据库检索	(56)
5.1.1	CNKI 数据库	(56)
5.1.2	维普数据库	(63)
5.1.3	万方数据知识服务平台	(67)
5.2	外文数据库检索	(70)
5.2.1	EI Village 数据库	(70)
5.2.2	ISI Web of Knowledge 数据库	(74)
5.2.3	EBSCOhost 数据库	(78)

  5.2.4　SpringerLink 数据库 …………………………………………………(81)
  5.2.5　ElsevierScienceDirect 数据库 ……………………………………(83)

第 6 章　网络信息资源检索 …………………………………………………(88)
 6.1　网络信息资源概述 ……………………………………………………(88)
  6.1.1　网络信息资源的概念 ………………………………………………(88)
  6.1.2　网络信息资源的特点 ………………………………………………(88)
  6.1.3　网络信息资源的类型 ………………………………………………(89)
 6.2　网络信息资源检索 ……………………………………………………(90)
  6.2.1　网络信息检索系统 …………………………………………………(90)
  6.2.2　搜索引擎 ……………………………………………………………(91)
  6.2.3　各学科网络资源导航 ………………………………………………(96)
  6.2.4　开放存取资源 ………………………………………………………(109)
  6.2.5　专利网络资源检索 …………………………………………………(114)
  6.2.6　标准网络资源检索 …………………………………………………(123)

第 7 章　就业信息搜集与求职 …………………………………………………(128)
 7.1　职业生涯规划与决策 …………………………………………………(128)
  7.1.1　职业概述 ……………………………………………………………(128)
  7.1.2　我国职业分类方法 …………………………………………………(128)
  7.1.3　职业发展趋势 ………………………………………………………(129)
 7.2　就业信息的搜集和筛选 ………………………………………………(130)
  7.2.1　什么是就业信息 ……………………………………………………(130)
  7.2.2　就业信息搜集的基本原则 …………………………………………(130)
  7.2.3　就业信息搜集的主要渠道 …………………………………………(131)
  7.2.4　就业信息的筛选 ……………………………………………………(134)
 7.3　网络求职方法 …………………………………………………………(135)
  7.3.1　利用求职网站 ………………………………………………………(135)
  7.3.2　网络求职技巧 ………………………………………………………(137)
  7.3.3　网络求职注意事项 …………………………………………………(138)
 7.4　毕业生就业求职的准备 ………………………………………………(139)
  7.4.1　求职择业的能力准备 ………………………………………………(139)
  7.4.2　求职择业的思想准备 ………………………………………………(142)
  7.4.3　求职择业的心理准备 ………………………………………………(143)
  7.4.4　求职择业的材料准备 ………………………………………………(144)
  7.4.5　求职中的 SWOT 分析法 …………………………………………(148)
 7.5　如何参加面试 …………………………………………………………(149)
  7.5.1　进行有效的面试准备 ………………………………………………(149)
  7.5.2　面试的几个经典问题 ………………………………………………(149)

7.5.3 面试语言陷阱 ……………………………………………………………… (150)

第 8 章 信息分析与鉴别 ………………………………………………………… (153)
8.1 信息分析概述 ……………………………………………………………… (153)
8.1.1 信息分析的定义 …………………………………………………………… (153)
8.1.2 信息分析的作用 …………………………………………………………… (154)
8.1.3 信息分析方法的类型 ……………………………………………………… (154)
8.2 常用的信息分析方法 ……………………………………………………… (155)
8.2.1 逻辑分析方法 ……………………………………………………………… (155)
8.2.2 文献计量学方法 …………………………………………………………… (157)
8.2.3 德尔菲法 …………………………………………………………………… (158)
8.2.4 回归分析法 ………………………………………………………………… (159)
8.2.5 头脑风暴法 ………………………………………………………………… (160)
8.2.6 信息软件分析方法 ………………………………………………………… (160)
8.3 信息鉴别 …………………………………………………………………… (163)
8.3.1 信息先进性鉴别 …………………………………………………………… (163)
8.3.2 信息真实性鉴别 …………………………………………………………… (163)
8.3.3 信息权威性鉴别 …………………………………………………………… (164)
8.3.4 信息适用性鉴别 …………………………………………………………… (165)
8.3.5 信息时效性鉴别 …………………………………………………………… (165)
8.3.6 信息完整性鉴别 …………………………………………………………… (165)

第 9 章 个人文献资料管理 ……………………………………………………… (167)
9.1 个人文献资料管理概述 …………………………………………………… (167)
9.1.1 个人信息管理的概念 ……………………………………………………… (167)
9.1.2 个人文献资料管理的作用 ………………………………………………… (167)
9.2 EndNote …………………………………………………………………… (168)
9.2.1 EndNote 的基本功能 ……………………………………………………… (168)
9.2.2 EndNote 的使用 …………………………………………………………… (169)
9.3 NoteExpress ……………………………………………………………… (175)
9.3.1 NoteExpress 的基本功能 ………………………………………………… (176)
9.3.2 NoteExpress 的使用 ……………………………………………………… (176)

第 10 章 学术论文写作 …………………………………………………………… (182)
10.1 学术论文概述 …………………………………………………………… (182)
10.1.1 学术论文的定义 ………………………………………………………… (182)
10.1.2 学术论文的类型 ………………………………………………………… (182)
10.1.3 撰写学术论文的意义 …………………………………………………… (184)
10.2 论文选题概述 …………………………………………………………… (184)
10.2.1 论文选题的原则 ………………………………………………………… (184)

| 10.2.2 论文选题的方法 ……………………………………………… (185)
| 10.2.3 论文选题的注意事项 …………………………………………… (186)
| 10.3 开题报告的撰写 ……………………………………………………… (187)
| 10.3.1 开题报告概述 …………………………………………………… (187)
| 10.3.2 开题报告的内容 ………………………………………………… (188)
| 10.3.3 撰写开题报告的注意事项 ……………………………………… (189)
| 10.4 学术论文的写作格式 ………………………………………………… (189)
| 10.4.1 前置部分 ………………………………………………………… (189)
| 10.4.2 主体部分 ………………………………………………………… (191)
| 10.4.3 后置部分 ………………………………………………………… (195)
| 10.4.4 参考文献的著录格式 …………………………………………… (195)
| 10.5 学术规范与合理使用文献 …………………………………………… (197)
| 10.5.1 学术规范 ………………………………………………………… (197)
| 10.5.2 合理使用文献 …………………………………………………… (199)
| 10.5.3 学术不端行为的界定 …………………………………………… (200)
| 第 11 章 课题检索流程与检索案例研究 …………………………………… (204)
| 11.1 课题检索流程 ………………………………………………………… (204)
| 11.1.1 课题检索流程图 ………………………………………………… (204)
| 11.1.2 分析课题背景 …………………………………………………… (204)
| 11.1.3 选取检索词 ……………………………………………………… (204)
| 11.1.4 编制检索式 ……………………………………………………… (207)
| 11.2 检索案例研究 ………………………………………………………… (208)
| 11.2.1 中文期刊检索案例 ……………………………………………… (208)
| 11.2.2 专利检索案例 …………………………………………………… (214)
| 11.2.3 综合检索案例 …………………………………………………… (216)
| 附录 A 科技查新报告 ………………………………………………………… (228)
| 附录 B 信息查找上机实习 …………………………………………………… (233)
| 附录 C TRIZ 理论入门导读 ………………………………………………… (236)
| 参考文献 ………………………………………………………………………… (242)

上篇
理论篇

第 1 章　信息的基本知识

1.1　信息的概念

　　随着互联网时代的发展,人类进入了信息时代。信息成为人类社会资源中的一个重要组成部分,在政治、经济、文化、科技和社会生活等领域中的地位日益增强,逐渐成为推动社会发展最具决定意义的因素。信息的挖掘、获取、整理、传递和应用能力已成为人们最基本的生存能力。

　　"信息"一词作为与人类社会和自然界息息相关的概念,最早出现在南唐诗人李中的《暮春怀故人》中:"梦断美人沈信息,目穿长路倚楼台。"后来唐朝诗人许浑的《寄远》中有"塞外音书无信息,道傍车马起尘埃",宋代有"每望长安信息稀"等。诗中的"信息"指的是消息和音讯,与现代信息的概念在内涵上有很大的不同。

　　1928 年,美国科学家哈特利发表《信息传播》一文,首先提出了信息的概念,指出信息是具有新内容和新知识的消息。哈特利从通信工程这一特定对象来理解和阐述的信息概念具有一定的局限性。

　　随着对信息研究的不断深入,人们从学科角度对信息进行了科学探讨。1948 年,美国通信工程师、信息论创始人 C. E. 香农(C. E. Shannon)发表了《通信的数学理论》,提出了狭义的信息论,将信息定义为"用于消除随机不定性的东西"。

　　与此同时,控制论创始人、美国科学家维纳对信息的含义做了进一步的阐述。他出版了《控制论》一书,并发表了《时间序列的内插、外推和平滑化》一文,从控制论的角度阐述信息就是人们在适应外部世界,并把这一适应反作用于外部世界的过程中,同外部世界进行相互作用、相互交换的一种内容。

　　意大利学者 G. 朗高(G. Longo)在《信息论:新趋势与未决问题》中指出,信息是反映事物的形成、关系和差别的东西,包含在事物的差异之中,而不在事物本身。

　　迄今为止,信息仍没有确切、统一的定义。我国学者也从不同的角度对信息进行过概括。焦玉英等学者认为,信息的概念,实际上就是客观事物运动状态、时空特性、能量大小、质料、系统特征、相互联系方式等一切反映事物客观属性的总称。从这种意义上看,信息比客观事物的属性更具一般性与客观性。钟义信对信息的定义是:信息是事物运动状态与方式,是物质的一种属性。这里的"事物"泛指一切可能的研究对象,包括外部世界的物质客体,也包括主观世界的精神现象;"运动方式"是指事物运动时间上所呈现的过程和规律;"运动状态"则是事物运动在空间上所展示的形状和态势。

　　信息的本质是物质系统中事物的存在方式和运动状态,以及对这种方式与状态的直接或间接的表述。因此,信息是客观事物运动着的音信和消息的报道。也就是说,信息是对客观存在的一切事物的反映,是通过物质载体所发出的消息、情报、指令、数据、信号中所包含的一切可传递和交换的知识内容。

综合上述对信息概念的分析,我们认为,广义的信息是事物的运动状态和方式,是物质的一种属性,一般泛指能使不确定性减少的资源总和。狭义的信息是指一切物质载体中包含的知识、情报、数据、消息、信号等可进行加工、传递、存储的内容。

1.2 信息的特征

信息作为一种客观物质存在,它具有以下几个方面的特征。

1. 客观性

信息作为一种客观存在,反映的是客观物质运动过程中所表现出来的特征和规律,这决定了信息的客观性。信息可以被感知和加工、被存储和整理、被传递和利用。

2. 普遍性

信息是事物存在和运动的表征,它广泛存在于人类社会活动和自然界中,如刮风、打雷、汽车鸣笛声,信息无处不在、无时不有。

3. 依附性

信息不能独立于物质之外,必须依托于一定的物质载体才能存储和传播,它需借助文字、图像、纸张、胶片、磁带、软盘、光盘、电磁波、声波、感光材料等物质载体来进行存储和传递,但是信息内容不会随着载体的变化而变化。

4. 传递性

信息的传递是与物质和能量的传递同时进行的,信息在传递过程中产生经济效益和社会效益。信息通过载体的转换和运动,跨越时空而传递。信息的存在形式常表现为语言、文字、图像、表情、动作、书刊、报纸、音频和视频等。

5. 时效性

信息在传递过程中,反映的是某个特定时间事物的运动状态和规律,如果不能及时传递给信息接收者,那么,信息将变成依附于载体上的一种符号,没有了其真正的内容价值。信息的时效性是信息的一个非常重要的特征。

6. 增值性

信息交流的结果是信息的增值,它通过人脑思维或人工技术的分析、综合、加工、整理等,不断地提高信息的质量和利用价值。信息与物质和能源不同,信息只有在被利用时才能产生价值,否则其价值就会随着时间的推移而减少,甚至成为"垃圾信息"。

7. 共享性

信息的共享性主要是指同一信息在相同或不同的时空里可以被两个或两个以上的用户使用。随着通信技术和网络技术的发展,信息的电子化和数字化,信息的共享性越来越明显,而且信息在使用的过程中,不会因为共享用户量的增加而减少。

8. 快速增长性

随着科学技术和知识经济的发展,信息数量以海量速度剧增。国外统计资料表明,科技成果每增加1倍,信息量就增加几倍;生产量翻1番,文献信息量就增加4倍。信息量迅速增长,但信息的质量良莠不齐,这在带来丰富资源的同时,也产生了"信息污染",给信息的检索和利用带来不利影响。

1.3 知识的概念与特征

1.3.1 知识的概念

知识(knowledge)是人们对客观事物的认识和经验的总和。知识来源于人们在实践活动中获得的大量信息,经过人脑综合分析和加工整理,形成系统化的信息,这就是知识。知识是人类对客观世界的认识成果,知识来源于社会实践活动,其初级形态是经验知识,高级形态是系统科学理论。知识按获得方式可分为直接知识和间接知识两类;按内容可分为自然科学知识、社会科学知识和思维科学知识三类。哲学知识则是自然知识、社会知识和思维知识的概括和总结。知识的总体在社会实践的世代传承延续中不断积累和发展。

知识是信息的一部分,不直接等同于信息;知识是人类大脑活动的产物,是系统化、精炼化的信息,是人类认识世界的成果和结晶,它包括经验知识和理论知识两大部分。

随着社会的发展,知识和智力因素越来越显示出对社会生产力发展的巨大推动作用。

1.3.2 知识的特征

1. 实践性

知识来源于社会实践,又指导实践。任何知识都离不开人类的实践活动,书本知识也是人类社会实践的总结。

2. 科学性

知识的本质就是对客观事物运动规律的科学概括。离开对事物运动规律认识的科学是一种伪科学,不能称为知识;对事物运动规律掌握得不够的认识过程,是知识不断完善、不断更新的过程。只有对客观事物有了完全科学的认识,才算是真正的知识。

3. 继承性

任何知识,既是实践经验的总结,又是对前人知识的继承和发展。知识是在实践—认识—再实践—再认识的循环中得到发展的。

1.4 文献的概念与构成

1.4.1 文献的概念

"文献"一词最早见于《论语·八佾》中,孔子曰:"夏礼,吾能言之,杞不足徵也;殷礼,吾能言之,宋不足徵也。文献不足故也。足,则吾能徵之矣。"

孔子虽用了文献一词,但没有进行解释,后世学者根据孔子的文意做了许多注释,但也没有较准确地解释原意。随着时代的发展,文献常与图书、档案、史料等术语混淆,对文献的理解和解释也众说纷纭。

汉代郑玄将文献解释为文章和贤才;宋代朱熹将文献解释为典籍和贤人;宋末元初的马端临将文献解释为书本记载的文字资料和口耳相传的言论资料,等等。

近现代的工具书对文献也有不同的理解。《辞海》解释:文献"后专指具有价值或与某学科相关的图书文物资料"。《辞源》解释:"文献……后指有历史价值的图书文物。"《现代汉语词典》解释:文献是"有历史价值或参考价值的图书资料"。

随着现代科学技术的发展,文献的生产和交流更加多样化,人们对文献的认识已不再停留在传统书籍、档案、典章、史料的狭义理解上,而是对文献的本质属性和构成要素做了深入的研究,从而获得了对文献一词更有时代性的理解和诠释。

国际标准化组织《文献情报术语国际标准(草案)》(ISO/DIS 5127)对文献的解释是:"在存储、检索、利用或传递记录信息的过程中,可作为一个单元处理的,在载体内、载体上或依附载体而存储有信息或数据的载体。"

我国 1983 年颁布了国家标准《文献著录总则》,将文献定义为记录有知识的一切载体。

严怡民在《情报学概论》一书中认为:文献"是用文字、图形、符号、声频、视频等技术手段记录人类知识的物质载体"。周文骏在《文献交流引论》一书中认为:"文献是指以文字、图像、符号、声频、视频等为主要记录手段的一种知识载体。"黄宗忠在《文献信息学》一书中谈道:"(文献)今天专指以文字、图像、符号、声频、视频等为主要记录手段的一切信息和知识载体。"

朱宁综合了古今中外学者对文献的认识,从文献的内容、符号、形态和载体四个方面揭示了文献的本质属性,将文献理解为通过某种形态所表现出来的记录人类知识的一切载体资料。

1.4.2 文献的构成要素

文献的构成要素主要包括以下四个方面。

1. 记录的内容

知识信息作为文献的核心内容,是构成文献的最基本的要素,也是识辨文献的一个重要前提。

2. 物质载体

信息知识存在的方式是要记录在一定的物质之上,物质是一种客观存在,只有物化在物质材料上的信息知识才能构成文献,记录信息知识的物质载体是构成文献的基本要素之一。

3. 记录方式

信息知识记录方式包括两方面的含义。一是记录的形式,如印刷型文献采用的是文字、符号、图像等形式表现,声像型文献采用的是声频和视频的形式表现,机读型文献则是采用代码形式来记录。二是记录的方法,如刻、铸、印等方法分别运用于甲骨文、钟鼎文、纸张上记录信息知识,影像则运用于感光材料上,磁记录则是运用于磁带上,等等。只有运用恰当的记录方式,才能将信息知识记录在一定的物质载体上,并能以一定的形式表现出来,因此,记录方式是构成文献的又一基本要素。

4. 表现形态

信息知识必须以一定方式转化为一种物质形态,如一幅广告、一栋楼房、一条标语,它们看起来具备内容、有载体、有记录方式,但是还不能算作文献,广告经过复制、楼房经过拍摄、标语经过抄写,并做一系列的整理序化之后,才构成完整的文献。

1.4.3 文献的功能

文献是人类社会实践的结晶,也是人类丰富的精神财富,在人类社会发展中发挥着重要的作用,概括起来主要有以下几个方面。

1. 存储功能

人类社会对信息知识的存储载体主要有三种类型:一是人的大脑,这是一种自然载体,也称活载体;二是实物载体,即把信息知识物化在实物(如模型、样品、产品等)上;三是文献载体,这是最重要也是最广泛的一种信息知识存储方式。人们的生产、生活经验和知识几乎都是以文献载体的形式存储下来。随着科学技术的发展,文献的存储功能也取得了快速的发展,过去的"汗牛充栋"已经无法形容文献的存储容量,对于一个中型图书馆的馆藏量,也许几张光盘就可以将其内容全部储存。

2. 传递功能

文献的传递功能主要是表现在不同的时空上:一方面,从时间上看,古代人们的智慧和经验,可以通过文献传承给现当代的人们;另一方面,从空间上看,不同国家、不同地区、不同民族的人们可以通过文献进行学术交流。特别是在现代社会中,随着网络技术的发展,通过网络传递文献信息,使得文献的传递功能发挥着更重要的作用。

3. 科学认识功能

人类认识客观世界有两种方式:一是直接认识,即通过人的眼、鼻、耳、舌等感官和仪器、仪表等辅助工具获得原始信息,并通过抽象思维认识世界;二是通过知识传授和阅读文献获取信息来认识世界。一个人的精力和生命是有限的,在人类认识和改造世界的过程中,只有通过阅读大量的文献,借鉴前人和他人的经验和研究成果,才能对客观世界有比较完整和正确的认识。

4. 验证参考功能

孔子所感叹的"文献不足故也",是指夏殷两代的王室的档案材料不足,所以无法验证这两代的礼制。这里的"文献",有人猜测是档案最早的称谓。由此可见,在2000多年前,文献就已经具有验证参考的功能。

5. 教育娱乐功能

教育是文献与人的一种交流关系,无论是教育者还是受教育者,无论是学校教育、家庭教育还是社会教育、自我教育,都离不开文献信息。娱乐是文献与人的一种情感关系。人们对文献的需求是多方面的、多层次的,除了在文献中获取信息知识外,文献也能使人精神愉悦、获得美的享受。"嗜书如命"实质上是一种情感依恋。"寓教于乐"表现的也是文献特有的娱乐功能作用。

1.5 情报的定义和特征

1.5.1 情报的定义

英语单词 information 翻译成中文即情报、信息的意思,也就是说情报和信息在英语中是同一个单词。对于情报一词的定义,至今没有一个统一的说法。

有从军事领域角度解释情报的,如 1915 年版《辞源》:"情报……军中集种种报告,并预见之机兆,因以推定敌情如何,而报告之于上官者。"第一版的《辞海》:"战时关于敌情之报告,曰情报。"

有从科技领域角度解释情报的,如 1989 年版《辞海》:"获得的他方有关情况以及对其分析研究的成果。"光明日报出版社出版的《现代汉语辞海》:"情报是以侦察手段或经其他方式获取的有关对方的机密情况。"《现代汉语词典(第 5 版)》:"关于某种情况的消息和报告,多带机密性质。"

图书情报学界对情报的解释为:"情报是被人们所利用的信息""被人们感受到并可交流的信息""指含有最新知识的信息""某一特定对象所需要的信息"。英国的情报学家 B.C.布鲁克斯认为:"情报是使人原有的知识结构发生变化的那一小部分知识"。苏联情报学家米哈依洛夫所采用的情报定义是:"情报——作为存贮、传递和转换的对象的知识"。日本《情报组织概论》一书的定义为:"情报是人与人之间传播着的一切符号系列化的知识"。我国情报学界也对情报有类似的定义,代表性的有:"情报是运动着的知识,这种知识是使用者在得到这种知识之前不知道的。""情报是传播中的知识。""情报就是作为人们传递交流对象的知识。"

本书观点:情报是指运用一定的形式,将传递给用户,并产生效益的最新知识或消息。

1.5.2 情报的特征

1. 知识性

情报是最新的知识,是知识的一部分。随着科学技术的发展,新知识不断产生,新技术、新工艺、新产品、新设计、新理论、新的科研成果等不断推陈出新,这些新知识都可能成为情报。

2. 传递性

情报的另一个重要特征是它的传递性,它包含两层含义:一方面,情报必须要通过一定的物质进行传递;另一方面,情报必须在传递之后才能发挥它的效益。情报的本质是知识信息,如果不传递,它仍是一小部分知识,只有传递到最终的接收者,发挥最大效益,才能成为情报。

3. 效益性

情报是一种有效用的知识，它能使人们开阔眼界、启迪思想、提高认识和改造世界的能力。没有价值的信息或知识，不能称为情报。同时，情报是一个相对的概念，对于需要新知识和新信息的人来说，是情报；对于不需要的人来说只是一种知识，而不是情报。

4. 时效性

情报必须是最新的知识信息，并带有真实性和机密性。过时的、虚假的、没有经过加工处理和提炼的知识，只是一种信息，不能算作情报。

1.6　信息与知识、情报、文献的关系

　　信息、知识、情报、文献从概念的内涵来看具有本质上的区别，但从概念的外延来看又有着紧密相连的关系。信息客观存在于人类社会和自然界中，具有天然的属性。知识是人们在改造世界的实践中所获得的认识和经验的总和，是人的大脑通过思维重新组合的系统化的信息集合。知识来源于信息，是信息的一部分。情报是为了解决一个特定的问题所需要的激活了的、活化了的特殊知识或信息。情报来源于知识，必须在特定的时间内及时传递，并能为用户所接收和利用。文献是指记录着知识的一切载体，即以文字、图像、符号、声频、视频等作为记录手段，对信息进行记录或描述，能起到存储和传播信息、情报与知识作用的载体。

　　所以，在某种情况下，信息、知识、情报和文献在概念上可以互通互用，知识来源于信息，是理性化、优化和系统化的信息；情报是解决特定问题的知识和智慧，是激活的那部分知识；文献是它们的载体，当文献记录的知识传递给用户，并为用户所利用时，就转化为情报。情报对于既不认识又不理解它们的人来说，只不过是一种信息。它们之间的关系应是情报包含于知识，知识包含于信息，如图1-1所示。

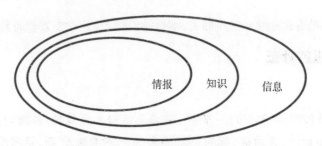

图1-1　信息、知识、情报的包含关系示意图

　　文献是人们获取信息、知识、情报的重要渠道之一，说明文献与信息、知识、情报具有交叉关系。另一方面，文献中包含着信息、知识、情报，同时信息、知识、情报也可以是文献，也就是说它们之间还有一种相互包容的关系。从文献中获得的信息、知识和情报，就是文献信息、理论知识(书本知识)、文献情报，它们之间的关系如图1-2所示。

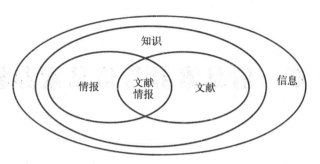

图 1-2 文献与信息、知识、情报的交叉关系示意图

思考题

1. 什么叫信息？
2. 分别简述文献、情报、知识的概念。
3. 简述信息与文献、情报、知识的关系。

第 2 章　信息素养与信息素养教育

2.1　信息素养的时代意义

随着 21 世纪的到来,人类社会从工业经济时代进入了知识经济时代。知识经济时代的重要时代特征之一就是全球信息化,信息和物质、能源成为知识经济时代赖以生存和发展的三大支柱。信息化时代的现代社会对人才培养也提出了新的要求。美国教育技术 CEO 论坛 2001 年第 4 季度报告中指出,21 世纪人才能力素质应包括基本学习技能(读、写、算)、信息素养、创新思维能力、人际交往与合作精神及实践能力。

2003 年布拉格会议宣布:信息素养是终身学习的一种基本人权(Information literacy is a basic human right to life long learning)。信息素养是个人投身信息社会的一个先决条件。信息素养也是促进人类发展的全球性政策。

2005 年《亚历山大宣言》:信息素养和终身学习是信息社会的灯塔,照亮了信息社会发展、繁荣和走向自由的进程。

随着信息技术和网络技术的发展和经济全球化,信息成为社会竞争的重要内容。美国著名的未来学家阿尔文·托夫勒在《权力的转移》一书中指出:"谁掌握了知识和信息,谁就掌握了支配他人的权力。"培养具备获取、整理、分析和综合利用信息能力的人才成为时代的需要。信息素养作为一种终身学习和自主学习的意识、方法和权利,它的核心内容是运用信息资源解决问题和进行创新活动,信息素养已经成为评价人才综合素质的一项重要指标。

2.2　信息素养的概念

信息素养(information literacy,简称 IL,也译为信息素质)是一个含义非常广泛而不断变化发展的综合性概念,不同时期的人们对信息素养赋予了不同的含义。

信息素养一词,最早是由美国信息产业协会主席保罗·泽考斯基(Paul Zurkowski)在 1974 年给美国政府的报告中提出来的:"具有信息素养的人,是指那些在如何将信息资源应用到工作中这一方面得到良好训练的人。有信息素养的人已经习得了使用各种信息工具和主要信息来源的技术和能力,以形成信息解决方案来解决问题。"1979 年,经过 5 年的研究,美国信息产业协会重新定义信息素养,认为具有信息素养的人是"掌握了信息工具利用的知识和技能,并能够应用于解决实际问题的人"。

简单的信息素养定义来自 1989 年美国图书馆学会(American Library Association, ALA),它将信息素养概括为:具有信息素养的人能够判断何时需要信息,并懂得如何去获取、评价和有效地利用所需要的信息。

进入 20 世纪 90 年代后,随着网络技术的发展和以知识经济为主导的信息时代的到来,信息素养的内涵又有了新的解读。布拉格会议将信息素养定义为一种能力,它能够确定、查找、评估、组织和有效地生产、使用和交流信息,来解决一个问题。

信息素养是一种能力、一种素质,这种能力和素质能使我们在信息世界里更好地工作、生活和生存。因此,信息素养是开启信息世界的金钥匙,具备良好的信息素养能掌握信息世界的软件和硬件知识;能够使用信息工具满足信息需求;能够评价信息、整理分析信息、创造信息;具备信息意识、信息世界的道德和伦理。

2015 年,美国大学与研究图书馆协会(ACRL)颁布了《高等教育信息素养框架》,主要提出了元素养相关概念,元素养要求学习者从四个目标领域即行为、认知、情感以及元认知参与到信息生态系统中。该框架提出信息素养的定义为"包括对信息的反思性发现、对信息如何产生和评价的理解,以及利用信息创造新知识并合理参与学习团体的一组综合能力"。

该框架以阈概念为基础的 6 个主题,则是有关信息素养的纲领式概括。

(1)权威的建构性与情境性(authority is constructed and contextual)。
(2)信息创建的过程性(information creation as a process)。
(3)信息的价值属性(information has value)。
(4)探究式研究(research as inquiry)。
(5)对话式学术研究(scholarship as conversation)。
(6)战略探索式检索(searching as strategic exploration)。

随着信息时代的发展,信息技术和网络技术在各个领域的应用,信息素养的内涵也在不断得到充实和丰富。我们认为,所谓信息素养(information literacy),或称为信息能力、信息素质,是指能认识到何时需要信息,应用计算机和信息技术高效获取信息,并正确评估、筛选以及综合利用信息的能力。它包括信息学专业基础知识,以及对信息的敏感度和信息获取、整理、利用、评价的能力。

2.3 信息素养的内涵

信息素养是一种综合能力,包括能够认识到何时需要信息,能够有效地检索、评估和利用信息;能够将获取的信息与自己已有知识相融合,构建新的知识体系,解决所遇到的问题;能够了解利用信息所涉及的经济、法律和社会问题,合理、合法地获取和利用信息。信息素养是在信息化社会中个体成员所具有的各种信息品质,主要包括信息意识、信息知识、信息能力和信息道德四个要素。

2.3.1 信息意识

1. 信息意识的概念

信息意识即人的信息敏感程度,是人们对自然界和社会的各种现象、行为、理论观点等,从信息角度的理解、感受和评价。信息意识的强弱决定了获取、判断和利用信息能力的自觉程度。在日常生活中,处处都可能隐藏着有效信息,只要我们具有较强的信息意识,留心观察媒体信息和生活,就会有所收获。

公元 1723 年,清朝大将年羹尧奉命率兵平定青海、西藏等地的叛乱。一天深夜,将士们都已休息,年羹尧突然下令:"所有人立即整装出发,赶到十里之外埋伏。"众人都很纳闷,年将军为何要在深夜行军?这时,年羹尧传令说:"两个时辰内会有敌军来偷袭,要做好战斗准备。"大家将信将疑,但只能照做。过了不到两个时辰,敌军果然来偷袭。因为有了充分的准备,年羹尧带着众将士很快击退敌军,大获全胜。

大家不明白年将军为何能料事如神,有人问:"当时我们都在军营,并没有收到敌军来偷袭的情报,您是怎么知道的呢?"年羹尧笑笑说:"有人给我送了信,只是你们都没察觉到。"大家一头雾水,年羹尧接着解释:"昨天深夜,我听到雁群飞鸣,猜想一定是敌军行进惊动了它们。大雁喜欢生活在水边,这里离我们最近的水泊有一百多里,是敌军必经之地。雁群飞得快而急,所以我料定敌军会在两个时辰内来偷袭。"大家听完,对年羹尧佩服不已。从受惊的飞鸟来判断敌情,除了丰富的作战经验之外,年羹尧的信息意识非常强。

2. 信息意识的主要内容

(1)信息的价值意识 主要是指信息主体对信息的作用、功能及其在社会中的价值应有的充分认识,即信息价值观的树立。

(2)信息获取与传播意识 信息获取意识是指信息主体应具有主动寻求和发现信息的意识。信息传播意识是指将自己创造或获取的信息传播给他人的意识。

(3)信息保密意识 某些特定信息需要某种程度的保密,如国家政治、经济、军事秘密,尖端科技成果,个人隐私等。

(4)信息守法意识 信息内容的任意散播,有时不仅是道德问题,而且还可能涉及法律问题。

(5)信息安全意识 防止有用的信息泄露、丢失或被更改的意识。如保管好个人的存折密码、上机密码等;对重要的信息应当备份;保护与自己相关的信息系统的安全,防止他人破坏。

(6)信息动态变化意识 信息的价值不是一成不变的,旧的信息会不断地被新的信息所取代和超越。

(7)信息的经济意识 信息是商品,可以用货币去购买信息,通过销售信息可以获取利润。它包含三方面的内容:①信息是可以卖的;②信息是可以买的;③存在专门的信息服务企业从事信息买卖服务。

(8)信息污染意识 信息在传播的过程中存在着错误的、虚假的、过时的、没有价值的信息。

2.3.2 信息知识

1. 信息知识的内涵

信息知识既是信息科学技术的理论基础,又是学习信息技术的基本要求。只有掌握信息技术的知识,才能更好地理解与应用它。信息知识是指对信息基本常识的了解,包括信息文化知识,各种信息源、信息检索工具、检索方法等方面的知识,计算机和网络技术常识以及信息法规知识。

2. 信息知识的主要内容

(1)传统文化素养 传统文化素养包括读、写、算的能力。进入信息时代之后,读、写、算方式产生了巨大的变革,被赋予了新的含义,但传统的读、写、算能力仍然是人们文化素养的基础。信息素养是传统文化素养的延伸和拓展。在信息时代,快速阅读的能力,是有效地在各种各样的海量信息中获取有价值的信息的根本保障。

(2) 信息的基本知识　包括信息的理论知识;对信息、信息化的性质、信息化社会及其对人类影响的认识和理解;信息的方法与原则,如信息分析综合法、系统整体优化法等。

(3) 现代信息技术知识　包括信息技术的原理、信息技术的作用、信息技术的发展及其未来等。

(4) 外语　信息社会是全球性的,在互联网上有80％的信息是英语,此外还有其他国家语种。要相互沟通,就要了解国外的信息,表达我们的思想观念,这就要求我们掌握1~2门外语,适应国际文化交流的需要。

2.3.3　信息能力

1. 信息能力的内涵

信息能力包括信息系统的基本操作能力,信息的采集、传输、加工处理和应用的能力,以及对信息系统与信息进行评价的能力等。这也是信息时代重要的生存能力。身处信息时代,如果只是具有强烈的信息意识和丰富的信息常识,而不具备较高的信息能力,还是无法有效地利用各种信息工具去搜集、获取、传递、加工、处理有价值的信息,不能提高学习效率和质量,无法适应信息时代对未来人才的要求。

2. 信息能力的主要内容

(1) 信息获取能力　是指信息主体根据特定的目的和需求,从外界信息载体中提取所需信息的能力,包括信息的查找能力和现场信息的搜集能力。

(2) 信息理解能力　包括信息的识别与理解能力、评价判断能力和选择能力。信息主体应能够正确地识别与理解所遇到的信息的含义,知道它们反映了什么客观规律与现象。同时,能够正确地判断与估计所查找到的信息的价值与意义,并能在浩瀚的资源中选择自己需要的信息。

(3) 信息表达能力　包括信息的生成能力和信息的表示能力。它要求我们能够在社会实践和社会调查数据中获取并生成有用的信息,并且能够运用正确的形式表达出来,以便于信息传播。

(4) 使用信息技术的能力　是指能够使用计算机以及常用的软件系统处理工作、学习、生活等方面的问题。

2.3.4　信息道德

1. 信息道德的内涵

信息道德是指在信息的采集、加工、存储、传播和利用等信息活动的各个环节中,用来规范其间产生的各种社会关系的道德意识、道德规范和道德行为的总和。它通过社会舆论、传统习俗等,使人们形成一定的信念、价值观和习惯,从而使人们自觉地通过自己的判断规范自己的信息行为。

2. 信息道德的主要内容

(1) 在获取和使用信息过程中应遵循的伦理规范的总和。如：不得危害社会或侵犯他人的合法权益，自觉保护他人的知识产权、隐私权等，不传递不良信息等。高尚的信息道德是正确信息行为的保证，信息道德关系到整个社会信息素养发展的方向。

(2) 信息道德作为信息管理的一种手段，与信息政策、信息法律有密切的关系，它们各自从不同的角度实现对信息及信息行为的规范和管理。

信息素养的四个要素共同构成一个不可分割的统一整体。信息意识是先导，信息知识是基础，信息能力是核心，信息道德是保证。

2.4 信息素养教育

2.4.1 国内外信息素养教育发展概况

1. 美国信息素养教育

1974 年，美国信息产业协会主席保罗·泽考斯基提出信息素养一词时就指出：要在未来 10 年内，在美国实现普及信息素养的教育目标。1983 年，美国科学家霍顿(Horton)认为教育部门应开设信息素养课程。1990 年，美国成立了由 75 个教育部门组成的名为"国家信息素养论坛"(National Forumon on Information Literacy，简称 NFIL)的组织，其宗旨为：分析信息素养教育的作用，支持和开展国内外信息素养教育计划，鼓励和促进国家教育部、高等教育委员会等部门制定信息素养教育指南，开展教师教育培训项目，确保他们在教学中与信息素养教育协调。1990 年，美国高等教育委员会制定了"信息素养教育结果评估大纲"，1994—1995 年对全美 3200 所大学的信息素养教育情况进行了调查。2000 年，美国"国家信息素养论坛"对 1999 年至 2000 年的活动情况进行了总结，提出了今后工作的发展方向：进一步提高对信息素养教育重要性的认识，促进公共政策或其他方面支持信息素养活动的开展，减少信息贫富不均的现象。

总的来说，20 世纪 90 年代以后，美国大学信息素养教育在教学内容和方法上都有了深入研究，而且在全美大学得到实施，逐渐成为美国大学素质教育的有机组成部分。同时美国大学图书馆在信息素养教育中的重要作用与地位也越发凸显出来，其中基于 Web 的在线信息素养教育已经逐渐成为美国大学图书馆信息素养教育的主要形式。在线信息素养教育主要具有开放性、形象性、交互性和个性化等特点。其中 TILT(Texas information literacy tutorial)是在得克萨斯大学系统数字图书馆的资助下，得克萨斯大学奥斯汀分校开发的信息素养教育在线指南，其设计形式、内容的创新性和互动性已经得到了普遍认可。到目前为止，TILT 可以说是最广为使用、评价最好的美国在线信息素养教育指南之一。

从美国信息素养的发展来看，美国在信息素养教育方面更注重人文和社会因素，以信息获取和信息组织为基础，以社会道德、法律意识和创造性能力的培养为核心。

2. 英国信息素养教育

信息素养教育在英国具有悠久的历史。1981 年，在牛津召开了第二次国际会议，研讨各级各类图书馆的用户教育，将图书馆用户教育的发展推向新的高度。就信息素养教育这个体系内部来说,英国的信息素养教育在初等教育和中等教育中开展得较好。初等教育阶段就开设了信息教育课,并于1998年列为必修课,到高中阶段信息通信技术仍为必修课,对学习内容、要达到的目标制定了国家课程标准。为了更好地在高等教育中开展信息素养教育,1999年,英国高校与国家图书馆协会成立了一个特别工作组,专门研究了高等教育中的信息素养教育问题,最后形成了名为《高等教育信息技能意见书》的研究报告,并提出了信息素养教育中应培养的七个基本能力及信息素养的基本模式。2002年,英国联合信息系统委员会又在曼彻斯特城市大学图书馆和利兹大学图书馆的协助下开展了 The Big Blue 的研究项目,为英国的高等教育和16岁以上社会成员的信息素养教育提出了14条建议,并建立了自己的信息素养教育模式。

3. 日本信息素养教育

日本的信息素养教育工作具有长期稳定性和连续性的特点。1985年,日本"回应信息化社会的初等、中等教育和各方调研协作会议"就提出了信息素养教育的必要性。日本文部省自1986年开始着手促进计算机在中小学的应用,地方教育当局负责教师训练的任务。1989年,日本教育部规定在小学和中学都要开展信息素养教育,并且利用计算机和多媒体改进教学,加强信息道德教育。

自1993年以来,日本中学的课程开始出现信息素养教育的内容,但分别出现在不同的科目中。在日本的高中阶段,职业学校才有信息科技科目,普通高中只有在数学课上教授些有限的相关知识,而高中生由于准备竞争激烈的高考,无暇顾及非考试科目的信息科目,使信息素养教育的连贯性在高中出现了断层。

1996年7月,日本中央教育审议会首次咨询报告《展望21世纪日本的教育发展趋势》,详细论述了信息化教育,将培养学生"信息综合能力"的必要性放在首位进行论述,并提议把国会教育会馆作为全国信息教育中心。随着网络远程教学越来越普遍,日本政府近年来实施了一项在基础教育领域有重大影响的"百所中小学联网"的试验研究项目。该试验项目力争让学生在全日本乃至全世界范围内进行广泛的信息交流,增强他们获取信息、分析信息和处理信息的能力,从而培养出有高度创造力的、能适应21世纪激烈的国际竞争的全新人才。

4. 我国信息素养教育

我国的信息素养教育主要以高校为主,教育过程又以文献检索课为核心。从20世纪80年代到90年代初,国家出台了一系列关于文献检索课开设及管理的相关条例和通知,对文献检索课的课程建设、教学大纲、教学评估、内容标准等进行规范管理,并取得很好的效果。1990年底,在全国618所填报统计数据的高校中,以图书馆为基地开设文献检索课作为必修课和选修课的学校共494所,开课率为80%。

1996年开始,学校意识到互联网对文献检索课带来的影响,传统的文献检索课的教学内容和授课方式逐渐不适应时代的发展,文献检索课逐渐萎缩。

1999年6月,中共中央、国务院发布《关于深化教育改革 全面推进素质教育的决定》,该决定指出,为了适应现代社会"终身教育"的必然要求,现代高等教育的一个重要目标就是要培养大学生的信息素养。在高等教育领域,除北京地区进行了高校信息素养能力示范性框架研究和台湾"资讯素养协会"制定了信息素养能力的指标体系以外,至今仍没有建立一个全国性的完整的信息素养标准。

香港和台湾地区非常重视信息素养教育。香港中文大学的信息素养认证考试内容由五项内容组成：面向图书馆的教育，数据库搜索方法和技巧，与专业（例如经济、教育、工程、物理等）有关的、特定主题的电子资源，网络免费电子信息资源的获取，有关香港或其他有重大影响的事件。而台湾的新竹师范学院实施的信息素养教育课程内容分为三阶段：第一阶段为"基本信息素养能力的培养"，要求学生至少修满6学分；第二阶段为"信息科技融入学习领域"，至少修满2学分；第三阶段为"项目设计与创作"，至少修满2学分。再加上在任何阶段自己选修6学分，须修满16学分，才可以取得信息素养课程的认证。

2.4.2 信息素养教育与高等教育

"信息素养是终身学习的一种基本人权"，可以理解为公民应享有信息素养教育，以实现终身学习的平等权利。就我国的高等教育而言，就是给大学生创造一个信息素养教育的良好环境和条件，使学生懂得如何找到解决问题和决策问题所需要的信息，知道如何去学习、去更新知识并重构个人的知识体系，进而使学生学会认知和创新，成为具有创新意识和宽阔视野的高素质人才。信息素养将为学生更高层次的后继学习和终身学习奠定基础，它是综合素质的一个重要组成部分，必然构成高等教育培养目标的一个主要方面。

随着信息社会对人才需求和综合评价的变化，高等学校在学科的教育教学上应适当地优化整合，将信息素养教育纳入学科教学中。如将文献检索课与计算机基础课程融合，形成以信息获取、信息分析、信息运用、信息处理、信息协作能力及信息道德的培养为主线的整合；将图书馆信息素养教育资源、信息技术教育资源、教师教育资源整合，形成多层次、多样化的信息素养教育课程；将教师与学生的信息素养培养方案整合，教师在教学中同样要不断提高信息素养水平，这样才有利于信息素养教育渗透到学科教学中。

高等教育改革开始引入一些新的教育理念和方法，例如建构主义，这种教育理念现在已得到教育界广泛的认同。建构主义认为：知识不是通过教师讲授获得的，而是学习者在一定的社会背景下，借助他人的帮助，充分利用各种学习资源去取得的。它主张从"教师中心"到"学生中心"的教育，从关注学习结果到同时关注学习过程，从关注以学科知识为中心的学习到关注以问题为中心的学习，从关注外部管理到关注学习者的自我引导、自我调节学习，从师生相对单向的沟通到学习共同体的多向沟通互动，从学习者个别竞争学习到学习共同体的协作学习。可以看出，按照建构语言的教育理念，教学的全过程都贯穿着信息素养，可以说信息素养是建构主义实现的基础，建构主义是信息素养培养的理论支持。

许多新的教学方式被采用，它们需要信息素养的支持，又作用于信息素养的提高，其本身就是一种信息素养的训练方式，比如基于调查的学习（inquiry-based learning）、基于问题的学习（problem-based learning）、基于研究的学习（research-based learning）和基于资源的学习（resource-based learning）等。

2.4.3 高等学校信息素养教育的框架体系

根据不同对象和需要，高等院校信息素养教学体系的目标需划分为多个层次，根据不同层次和不同学科的教学目标来安排教学内容。信息素养教育体系的层次应该是逐级提高而又相互衔接的，在现代社会环境下，信息素养教育事实上已经贯穿整个教育过程的各个阶段,也就是说,从中小学已经打下了基础,到高等教育中全面培养和提升。

就高等学校教育而言,信息素养学习者的起点水平差异化比较大,分层次、分阶段进行教学和培训很有必要。信息素养教育大致有四个阶段。

第一阶段的信息素养教育是基础教育,主要内容包括利用图书馆的基础能力和信息技术基本能力。向大学生介绍图书馆的布局、馆藏和服务、图书分类方法、联机目录使用等;使学生熟悉计算机,会打字,会安装一些常用软件,熟悉使用一些工具软件处理信息,如E-mail、网络浏览器和搜索引擎等。这一阶段的主要对象是低年级的学生,尤其是新生。

第二阶段的信息素养教育,主要是使学生掌握查找信息的基本技能,打开信息世界的大门。包括了解信息源的特点,根据信息需求选择恰当的信息源,使用正确的检索方法及检索策略,查找到自己所需的信息,并能对获取的信息做初步的判断和评价。主要对象是大一、大二的学生。

第三阶段的信息素养教育,主要内容是选择、判断、评价信息的知识和技能。它包括评价信息的质量、真伪和价值,对信息做统计分析,处理数据并综合评价,在分析综合的基础上形成信息报告、信息预测和新的成果,并能通过信息交流、组织和综合完成某个具体的任务或项目;培养良好的信息意识,提高用"信息世界"的本身来解决问题的能力;了解信息产权知识,具备良好的信息道德和习惯。对象为全年级学生。

第四阶段的信息素养教育,主要是学科专业的信息素养教育,包括:了解学科信息的范畴、类型、常用的信息资源;会用专业的检索工具进行信息检索,并能对检索到的专业信息做出有效的评价和判断;能够完成学术论文、学位论文的写作。对象是高年级学生和研究生。这是信息素养教育的高级别层次,也是高等学校信息素养教育的最高目标。

2.4.4 信息素养教育与文献检索课

我国的信息素养教育可追溯到20世纪70年代末至80年代初的医学文献检索课。1981年10月,教育部颁发了《中华人民共和国高等学校图书馆工作条例》,第一次以文件的形式将文献检索课规定为高校图书馆工作任务之一。1984年2月印发了《关于在高等学校开设文献检索与利用课的意见》。1985年9月颁发《关于改进和发展文献课教学的几点意见》,提出了文献检索课程"要逐步实现分层次连续教育"的教学指导思想。1992年5月,国家教委印发了《文献检索课教学基本要求》,对文献检索课的课程性质、教学目的、课程组织计划、教学检查评估有了更细致而全面的规定,成为各文献检索课教学单位制定教材和评估教学效果的参考标准。1998年教育部颁布的《普通高等学校本科专业目录和专业介绍》中包括249种专业,其中有218种专业在其"业务培养要求"中明确规定"掌握文献检索、资料查询的基本方法"或"掌握资料查询、文献检索及运用现代信息技术获取相关信息的基本方法",对文献检索课提出了更高的要求,文献检索课逐渐变成了信息检索课,呈现出良好的发展前景。

目前,我国的信息素养教育以高校图书馆为主要力量,教育过程以文献检索课为核心,开展多种教育形式。从发放图书馆指南到一般的信息用户导读,从新生入馆教育到专题讲座和培训,直至开设文献信息检索课程,许多学校将文献信息检索课设为必修课或者选修课。从课程建设、实习室建设到教材建设,从全校讲座、信息技术基础课程到相关的研究生课程,逐步放大,由浅入深。高校图书馆在信息素养教育方面已经做了许多实质性的工作,为推进我国信息素养教育发挥着重要的作用。

思考题

1. 简述信息素养概念。
2. 什么叫信息意识?
3. 简述信息素养的主要内涵。
4. 论述信息素养教育的时代意义。

第 3 章　文献信息检索基础知识

3.1　文献信息的分类

按照区分标准的不同,文献信息资源可划分为不同的类型。

3.1.1　按文献信息的载体形态分类

按文献信息的不同载体,文献信息可分为印刷型、缩微型、数字型和声像型四种。

1. 印刷型文献

印刷型文献信息资源是以纸张为存储介质,通过铅印、油印、胶印等手段,将知识固化在纸张上的一种文献类型。如各种图书、期刊、学位论文、专利、标准、报纸等。印刷型文献信息资源的特点是阅读方便,便于流传,在人类历史上占主导地位,也是至今传播知识和信息的主要形式。但是由于其占据的存储空间较大,不易保管,难以实现自动化管理。

2. 缩微型文献

缩微型文献信息资源是以印刷型文献为母本,采用光学技术,把文献体积缩小,固化到感光材料或其他载体上的一种文献类型。如缩微平片、缩微胶卷等。随着激光和全息照相技术的应用,出现了超级缩微胶片和特级缩微胶片,一张全息胶片可存储 20 万页文献。它具有体积小、存储容量大、便于保存和转移、成本低等优点,为珍贵文献的存储和收藏提供了可靠的条件。但缩微文献阅读不方便,只有借助阅读工具才能阅读。

3. 数字型文献

数字型文献信息资源也称电子信息资源,指一切以数字形式生产和发行的信息资源,包括各种数据库以及网络上传递的各种网络信息资源。这类信息资源中的信息如文字、图片、声音、图像等都是以数字代码方式存储在磁带、磁盘和光盘等介质上,其特点是集文本、图片、声音、超链接等各种形式于一体,传播速度和更新速度快,时效性强,信息量大,同时具备完善的检索功能,不受时间、地域限制,可以随时随地存取,是当今重要的信息资源。

4. 声像型文献

声像型文献又称视听资料或声像资料,属非文字形式的文献,直接通过声音、图像传递知识。它以感光材料和磁性材料为记录介质,使用特定的设备,用声、光、磁、电等技术将信息表现为声音、图像、影视、动画等形式,给人以直观、形象的感受。声像型文献包括幻灯片、电影电视片、录像带、录音带、VCD 唱片等。

在各类文献信息中印刷型文献是基础,数字型文献是今后发展的方向。电子出版物的出版是社会信息化的一个里程碑,有着广阔的发展前景,但并不意味着对其他出版形式的完全替代。各种文献信息类型的产生和存在有其特定的环境和需要,因此,它们将在相当长一段时间内共存,相互补充,发挥各自优势,共同促进信息繁荣与人类的文明发展。

3.1.2 按文献信息的出版形式分类

根据出版频率、场合、讲述的内容以及文献本身的格式与时效性等,文献信息资源可以分为图书、期刊、专利文献、技术标准、会议文献、科技报告、学位论文、产品资料、技术档案、政府出版物等多种形式。

大多数的中外文检索系统中检索到的结果常常是一条简单的文献来源记录。例如:

Modern Communications and Spread Spectrum. G. R. Cooper and C. D. McGillem, New York McGraw Hill,1986

但是,检索的目的绝不是这条简单的记录,而是要通过这条记录提供的信息,找到这本文献,即找到原始文献。这需要正确判断该文献的出版类型,是期刊论文还是图书,以便到不同的收藏地去获取原文。有一些简单的标记可以帮助我们比较准确地判断文献信息的出版形式。以下通过介绍文献信息的出版类型与特点,帮助大家了解每一种文献的识别方法。

1. 图书

图书(book)是对某一学科或领域知识进行系统论述或介绍的一种出版物。

(1)外表特征。图书没有统一的开本,不连续出版,正式出版的图书都有国际标准书号(international standard book number,简称 ISBN)。

ISBN 是为了满足图书出版、管理的需要,便于国际出版物的交流与统计所制定的一套国际统一的编号制度,由一组冠有"ISBN"代号的数字组成,用"-"将其分成 5 部分,如 ISBN 978-7-308-04594-3。其中第一部分是图书产品代码;第二部分是国别、地区或语言代号,如"7"表示中国大陆,"0"表示美国;第三部分是出版社代号,"308"表示浙江大学出版社;第四部分是该出版社出版的第几种书,"04594"表示第 4594 种书;第五部分是计算机校验位。

(2)内容特征。图书是论述或介绍某一学科或领域知识的出版物,它往往是作者对已经发表的科研成果、生产技术经验等进行的概括和总结,或者是某一知识领域的论述或概括。因此其内容成熟、系统、全面、可靠,但由于出版周期较长,一般不能反映最新的信息。

图书是传播知识、教育和培养人才的主要文献类型,一般可分为两类:一是阅读类图书(reading book),包括教科书、专著、科普读物等;二是参考类图书(reference book),又称参考工具书,指专门为查找资料而编写的工具书,包括百科全书、字(词)典、年鉴、手册、指南、名录等。

(3)著录特征。如果原文来源于一本图书,则一般有明确的书名、作者、出版地、出版社、出版年等信息。如前面所举例子,G. R. Cooper 和 C. D. McGillem 是两位作者,Modern Communications and Spread Spectrum 是书名,New York 是出版地,McGraw Hill 是出版社,1986 是出版年。出版社与出版地是图书类文献最重要的标志,有时也会有 Press 或 Public 等字样出现。

2. 期刊

(1)外表特征。期刊(journal,periodical)是指名称固定、开本一致、定期或不定期的连续出版物,它们通常以一定的刊名发行,以年、月、日或年、月或数字标明卷、期号。

正式刊物均有国际标准连续出版物号,又称国际标准期刊号(international standard serial number,简称 ISSN)。ISSN 是根据国际标准化组织 1975 年制定的 ISO 3297,由设于法国巴黎的国际期刊资料系统中心(International Serial Data System International Centre)赋予申请登记的每一种刊物的一个具有识别作用且通行国际的统一编号。每一种期刊在注册登记时,就得到一个永久的 ISSN,一个 ISSN 只对应一个刊名,而一个刊名也只有一个 ISSN。所以当刊名变更时,就得另外申请一个 ISSN。如果期刊停刊,那么被删除的 ISSN 也不会被其他期刊再使用。每个 ISSN 由八位数字构成,分前后两段,每段四位数,段与段间以一短横相连接,其中后段的最末一位数字为校验位,如 ISSN 1002-1167。

(2)内容特征。期刊(包括电子期刊、网络化期刊)所报道的内容新颖、出版周期短、报道速度快,能及时反映学科动向,发行量大,影响面广,是交流学术思想最基本的文献形式。据统计,期刊文献占整个信息源的 60%~70%,是科研人员最常用的信息源。

期刊按内容性质可分为学术性、技术性、检索性和科普性、动态性、通报性等类型,其中学术性期刊和技术性期刊对科研生产的参考价值较大,如各种学报(acta)、通报(bulletin)、评论(reviews)等。

(3)著录特征。如果原文是期刊文献,一般有论文题名、作者、所刊载期刊的名称、年、卷、期等信息,最明显的标记是卷(Vol. 或 V.)、期(No. 或 N.)信息。例如:

An automated CAD system for progressive working of irregular shaped metal products and lead frame for semiconductors. J. C. Choi, C. Kim, J. H. Yoon. Int. J. Adv. Manuf. Technol. Vol. 16, No. 9, p624-634(July 2000)[1]

在大多数检索刊物或数据库中,文献题名一般用黑体表示,期刊名用缩写或斜体表示。

3. 专利文献

专利文献(patent document)是指与专利有关的一切资料,包括专利说明书、专利公报、专利检索工具、专利分类表以及与专利有关的法律文件等。但通常所说的专利文献是指专利说明书,它是专利文献的主体,也是科研人员检索的主要对象。专利说明书是专利申请人向专利主管部门递交的该发明创造的详细叙述,主要涉及发明创造的技术内容和权利要求。

(1)外表特征。专利文献的最大特点是有一个专利号,专利号的组成为:国别(组织机构)代号+流水号。如 US4731568、CN1016502A 等。国别代号一般由两个大写字母组成,常见的国别代号有 US(美国)、EP(欧洲)、GB(英国)、JP(日本)、DE(德国)、CN(中国)、SU(俄罗斯)等。

(2)内容特征。专利文献涉及的领域很广,内容详尽、具体,可信度高,具有很大的实用价值。

(3)著录特征。如果原文是专利文献,一般标注有专利名称、专利号、专利公布日期、国际专利分类号等信息。例如:

A blanket for an extended nip press with anisotropic woven base layers. Beloit Technologies Inc., P. McCarten and E. Slagowski, 1993, EP0541538, 19 May. Priority application: United States, 560402, 31 July 1991. In English

这是一份 1993 年 5 月 19 日公布的欧洲专利文献,其专利号为 EP0541538。

4. 标准

标准(standard)主要指为工程建设或工业产品的质量、规格、检验方法等所做的技术规范,具有法律约束力。按照标准化对象,通常把标准分为技术标准、管理标准和工作标准三大类;按照使用范围,又可分为反映当今世界科学技术水平的国际标准、某一地区通用的地区标准、反映国家生产工艺水平和技术经济政策的国家标准、地方标准、行业标准等。

(1)外表特征。标准文献也有表示该文献唯一特性的标准号,标准号的组成为:颁布机构代号+顺序号+颁布年份。如 FJ 181—1987 表示纺织部于 1987 年颁布的 181 号标准。

(2)常见标准。

国际标准:反映当今世界科学技术水平,得到各国公认。如国际标准化组织制定的 ISO 标准、国际电工委员会制定的 IEC 标准等。

地区标准:本地区通用的技术规范。如欧洲共同体制定的 CEN 标准。

国家标准:反映该国生产工艺水平和技术经济政策。如美国 ANSI、英国 BS、法国 NF、德国 DIN、日本 JIS、中国 GB 等标准。

部标准:各部制定的标准,如纺织部 FZ、机械工业部 JB、电子工业部 SJ、化工部 HG 等。

(3)中国标准介绍。

中国标准分强制性和推荐性两类。其中,保障人体健康和人身及财产安全的标准和法律、行政法规规定强制执行的标准为强制性标准,其他为推荐性标准。标准代号为:GB——国家标准、DB——地方标准、Q——企业标准、T——推荐性标准。行业标准代号详见中国国家标准化管理委员会网站。

国家标准(由国家标准化管理委员会管理):

GB:中华人民共和国强制性国家标准。

GB/T:中华人民共和国推荐性国家标准。

GB/Z:中华人民共和国国家标准化指导性技术文件。

地方标准(由省级质量技术监督局管理):

DB+*:中华人民共和国强制性地方标准(*表示省级行政区划代码前两位,下同)。

DB+*/T:中华人民共和国推荐性地方标准。

企业标准(由企业管理执行):

Q+企业代号:中华人民共和国企业产品标准。

例如,GB 17930—1999《车用无铅汽油》为 1999 年颁发的中华人民共和国强制性国家标准,GB/T 16766—1997《旅游服务基础术语》为 1997 年颁发的中华人民共和国推荐性国家标准。

(4)著录特征。如果原文是标准文献,一般标注有标准颁布国家(组织)、标准名称、标准号、颁布时间等信息。例如:

American National Standards Institute. Integrated services digital network(ISDN) basic access interface for use on metallic loops for application on the network side of the NT (layer I specification). ANSI TI-601-1988,Sept 1988

这是一个 1988 年颁发的美国国家标准(American National Standards Institute,简称 ANSI)。

5. 会议文献

会议文献(conference paper)指国内外重要的学术或专业性会议上发表的论文、报告稿、讲演稿及讨论记录等与会议有关的材料。

科学技术的发展,对文献信息的收集、整理及其服务产生了巨大的影响。据统计,全世界每年召开3000多个学术会议,共发表会议论文10万多篇。会议文献内容涉及的学科领域广泛,主要报道的是各学科领域最新的研究成果、新观点、新思想、新发现,代表一个国家或地区在某个学科领域某个时期的最高学术水平,具有较高的学术价值和情报价值,专业性强,内容新颖。会议文献都有独立的主题,特点鲜明,是一种新型的文献类型,在世界文献信息资源中有着十分重要的地位。所以,对会议文献的收集、整理、检索、利用显得尤为重要。

(1)内容特征。会议文献信息量大、内容新颖、学术性和时间性强、往往代表着某一领域内最新的研究成果,对了解国内外科技水平、发展趋势有较大的参考价值,是科技工作者重要的信息来源之一。

(2)著录特征。如果原文是会议文献,一般有论文题名、作者,特别是会议召开的起止时间、地点及会议主办者等信息,常常有 proceeding of(或 Proc.)、conference on(或 Conf.)、meeting、paper、seminar、symposium 和 transactions 等词出现。例如:

Power IC design for testability. J. Devore, A. Marshall, T. McCoy. 1995 IEEE Symposium on Circuits and systems,Seattle,WA,USA,30 April-3 May 1995,p1496-9

有些国际会议定期召开,其会议文献也定期出版,从而形成了连续性出版物。这些出版物虽然也有 proceeding 等字样,但各地图书馆或信息机构都将其视为期刊来收藏。例如:

Charge images in a dielectric sphere. W. T. Norris. /IEE Proc. Sci. Meas. Technol., Vol. 142,No. 6,p495,195

另外,还有许多著名期刊也属于此类,如 *IEEE Transactions on Communications*、*Proceedings of the American Power Conference*、*Proceedings of the IEEE* 等

6. 科技报告

科技报告(technical report)指国家政府部门或科研单位关于某项研究的总结报告或阶段性进展报告,内容专深、详尽、可靠,参考价值大。因科技报告涉及尖端技术或国防技术等需要保密的问题,又分绝密、秘密、内部限制发行和公开发行几个等级。

美国政府科技报告(NTIS)是世界上出版最多、影响最大的科技报告。据统计,美国政府报告共有40多种,目前国际上较著名的是四大报告,即 PB(Publishing Board)报告(美国商务部出版局出版,侧重工农业生产、生物医药和环境保护等方面)、AD(ASTIA Document)报告(美国国防科技情报文献中心出版,侧重军事技术与工程,部分涉及自然科学及民用技术)、NASA(National Aeronautics and Space Administration)报告(美国国家航空航天局出版,侧重宇航与空间技术领域)和 DOE(Department of Energy)报告(美国能源部出版,侧重能源研究及应用)。

著录特征:如果原文是科技报告,除写明题名、作者、报告完成单位等基本信息外,还有一个最明显的标记是报告号或 report、memorandum 等字样。例如:

S. J. Byrnes Applications of approximation theory in antenna design,signal processing, and filtering. Final Report. AD-A244-725,Prometheus Inc.,1991

这里 AD-A244-725 即为报告号,AD-A 表示公开发行的 AD 报告,244-725 为其编号。通过报告号一般可以初步判断该报告由什么部门收藏,以便到相应的部门去获取原文。

7. 学位论文

学位论文(thesis,dissertation)指为申请硕士或博士学位而提交的学术论文。学位论文

质量参差不齐,因是导师课题的某一部分,大部分是就该课题研究所做的总结,具有独创性,有一定的参考价值。

著录特征:学位论文一般会明确标出 thesis 或 dissertation 等字样,另外,还常常标注有学位、颁发学位的单位、地址、授予学位的时间等信息。例如:

Throughout analysis of multi hop packet radio networks under a general class of channel access protocols and capture modes,J. M. Braxlo. PhD dissertation,Dept. Electrical Engineering,Stanford Univ. ,Stanford,CA,June 1996

大多数西方国家对硕士学历的要求比较宽松,可以分成作论文的硕士和不作论文的硕士两种,硕士论文的水平也不太高,因此,在许多检索系统中不收录硕士论文。但在中国,硕士论文是很重要的一类中文信息源,常常由专门的系统搜集,如万方数据资源学位论文全文数据库、清华同方博硕论文全文数据库。

8. 产品资料

产品资料(product literature)指产品目录、样本、说明书一类的厂商产品宣传和使用资料。产品样本通常是对已定型产品的性能、构造、用途、用法和操作规程等所做的具体说明,内容成熟、数据可靠,有的有外观照片和结构图,可用于产品设计制造的参考。

产品资料一般可向厂商直接索取,在各地情报所可以查到一些,也有的以汇编形式正式出版。

著录特征:产品资料一般会有公司名称和表示产品样本的词,如 users'guide、catalog guide book 等。例如::

J. J. Dongarra,et al. LINPACK users'guide,SIAM,Philadelphia,PA,1979

9. 技术档案

技术档案(technical records)是科研生产活动中形成的科研成果材料的总称,包括技术文件、图纸、原始记录等,详细内容包括任务书、审批文件、研究计划、方案大纲、调查材料、设计资料、试验和工艺记录等。技术档案一般为内部使用,不公开发行,因此在参考文献和检索工具中很少引用。

10. 政府出版物

政府出版物(government documents)指各国政府部门及其设立的专门机构发表、出版的文献。政府出版物的内容十分广泛,既有科学技术方面的,也有经济方面的,是了解各国政治、经济及科技情况的重要资料,包括人口统计、年鉴、技术政策、科普资料等,如我国政府发布的《科学技术白皮书》。

3.1.3 按文献信息的加工程度分类

按加工程度的不同,文献信息可分为零次文献、一次文献、二次文献和三次文献四种。

1. 零次文献

零次文献指未经公开、本身无法通过载体在大范围内传播的信息。如私人信函、手稿、未发表的演讲稿以及口头传播、交流的信息等。

零次文献是人们获取知识不可忽视的文献来源。它不仅在内容上具有一定的价值,而且弥补了公开发行文献的滞后性,其新颖性更为社会所关注。但由于其传播范围极为有限,获取、保管困难,因而一般不把它列入文献检索的对象。

2. 一次文献

一次文献指以本人的科研、生产活动的第一手成果为依据而撰写的文章,即作者直接从科学研究与生产实际中总结出来的科研成果。如学位论文、科技报告、专利说明书、会议文献等。

一次文献一般比较具体、详尽,有很高的参考价值,是文献检索的主要对象和最终目标,所以习惯上也将此类文献称为原始文献。大多数科技工作者所要利用的也正是这类文献,它数量大、出版分散、呈无序性,很难系统、全面地获取是它的最大弱点。

3. 二次文献

二次文献指对文献进行加工整理,使之简化(如著录文献特征、摘录要点)后形成的用于查找原始文献的检索书刊,即检索工具,如各种书目、题录、索引、文摘等。

为了便于读者查找与翻阅,许多检索工具对原始文献进行了二次加工,用特定的方法汇集某一学科范围内的相关文献,将其有序化,并提供多种检索途径。它将大量分散、无序的一次文献转变成有序的、便于管理的检索系统,从而使人们更有效地利用一次文献。学习文献检索,主要是学习和掌握二次文献的使用方法。

4. 三次文献

三次文献指根据需要,利用二次文献,搜集到大量的一次文献,对其进行分析、综合后写出的文章。如各种动态综述、专题述评以及一些教科书、百科全书、字典、辞海等文献,都是利用各种检索工具,查阅了大量的资料,归纳出结论性或规律性的经验、建议、知识或技巧。在期刊论文、会议论文中的综述或述评类文章、大多数的科技图书和教科书都属于三次文献。

从零次文献、一次文献、二次文献到三次文献的形式变化,反映了文献信息的集中和有序化的过程。但上述划分只是一种近似的方法,其界限有时并不十分明显和严格。

3.1.4 按文献信息的公开程度分类

按公开程度的不同,文献信息又可分为白色文献、灰色文献和黑色文献。

1. 白色文献

白色文献指一切正式出版并在社会上公开流通和传递的文献,包括各类图书、期刊、报纸、缩微胶卷、光盘、数据库等。这类文献通过出版社、书店、邮局等正规渠道发行,向社会所有成员公开,其蕴含的信息人人都可以使用。

2. 灰色文献

灰色文献指非公开发行、流通和传递的文献,从正常途径难以获取的内部文献或限制流通的文献。如社会上公开传播的内部刊物、内部教材和会议资料等。这类文献出版量小、发行渠道复杂、流通范围有限,不易搜集。

3. 黑色文献

黑色文献包括两个方面,一是指未破译或未被辨识的文献,如考古发现的古文;二是指处于保密状态或不愿公开其内容的文献,如未解密的政府文件、内部档案、私人日记、信函等。这类文献除作者和特定人员外,一般人极难获得。

3.2 信息检索基本知识

3.2.1 信息检索的内涵

从广义上来讲,信息检索(information retrieval)是指将信息按一定的方式组织和存储起来并根据用户的特定需要找出所需信息的过程,即信息存储与检索(information storage and retrieval)。对信息用户而言,信息检索仅指信息的查找过程,就是根据信息用户的检索需求,利用已有的检索工具或数据库,从中找出特定信息的过程。

随着计算机、网络技术的发展,信息检索也从原来的手工作业向自动化、智能化、网络化、检索全文化方向发展。

3.2.2 信息检索的类型

根据检索对象的不同,信息检索可分为数据检索、事实检索、文献检索三种。

1. 数据检索

数据检索(data retrieval)是以数值或图表形式表示的数据为检索对象的信息检索,又称数值检索。它是利用手册、年鉴、数值数据库等找出包含在信息中的某一数字数据(如电话号码、银行账号、各种统计数据、参数等)和市场行情、图表、化学分子式等非数字数据的检索。数据检索是一种确定性检索,检索结果直接回答用户提出的具体问题。如"长江总长度是多少?洪水期的最高水位有多高?""2004年浙江省地区生产总值是多少?在全国省市自治区中居第几位?人均生产总值是多少?居全国第几位?"等等。

2. 事实检索

事实检索(fact retrieval)是以文献中抽取的事项为检索内容的信息检索,又称事项检索。它是利用参考工具书、数据库等从存储事实的信息系统中查找出指定事实的一种信息检索,包括某一事物(事件)的性质、定义、原理以及发生的时间、地点、过程等。如"比尔·盖茨的履历""林启的生平,他对浙江的教育事业有何贡献?""什么是克隆技术?克隆羊最早是由谁、什么时候培育的?"等等。事实检索也是一种确定性检索,是信息检索中比较复杂的一种,一般不能直接回答用户的具体问题,必须进行分析、推理后才能得出最终结果。

3. 文献检索

文献检索(document retrieval)是以文献为检索对象的信息检索,利用相应的检索方式与手段,在存储文献的检索工具或数据库中,查找检索用户所需文献的过程。凡是查找某一主题、时代、地区、著者、文种的有关文献,以及回答这些文献的出处和收藏地等,都属于文献检索的范畴,为用户提供的是与用户的信息需求相关的文献信息。文献检索根据检索内容的不同又可分为书目检索和全文检索两种。书目检索以文献线索为检索对象,检索结果是与检索课题相关的一系列文献的线索(包括目录、题录、文摘等),用户只有通过查找收藏单位,才能获得原始文献;而全文检索则以文献所含的全部信息为检索对象,即检索系统存储的是整篇文章或整本图书的全部内容,它是数据库技术、网络技术发展的产物。

可见,数据检索与事实检索是一种确定性检索,检索的结果是可供科研人员直接利用的文献信息;而文献检索则是一种相关性检索,检索结果是与课题相关的数篇文献线索或原始文献。文献检索是信息检索的核心部分,它较之数据检索与事实检索内容更为丰富,方法更为多样。

3.2.3 信息检索系统

信息检索系统是为了满足各种信息需求而建立的一整套文献信息的搜集、加工、存储和检索使用的系统。它包括手工检索使用的目录、题录、文摘、索引等检索工具,也包括计算机信息检索系统。

1. 检索系统的内容组成

一个完整的检索系统的组成如表3-1所示。

表3-1 检索系统的组成

内容组成	手工检索系统 (印刷型检索工具)	计算机检索系统 (机读数据库)
使用指南	编辑说明、样例	使用帮助
主体部分	正文(目录、题录、文摘)	顺排文档
索引	辅助索引(主题、著者等)	倒排(索引)文档
分类表	分类目录	
其他	资料来源索引	

手工检索系统又称印刷型检索工具,由正文、辅助索引、分类目录、编辑说明及样例、资料来源索引等五部分构成。正文部分是手工检索系统的主体,条目按顺序(如文摘号)编排,有目录、题录、文摘等形式,大多数检索系统的正文部分按照学科分类体系顺序组织编排(详见各检索工具的分类目录),读者可以从分类的角度检索文献;辅助索引是对正文分类检索的补充,一般设有著者索引、主题索引和各种号码索引等,在计算机检索系统中还有年份、语种、文献类型等检索途径;编辑说明介绍该系统的学科范围、著录格式、使用方法等内容;资料来源索引是检索系统收录原始文献的清单,也是用户获取原文的主要依据之一。

计算机检索系统由顺排文档、倒排文档和使用帮助三部分组成。其中顺排文档又称主文档,相当于手工检索系统的正文,顺排文档由许多记录组成,一条记录相当于一篇文献;倒排文档又称索引文档,相当于手工检索系统的辅助索引。

2. 检索系统的类型

检索系统可按不同的标准,划分为不同的类型。如按信息加工程度不同可分为目录型、题录型、文摘型和全文型检索系统;按信息处理的手段可分为手工检索系统和计算机检索系统;按收录学科范围可划分为综合型和专业型检索系统;按文种可分为中文、西文、日文、俄文等。一般按信息的加工程度来划分检索系统。

1) 目录型

目录型检索系统是对信息外表特征的揭示和报道,通常以一个出版单位或收藏单位为基本的著录单位,即以本、种或件为报道单位,它对文献的描述比较简单,每个条目的著录包括书(刊)名、作者、出版年月、出版地及收藏情况等。目录按揭示信息内容的范围可分为馆藏目录、联合目录、出版发行目录等。如《全国总书目》《全国新书目》《华东地区外国和港台科技期刊预订联合目录》、图书馆联机公共检索目录 OPAC(online public access catalog)、各图书馆自建的书目数据库等。

2）题录型

题录型检索系统是将图书、期刊、专利等文献中论文的题名按一定的排检方式编排而成的，即以单篇文献的篇、份为著录单位，如一篇论文、一份报告、一件专利、图书中的某一个章节等。其特点是向用户提供文献线索，存储的内容通常包括篇名、作者、作者单位和文献出处（期刊名称、出版年、卷、期、页）。如我国的《全国报刊索引》《中文社科报刊篇名数据库》《中国人民大学复印报刊资料》和美国的《科学引文索引》(SCI)、《社会科学引文索引》(SSCI)等著名印刷检索工具及其相应的数据库均属题录型检索系统。

3）文摘型

文摘型(abstract)检索系统是揭示信息外表特征和内容特征的信息系统，其著录项是在题录的基础上加上文摘内容。如美国《化学文摘》（数据库 CA）、美国《工程索引》（数据库 Ei Compendex）、英国《科学文摘》（数据库 INSPEC）等属文摘型检索系统。

文摘（即摘要）是对原始文献的内容实质性的简明提炼，分为指示性文摘、报道性文摘和评论性文摘三种。

指示性文摘又称描述性、简介性文摘，是原文的内容梗概，指出原文所研究的范围、目的、方法和主要结论等，以读者对论文内容不产生误解为原则，为帮助读者判断是否需要阅读原始文献提供依据。

报道性文摘是以原文为基础浓缩写成的摘要，主要报道原文的研究对象、目的、性质、手段、条件、方法、结论等各种资料，不带任何评论，读者不需要查阅原文便可大致了解信息的内容。如美国的《化学文摘》《工程索引》中的文摘内容。

评论性文摘除浓缩原文内容以外，还包括文摘员的分析和见解，如美国的《数学评论》。

以上三种文摘可以是作者文摘，也可以是文摘员文摘。大多数的文摘型检索工具虽然是以某一种单一的语种出版发行的，但收录的往往是多语种文献，在一定程度上帮助读者克服语言障碍，获取各种语种发表的文献信息。

4）全文型

全文型(full-text)检索系统是以一次文献即原始文献为存储对象，著录项包括文摘和全文，能够直接为用户提供原始资料或具体数据，用户不必再查阅其他的信息源。其因内容庞大，主要以数据库的形式出版，如重庆维普"中文科技期刊数据库"（全文版）、清华同方"中国学术期刊全文数据库"、德国 SpringerLink 期刊全文数据库、荷兰 Elsevier SDOS 以及 Kluwer Online，UMI ProQuest，IEL(IEEE/IEE Electronic Library)等全文型检索系统。

3.2.4 信息检索语言

1. 含义

信息检索语言是根据检索需要而编制的用来描述文献的内容特征和外表特征的一种人

工语言,是从自然语言中精选出来并加以规范化的一套词汇、符号。文献各方面的特征可以词、词组、短语或符号作为标识表示出来,如果将这些标识按一定的顺序排列起来,就形成了一种标识系统;反之,从这些标识入手,就可以从系统中查找出特指的某一篇或某一类特征的文献。

信息检索语言是人与检索系统对话的基础。当信息存储时,信息工作者将搜集到的信息按其外表和内容特征用一定的语言加以描述,并赋予一定的标识,如题名、作者、主题词等,存入系统中,用户进行信息检索时,首先要对检索课题进行分析,用同样的语言,抽取出几个能代表检索课题要求的检索标识,如检索词、分类号、作者等,通过与检索系统中存储的标识相匹配,找到所需信息。这种用来描述文献、组织文献、进行文献检索的标识系统称为检索语言,检索语言是存储与检索文献共同使用的语言,它是标引人员与检索人员(信息用户)之间沟通思想、取得一致理解的桥梁,又是编制检索工具各种索引的依据。为了避免漏检和误检,提高检索效率,使用检索工具时,应对检索语言有所了解。

2. 类型

信息检索语言的种类很多,划分方法不一,通常分为表达文献外表特征和表达文献内容特征两大类。

表达文献外表特征的有题名语言(书名、刊名、篇名等)、著者语言(著者、团体著者、译者、编者等)、号码语言(专利号、标准号、报告号)等。

表达文献内容特征的有分类语言和主题语言,其中主题语言有标题词语言、叙词语言、关键词语言和单元词语言。

在两类检索语言中,描述文献外表特征的信息检索语言按字母或号码顺序排列,比较直观,容易理解,使用起来比较简单,误检或漏检的可能性小,容易掌握;而表达文献内容特征的信息检索语言的结构和使用比较复杂,有分类语言和主题语言两种。以下重点介绍表达文献内容特征的分类语言和主题语言。

3. 分类语言

1)定义

分类语言用分类号表达文献概念,将各种概念按学科进行分类和排列,以学科分类为基础,运用概念划分的方法,将各种概念按一系列标准和逻辑规则层层划分,形成一个严密而有序的直线式知识类目等级体系,每一类目分别以不同的符号(字母、数字或字母与数字相结合)作标志,每个符号都表达了特定的知识概念。这种标志就是分类语言。大多数分类表都是按分类语言编制而成的,目前国内外常用的分类法有《国际十进制分类法》《美国国会图书馆分类法》《中国图书馆分类法》(简称《中图法》)、《中国图书资料分类法》(简称《资料法》)、《中国科学院图书馆图书分类法》(简称《科图法》)、《中国人民大学图书馆图书分类法》(简称《人大法》)、《国际专利分类法》等。

2)《中国图书馆分类法》介绍

《中图法》的类目体系是一个层层展开的分类系统,其基本大类以科学分类为基础,结合文献的需要,在5大类的基础上展开。《中图法》采用拉丁字母与阿拉伯数字相结合的混合编码制,它依据学科门类,将图书分成5个基本部类、22个基本大类,如表3-2所示。

表3-2 《中图法》基本部类、基本大类

5个基本部类	分 类 法	22个基本大类
马克思主义、列宁主义、毛泽东思想、邓小平理论	A	马克思主义、列宁主义、毛泽东思想、邓小平理论
哲学	B	哲学、宗教
社会科学	C	社会科学总论
	D	政治、法律
	E	军事
	F	经济
	G	文化、科学、教育、体育
	H	语言、文字
	I	文学
	J	艺术
	K	历史、地理
自然科学	N	自然科学总论
	O	数理科学和化学
	P	天文学、地球科学
	Q	生物科学
	R	医药、卫生
	S	农业科学
	T	工业技术
	U	交通运输
	V	航空、航天
	X	环境科学、安全科学
综合性图书	Z	综合性图书

在22个基本大类(一级类目)下,又根据各类目知识学科的性质,逐级划分下级类目。二级类目采用拉丁字母和1到2位数字混合编制,例如"J"类的划分如下。

    J   艺术(一级类目)

    J0   艺术理论(二级类目)

    J1   世界各国艺术概况(二级类目)

    J19   专题艺术与现代边缘艺术(二级类目)

    J2   绘画(二级类目)

    J29   书法、篆刻(二级类目)

    J3   雕塑(二级类目)

J4 摄影艺术(二级类目)

J5 工艺美术(二级类目)

J59 建筑艺术(二级类目)

J6 音乐(二级类目)

J7 舞蹈(二级类目)

J8 戏剧、曲艺、杂技艺术(二级类目)

J9 电影、电视艺术(二级类目)

字母后加两三位阿拉伯数字,表示各学科的进一步分类,三位数以上的数字使用小数点隔开,例如"J7"类的细分如下。

J7 舞蹈

J70 舞蹈理论

J71 舞蹈技术、方法

J72 中国舞蹈、舞剧

J721 舞蹈图谱

J722 舞蹈

J722.1 集体舞蹈

J722.2 民族舞蹈

J722.3 儿童舞蹈

J722.5 芭蕾舞蹈

J722.8 交际舞

J73 各国舞蹈、舞剧

J79 舞蹈事业

由于工业技术内容丰富,T类又分为TB、TD等16个类。

T工业技术
- TB一般工业技术
- TD矿业工程
- TE石油、天然气工业
- TF冶金工业
- TG金属学、金属工艺
- TH机械、仪表工业
- TJ武器工业
- TK动力工程
- TL原子能技术
- TM电工技术
- TN无线电电子学、电讯技术
- TP自动化技术、计算技术
  - TP1自动化基础理论
  - TP2自动化技术及设备
  - TP3计算技术、计算机
  - TP6射流技术(流控技术)
  - TP7遥感技术
  - TP8远动技术
- TQ化学工业
- TS轻工业、手工业
- TU建筑科学
- TV水利工程

3)图书馆索书号的构成方法

索书号又称排架号,是图书馆赋予每一种馆藏图书的号码,一般由分类号和书次号组成。这种号码具有一定结构并带有特定的意义。在馆藏系统中,索书号是读者查找图书时确定馆藏图书在图书馆中书架上的排列位置非常重要的代码信息,每种索书号都是唯一的。

在通常情况下,索书号由两部分组成,其外形如下:

TP317.1	H316	F23-61
4410	3783	4521

索书号的第一部分是根据图书的学科主题所取的分类号。由于索书号中带有分类号,这样可以使同一学科主题的图书得以比较集中地排列在书架上,起到方便读者查找的作用。

索书号的第二部分是按照图书作者姓名所编排的著者号码。通过采用著者号码,一位作者所著的同一学科主题的图书会被集中在一起,这方便了读者查找资料。也有一些图书馆按该书刊进入馆藏时间的先后取用种次号来代替著者号码。

确定不同索书号排列先后顺序的步骤是:先比较分类号,采用对位比较法(字符序列以ASCII码字符集为依据);如果分类号相同再比较著者号码或种次号,采用自然顺序排列方法。如以下索书号应从左到右依次排列:

F23-61	H316	TP317.1	TP39	TP391	TP393
4521	3784	4410	1024	6709	4168

4)体系分类法的优缺点

分类语言的优势是能体现学科的系统性,反映事物的派生、隶属与平行关系,符合人们从学科角度检索信息的习惯,适合内容比较单一的族性检索和图书馆排架。使用分类来表达文献的主题概念,简单明了,特别是对于外文检索工具,即使不懂其文字,只要掌握该检索工具所采用的分类法,也可以借助分类号进行检索。但体系分类法比较死板。专指性较强或主题复杂的交叉学科,用分类法查找很不方便。如蚕的养殖、丝的加工和贸易都是论述"蚕丝"这一主题,但在分类语言中却被分别归入"农业科学 S""工业技术 T"和"经济 F"类,这样,同一主题的信息被分散在各类之中。而且,分类表不能随时修改补充,不能适应科技的发展,很难体现各学科间错综复杂的关系。

4. 主题语言

1)定义

主题语言是一种描述语言,是用自然语言中的词、词语来描述文献内容特征,即文献所论述或研究的事物概念,这些词或词语就是主题词。也就是说,不论学科分类如何,主题语言直接借助于自然语言的形式,作为文献内容的标识和检索依据,是一种以主题词字序为基本结构的检索语言,比较直观。

2)类型

主题语言可分为关键词(自由词)语言和规范化词(叙词、标题词等)语言两种。

①关键词是直接从文献的题名、摘要、内容中抽取出来的,能够表达文献主题内容的关键性词汇。它是一种未经过规范化的自然语言,具有表达文献概念直接、准确等特点,被广泛应用于手工检索和计算机检索。如有一篇"教育与国民经济"的文献,可以用"教育"和"国民经济"两个词来表达这篇文章的内容。

②规范化词是指从自然语言中优选出来并经过规范化处理的名词术语。把规范化词按照一种便于检索的方式编排起来,就构成了主题词表。这些主题词表是由各个学科领域权威的专家,经过认真严格的考虑和选择制定出来的。一般大型信息出版机构都有一支自己的专家队伍,根据科技发展的需要专门在每年或每隔几年修订一次主题词表,如《Ei 主题词表》《INSPEC 叙词表》等。我国也编有专门的《汉语主题词表》和各专业主题词表(如《纺织汉语主题词表》)。收入词表的主题词一般包括:事物名称,如汽车、变压器;科学门类,如数学、物理;事物状态或现象,如强度、失真;研究方法、技术,如分析、力学性能试验;工艺方法、加工名词,如织造、激光切割;化学元素、化合物、金属材料,如钠、硫酸;国家名称、地名、人名等。

3)特点

主题语言来源于自然语言,适合人们的辨认习惯,标识比较直观,表达概念唯一,而且多个主题词的合理组配可以形成专指性较强的概念,对专指性强或主题比较复杂的课题检索比较方便。

4)主题词选用技巧

主题语言的基本成分是检索词。检索词的确定是检索成败的关键。检索词的选取要全面,应尽可能地包含各主题概念。通常可选取上位词和同义、近义词作为检索词,并利用各检索系统的词表对其进行规范化,以保证检索词与标引用词的一致性;也可以选用一些关键词进行检索,避免漏检,提高检索效果。

①主题词的选取应适当,具有专指性,范围不宜过宽或过窄。若选取上位类,范围过宽,查准率低;若选择下位类,范围过窄,查全率低。

②尽可能地考虑其相关的同义词、近义词作为检索词,以保证查全率。因为同样的含义、同样的概念,不同的作者用词可能不同,如马铃薯可以说成土豆、洋山芋、洋芋艿等,计算机可以说成 PC、微机、电脑等,所以在选取主题词时应尽可能地考虑其相关的同义词、近义词作为检索词。在计算机检索时,同时应考虑单复数、动名词、过去分词等。

③某些词的含义很广,不适合作检索词。如"建立""实施""研究"等一类泛指的词一般不宜作检索词,但在检出文献比较多时,可以用其加以限制;"发展""趋势""现状"在不是专门查找综述类文献时也予以排除;"计算机"因其范围太广,不可作为主题词,一般用"计算机辅助分析""计算机辅助设计""计算机应用""计算机控制"等词组作为检索词进行检索,使检索范围更小,检索结果更准确。

④当检中文献量偏少时,可适当考虑选取其上位概念。上下位概念指的是其中一个(下位)概念完全被包含在另一个(上位)概念里面。如"外国语言"是个上位概念,"英语""日语""法语""俄语"等是下位概念,当用检索词"法语"检中的相关文献太少时,可适当考虑选用"外国语言"作为检索词。

3.2.5 信息检索途径

检索途径是进入检索的入口。查找文献,可根据文献的不同特征,从不同的角度来进行。常用的检索途径有表达文献内容特征的分类、主题途径和表达文献外部特征的题名、著者、号码等途径,其中主题途径比较常用。

(1)分类途径。分类途径是按照文献所属的学科类别来检索文献的途径。它以分类号

(或类目)作为检索入口,按照分类号(或类目)的顺序查找。一般利用分类目录和文献检索工具中的分类目录表是从学科或专业的角度出发查找信息的途径,利用的是检索系统中的分类目录或分类导航。分类目录反映信息的派生、隶属与平行关系,符合人们从学科角度检索信息的习惯,它适用于泛指性较强的族性检索课题。同时也可以根据检索需要扩大或缩小检索范围。优点是能把同一学科的文献集中在一起查找出来。缺点是新兴学科、交叉学科、边缘学科在分类时往往难以处理,查找不便。另外,从分类途径检索必须了解学科分类体系,在将概念变换为分类号的过程中,常易发生差错,造成漏检或误检。

(2)主题途径。主题途径是从文献的主题内容出发进行检索的途径,利用的是表达文献的词、词语。用主题途径检索文献不用考虑文献的学科分类,比较直观。这些检索词源于自然语言,符合人们的辨认习惯,表达概念唯一,而且多主题词可以进行合理的组配,形成专指性较强的概念,适用于专指性较强的课题检索。主题词选词的参照体系是主题词表。

(3)题名途径。题名途径是根据文献的题名(书名、刊名、篇名等)来检索信息的途径。已知文献的题名,就可以通过文献的题名索引(目录)查找到所需文献。如图书馆的书名目录和《全国总书目》所提供的检索途径即是题名途径。可以通过该途径获取所需的信息,但题名往往较长,相同或相似的甚多,容易造成误检,不宜作主要的检索途径。

(4)著者途径。著者途径是利用已知著者(团体著者、译者、编者等)姓名字序,根据著者索引进行检索的途径。由于科研人员各有所长,通过著者线索,可以系统地发现和掌握某些著者的研究进展,查寻其最新论著。国外对著者途径非常重视,在大多数检索系统中,均把著者索引作为必备的辅助索引之一。

(5)号码途径。号码途径是根据文献的号码(专利号、标准号、报告号、合同号、文献登记号或入藏号等)特征,利用其号码索引进行检索的途径,如国际标准书号 ISBN、国际标准连续出版物号 ISSN、专利号、标准号、报告号、分子式等。序号索引排列时,分两种情况:单纯为数字的,按数字大小排列;字母与数字混合,即数字前冠有字母的,先依字母顺序、后按数字大小排列。已知文献号码时,使用这种检索途径不仅简单,而且不易造成错检和漏检。

3.2.6 信息检索方法

所谓检索方法,就是根据现有条件,能够省时、省力地获取最佳检索效果而采取的方法。在文献检索中,常用的检索方法大致可归纳为追溯法(向前追溯、向后追溯)、工具法(顺查法、倒查法、抽查法)、交替法(复合交替法、间隔交替法)。

1. 追溯法

追溯法可分为向前追溯法和向后追溯法。

(1)向前追溯法是一种传统的获取文献的方法。它是利用有关文献后所附的参考文献进行追溯查找的方法。利用向前追溯法检索文献是一种十分方便可行的方法,尤其是文献检索工具贫乏的地区。然而追溯法也有它的局限性。由于著者文献后所附的参考文献总是先刊于著者文献,一般早于著者文献5~10年时间,所以追溯到的只能是著者文献之前5~10年范围内的文献,检索到的文献越来越旧。另外,由于著者文献后所附的参考文献条数毕竟有限,摘录年代也不连续、不系统,特别是当引用文献很多时,常掺杂某些参考价值不大的文献,故影响文献检索效果。因此,一般只有在文献检索工具不成套或不齐全(计算机网络环境不好)的情况下,才采用这种方法。

(2)向后追溯法又称引文法,是利用文献之间的引用和被引用关系,采用一种称之为引文索引的文献检索工具(如美国出版的《科学引文索引》)进行文献的追溯查找的方法。引文索引是根据期刊论文后面所附参考文献的著者的姓名顺序编排的。在这种索引中,在被引用著者的姓名下,按年代列举了引用文献的著者及其文献出处。若要找到引用文献的标题,则可以再利用来源索引,在引文索引中出现的引用文献著者的文献标题及其查找原文的线索完全可以从来源索引中找到。由来源索引中标出的引用文献,就其内容来说,必定比被引用文献内容新,某些论点有创新。如果再以引用文献为起点,则又可以查到一些内容更为新颖的与原来文献内容有关的文献。如此继续进行检索,就像滚雪球那样,能查到一批内容比原来文献更新颖的相关文献。这种方法可以避开分类法和主题法检索文献的难点。有时,只需知道某论文的著者,亦同样可以检索到所需要的文献。另外,它对检索边缘学科、交叉学科的文献,也是一种十分有效的方法。

2. 工具法

工具法就是利用文摘、索引、题录等各种文献检索工具(文献数据库)查找文献的方法。工具法是文献检索中最常使用的一种方法,故也称常用法。它有顺查、倒查和抽查3种方法。

(1)顺查法就是以课题研究开始年代为起点,利用文献检索工具,沿着年代逐年查找,直到近期为止。逐年查找的好处是:漏检较少,查出的文献可以及时筛选,故查全率和查准率比较高。其缺点是:检索的工作量比较大,要求有一套齐全的文献检索工具和比较宽裕的检索时间。用这种方法检索出来的文献的特点是比较系统,有助于了解学科的产生、演变和发展情况。

(2)倒查法与顺查法相反,即从近期向远期逐年查找。倒查法检索效率比顺查法高,花费时间不多,却能检索到内容新颖的文献。

(3)抽查法就是针对学科发展特点,抓住学科发展迅速、文献发表较多的年代,抽出一段时间(几年或十几年)进行逐年集中检索的一种方法。该方法的优点是检索时间较少,却能获取较多的有关文献。但是使用抽查法,检索者必须熟悉学科发展的特点,熟悉学科文献集中发布登载的时间、范围,才能达到最佳检索效果。

3. 交替法

交替法亦称循环法,实际上是追溯法和工具法的相互结合。根据结合的不同,又可以分为复合交替法和间隔交替法两种。

(1)复合交替法就是先利用文献检索工具查出一批有用的文献,然后利用这些文献后所附参考文献中提供的线索,追溯查找,扩大检索范围(即先工具法、后追溯法)。或者先掌握一批文献后所附的参考引用文献线索,分析查找这些文献所适宜的各种检索途径(如著者途径、分类途径、主题途径等),然后利用相应的文献检索工具扩大检索范围,获取新的文献线索(即先追溯法、后工具法)。

(2)间隔交替法就是利用文献检索工具查出一批有用文献,然后利用这些文献所附参考文献追溯扩大线索,然后跳过几年(一般为5年)再用工具法查找,查出一批有用的文献后再进行追溯,如此循环检索。之所以可以跳过5年再直接从工具书中查找文献,是因为根据文献发表的特点,一般5年内的重要文献会被利用,也就是说在参考文献中会出现。

综上所述,交替法是一种"立体型"的检索方法,检索效率比较高。其中,复合交替法要比间隔交替法完善,但是间隔交替法能弥补因文献检索工具缺少而造成漏检的损失。

3.2.7 计算机信息检索发展概述

随着1946年第一台计算机的问世,各国信息检索专家开始把计算机用于信息检索。从传统检索向计算机检索过渡,最早是在20世纪60年代。计算机信息检索的发展大体经历了以下四个阶段。

第一阶段:脱机批处理信息检索(offline retrieval)。

20世纪60年代初期,美国已经利用计算机进行检索工具的编辑和排版,采用计算机来处理文献记录,把存储在磁带上的文献记录编制成各种索引,自动照相排版并开展了脱机批处理检索服务,相继产生了"化学题录"和"医学索引"数据库。由于当时计算机技术条件的限制,数据载体是磁带、磁鼓,系统仅由一台计算机和几个相关的文件构成。由专职情报工作人员根据用户的要求与说明,将其编制成检索提问,待各种提问累积到一定数量后,输入计算机进行一次性批处理,然后将检索结果返回给用户。这一阶段的特点是用户并不直接参与检索,而且由于数据载体是磁带、磁鼓,只能进行简单的顺序查找。

第二阶段:联机检索(online retrieval)。

20世纪60年代中期,以半导体为主要器件的计算机的出现,使得计算机分时处理能力有了很大的提高,加上强功能检索软件的研制成功,使脱机检索很快发展到联机检索。DIALOG、ORBIT等著名的国际联机检索系统开始对外服务。但由于当时的联机检索是租用公用电话线路,所以检索费用昂贵。到20世纪70年代,随着通信技术的发展,美国出现了Tymnet和Telnet等数据通信网络,通信费用有所降低,联机检索在美国得到普及。随后,卫星通信用于计算机网络,世界各大计算机检索系统纷纷进入通信网络为世界各地区服务,从而发展到国际联机检索。

第三阶段:光盘检索(CD-ROM retrieval)。

20世纪80年代,随着微型计算机的广泛运用和高密度存储介质——光盘的出现,计算机信息检索进入光盘检索阶段。光盘以其超媒体、大容量的存储方式,受到了情报界的青睐。光盘检索不像联机检索那样,需要投资巨大的基础设施和复杂的技术,检索人员也无须具备专门的检索技术,更不必担心通信、联机打印费用等问题,用户可以不断修正检索策略,得到较为满意的检索结果。数据库类型除了原来的书目、文摘数据库外,增加了全文数据库。但这种检索受光盘数据库更新的局限,提供的信息有一定的时差。

光盘检索系统分为单机和联机两种。单机光盘检索系统由微机、CD-ROM驱动器、CD-ROM光盘数据库以及检索程序、驱动程序构成,它可自成系统,供单个用户检索使用。联机光盘检索系统是单机系统的发展,20世纪80年代末出现了光盘塔和局域网支撑的光盘网络,即在局域网(如图书馆内部网或校园网)中连接多个用户终端,由服务器管理、运行一组光盘数据库,使多个终端用户能同时检索这些数据库,共享信息资源。

第四阶段:因特网检索(Internet retrieval)。

20世纪90年代,随着卫星通信技术、网络技术、多媒体技术的发展,信息检索走向网络化检索阶段。这一时期,越来越多的正式出版物也放到网上,各种电子期刊、电子图书、网络化数据库不断涌现,网上有书目型、文摘型数据库甚至全文数据库,信息检索极为方便,而且声像结合、图文并茂、形象生动。因特网使信息资源共享成为现实,它的规模、复杂程度和快速发展趋势已经使它成为世界上最强大的通信工具,世界各大检索系统纷纷进入因特网。

我国数据库研制始于20世纪70年代中期,80年代初期开始自建数据库,90年代以后我国出现了一批以生产、经营文献数据库为目的的信息产业集团,其数据库产品以光盘进入国内市场,如重庆维普资讯有限公司的"中文科技期刊数据库"、中国科学技术信息研究所下属的万方数据股份有限公司的"中国企业、公司及产品数据库"、国家知识产权局的"中国专利数据库"、清华同方的"中国学术期刊(光盘版)"及其"中国期刊网"等,使中文数据库从生产到销售实现了产业化和商业化,数据库内容几乎覆盖了科技、工程、经济、商业、金融、财政、交通、税务、文教、卫生、新闻出版等所有领域。

3.3 信息检索基本技术

在计算机信息检索系统中,虽然各数据库提供给用户的检索界面及其检索功能各不相同,但比较通用的有浏览、简单检索和高级检索等功能。浏览功能是由信息工作者将各种信息按一定的方式组织起来,按信息的主题、分类等方式编制成树状结构体系,供用户层层点击,进入不同分支查看检索结果列表。简单检索和高级检索是利用检索词(或检索式)进行检索,返回与之相符的检索结果。利用检索词(或检索式)检索时通常会用到布尔逻辑检索、截词检索、词间位置检索、限定字段检索和限定范围检索等检索技术。

3.3.1 布尔逻辑检索

在计算机信息检索中,单独的检索词一般不能满足课题的检索要求。19世纪由英国数学家乔治·布尔提出来的布尔逻辑运算符的运用,在一定程度上满足了用户的检索需求。布尔逻辑检索是最常用的计算机检索技术,一些检索系统中的AND、OR、NOT运算符可分别用"﹡""＋""－"代替。

布尔逻辑检索是运用布尔逻辑运算符对检索词进行逻辑组配,以表达两个检索词之间的逻辑关系,常用的组配符有AND(与)、OR(或)、NOT(非)三种。图3-1所示是布尔逻辑示意图。

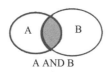
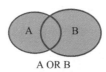
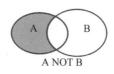

图 3-1 布尔逻辑示意图

1. 逻辑"与"(AND,﹡)

逻辑"与"是具有概念交叉和限定关系的一种组配,用来组配不同的检索概念,其含义是检出的记录必须同时含有所有的检索词。如 A AND B(或 AB),表示命中记录中必须同时含有检索项A和B。逻辑"与"起到缩小检索主题范围的作用,用逻辑"与"组构的检索词越多,检索范围越小,专指性越强,有助于提高查准率。在运用时,应把出现频率低的检索词放在"与"的左边,节省计算机处理时间,使否定的答案尽早出现,中断检索,提高效率。

2. 逻辑"或"(OR,+)

逻辑"或"是具有概念并列关系的一种组配,表示概念的相加,其含义是检出的记录只需满足检索项中的任何一个即可或同时满足。在实际检索中,一般用逻辑"或"来组配同义词、近义词、相关词等,以扩大检索范围,避免漏检,提高查全率。如A OR B(或A+B)表示记录中凡单独含有检索项A或检索项B,或者同时含有A、B的均为命中记录。用逻辑"或"组构检索式时,可将估计出现频率高的词放在"或"的左边,以利于提高检索速度,使选中的答案尽早出现。

3. 逻辑"非"(NOT,−)

逻辑"非"是具有概念删除关系的一种组配,可从原检索范围中剔除一部分不需要的内容,即检出的记录中只能含有NOT运算符前的检索词,不能同时含有其后的检索词。如A NOT B(或A−B)表示含有检索项A而不含检索项B的记录为命中记录。逻辑"非"缩小了检索范围,提高了检索的专指度。逻辑"非"的缺点在于取消部分往往会把切题的文献丢弃,故运用时一定要慎重。

需要指出的是,不同的检索系统,布尔逻辑运算的次序可能不同,检索结果也会大不一样,一般检索系统的"帮助"会有说明。在中文数据库里,布尔逻辑运算符大多用AND、OR、NOT的下拉菜单形式供用户选择,有时用"*"表示逻辑"与",用"+"表示逻辑"或",用"−"表示逻辑"非"。一般优先级依次为NOT、AND、OR,也可以用括号改变优先级,括号内的逻辑式优先执行。

3.3.2 截词检索

在数据库检索时,常常会遇到词语单复数或英美拼写方式不同,词根相同、含义相近而词尾形式不同等情况,为了减少检索词的输入,提高检索效率,通常使用"?"" ""$""!"等截词符加在检索词的前后或中间,以扩大检索范围,提高查全率。计算机在查找过程中如遇截词符号,将不予匹配对比,只要其他部位字母相同,即算命中。截词按位置不同,可以分为前方截词、后截词和中间截词三种。

(1)前方截词:将截词符放在词根的前边,后方一致,表示在词根前方有无限个或有限个字符变化。如software(软件)、hardware(硬件),在词根前加截词符即"?ware",可包含前面两种情况。

(2)后截词:将截词符放在词根后面,前方一致。如comput?表示comput后可带有其他任何字母,且数量不限,检索出compute、computer、computerized、computerization等记录,为无限截词;而plant*则表示plant后可加0~3个字母,检索出plant、plants、planted、planter、planters等词,为有限截词。

(3)中间截词:将截词符号置于检索词的中间,而词的前、后方一致。一般对不同拼写方法的词,用通配符"?"插在词的中间,检索出两端一致的词来,通常在英美对同一个单词拼读不同时使用。如 colo?r 包含 colour(英)和 color(美)两种拼写方法。

3.3.3 词间位置检索

利用布尔逻辑运算符检索时,只对检索词进行逻辑组配,不限定检索词之间的位置以及检索词在记录中的位置关系。在有些情况下,若不限定检索词之间的位置关系会影响某些检索课题的查准率。因此,在大部分检索系统中设置了位置限定运算符号,以确定检索词之间的位置关系,但不同的检索系统所采用的位置运算符有时不一定相同,功能也有差异,使用时应具体对待。

1. W(With)算符

A(W)B 表示 A、B 两词必须紧挨(之间不允许有其他词)且位置关系(词序)不可颠倒。如 x(W)ray 表示包含 x ray 和 x-ray 的文献记录均被命中,IBM(W)PC 表示 IBM PC 和 IBM-PC 的文献记录均被命中。

A(nW)B 表示 A、B 之间最多可插入 n 个单词且位置关系(词序)不可颠倒。其中 n 为整数,但 n 不能太大,否则运算符失去意义。如 computer(1W)retrieval 表示检索含有 computer information retrieval 和 computer document retrieval 等词的记录。

2. N(Near)算符

A(N)B 表示两词必须紧密相邻,词间不允许插入任何词,但词序可以颠倒。

A(nN)B 表示两词间可插入 n 个单词(n 为整数),而且词序可变。在计算机信息检索系统中存在一些禁用词,如 of、this、and、for、on、to、are、from、that、with、as、in、the、would 等不允许出现在检索式中的词为系统禁用词,可用 Near 运算符来表示。如 A(1N)B 包含 A in B 和 B of A 两种情况,而 cotton(2N)processing 则表示包含 cotton processing、processing of cotton、processing of Chinese cotton 等的文献记录都会被命中。

3. F(Field)算符

A(F)B 表示 A、B 检索词必须同时出现在同一记录的同一字段中(只限于题名、文摘字段),两词的词序、中间可插入单词的数量不限,但使用此算符时必须指定所要查找的字段(如 AB、TI、DE、AU 等)如 pollution(F)control/AB 表示检索出文摘字段中同时含有两词的文献记录。

4. L(Link)算符

A(L)B 表示 A、B 检索词之间存在从属关系或限制关系,如果 A 为一级主题词,则 B 为二级主题词。

5. SAME 算符

A(SAME)B 表示 A、B 检索词同时出现在同一个段落(paragraph)中,如 education SAME school。

3.3.4 限定字段检索

限定字段检索指定检索词在记录中出现的字段,检索时,计算机只在限定字段内进行匹配运算,以提高检索效率和查准率。不同数据库和不同种类文献记录中所包含的字段数目不尽相同,字段名称也有差别。数据库中常见的字段和代码如表 3-3 所示。

表 3-3 数据库中常见的字段和代码

基本字段			辅助字段		
字段名称	英文全称	缩写	字段名称	英文全称	缩写
题名	Title	TI	记录号	Document Number	DN
文摘	Abstract	AB	作者	Author	AU
叙词	Descriptor	DE	作者单位	Corporate Source	CS
标题词	Identifier	ID	期刊名称	Journal	JN
			出版年份	Publication Year	PY
			文献类型	Document Type	DT
			出版国	Country	CO
			文献性质	Treatment Code	TR
			语种	Language	LA

基本字段(basic field)指表达文献内容特征的字段,如题名字段(Title field)、文摘字段(Abstract field)、叙词字段(Descriptor field)等,检索字段符用后缀方式分别表示为/TI、/AB、/DE,检索时将检索词放在后缀字段符之前,如 garments/AB。

辅助字段(additional field)指表达文献外表特征的字段,如作者字段(Author field)、刊名字段(Journal field)、出版年字段(Publication Year field)、语种字段(Language field)、文献类型字段(Document Type field)等,检索字段符用前缀方式分别表示为"AU=""JN=""PY=""LA=""DT=",检索时将检索词放在前缀字段符之后。

在一些数据库检索页面中,字段名称通常放置在下拉菜单中,用户可根据需要选择不同的检索字段进行检索,以提高检索效率。

3.3.5 限定范围检索

限定范围检索是通过限制数字信息的检索范围,以达到优化检索的方法。如 DIALOG (OnDisc)系统、SilverPlatter-Spirs 系统、UMI ProQuest 系统均设置了限定范围检索功能。常用限定符有:

:或- 包含范围,如:出版年 PY=1996:2005、邮政区号 ZP=02100-02199。
> 大于,如:公司销售额 SA>300。
< 小于,如:研究生申请接受率 PC<50%。
= 等于,如:波长 WAV=0.000 010 6m。
>= 大于或等于,如:公司总财产 TA>=500 000 000。
<= 小于或等于,如:公司雇员数 EM<=900。

!：范围之外,如:波长小于 350 nm 或大于 750 nm 表示为 WAV（！3.5E−7;7.5E−7）。

总之,计算机信息检索是利用计算机的逻辑运算功能来实现文献的有无、多少、异同的比较匹配,以达到检索目的,在实际使用中,应配合使用布尔逻辑检索、截词检索、词间位置检索、限定字段检索、限定范围检索等达到较高的查全率和查准率,保证检索质量。

3.4　检索策略的制定

检索策略就是在分析课题内容的基础上,确定检索系统、检索途径和检索词,并科学安排各词之间的位置关系、逻辑联系和查找步骤等。在数据库和系统功能相同的前提下,检索策略是否考虑周全,以及在检索过程中能否根据实际情况修改原来的策略,使其更加切题,都会影响检索文献的查全率和查准率。所以检索策略的构建与调整对检索者来说十分重要。

1. 信息需求分析

信息需求分析是让检索者了解检索目的,明确课题的主题或主要内容,课题所涉及的学科范围、所需信息的数量、出版类型、年代范围、涉及语种、已知的有关作者、机构,课题对查新、查准和查全的指标要求等,确定有关检索标识即描写信息特征的符号与词语,以便选择合适的检索工具或数据库。

2. 选择数据库

(1) 在信息需求分析的基础上,根据检索需求,选择相应的数据库。若需要某一课题系统、详尽的信息,如撰写博硕论文、申请研究课题、科技查新、专利鉴定等,此类检索需了解其历史、现状和发展,对检索要求全面、彻底,检索覆盖的年份也较长。为了满足此类检索需求,应尽可能选用一些收录年份较长的综合型和专业型数据库,如清华同方 CNKI 系列数据库、重庆维普"中文科技期刊数据库"、EBSCO、Elsevier SDOS/SDOL 等。

(2) 了解关于某一课题的最新信息。这类信息用户对检索信息的要求是新,检索覆盖的年份也比较短,可以选择一些更新及时的联机数据库、网络数据库和搜索引擎来查找。

(3) 了解某一方面的信息,以解决一些具体问题。如针对某个问题查找一些相关参考资料、一般论文写作、了解某人的资料等。此类检索不需要查找大量资料,但针对性很强,可以选择一般的数据库和网络搜索引擎进行。

另外,检索课题专业性较强、学科单一,要求检中文献对口性强的,可选专业型检索系统;技术性的课题,应考虑是否使用专利信息检索系统等。

3. 确定检索词

(1) 分析课题的概念。选择所涉及的主要概念,并找出能代表这些概念的若干个词或词组,进而分析各概念之间的上、下、左、右关系,以便制定检索策略。如"网络资源的知识产权保护"可选"知识产权保护""网络资源"作为关键词。

(2) 隐含概念的分析。有些课题的实质性内容很难从课题的名称上反映出来,其隐含的概念和相关内容需从专业的角度做深入的分析,才能提炼出确切反映课题内容的检索概念。如"知识产权保护"概念中的"知识产权"一词隐含着"著作权""版权"等概念。

(3) 核心概念的选取。有些检索概念已体现在所使用的数据库中,这些概念应予以排除,如 World Textiles 中"纺织"一词应排除。另外有些泛指、检索意义不大的检索概念,如"发展""现状""趋势"等在不是专门检索综述类信息时也应予以排除。

(4)检索词选取时应注意的几个问题:

①检索词的选应适当,具有专指性,涵盖主要主题概念,意义明确。一般应优先选规范化主题词作检索词,但为了检索的专指性也可选用关键词配合检索。

②尽可能地考虑其相关的同义词、近义词作为检索词,以保证查全率。如同一概念的不同表达方式,同一名词的单、复数,动词、动名词、过去分词形式,上位概念词与下位概念词,化学物质的名称,元素符号,植物和动物的英文名、拉丁名等。

③避免使用低频词或高频词,一般不选用动词、形容词、禁用词,少用或不用不能表达课题实质的高频词,如"分析""研究""应用""建立""方法""发展""趋势""现状""设计"等,必须用时,应与能表达主要检索特征的词一起组配,或增加一些限制条件。

④选用国外惯用的技术术语,在查阅外文时,一些技术概念的英文词若在词表中查不到,可先阅读国外的有关文献,再选择正确的检索词;也可以用中文数据库(如万方的数字化期刊数据库)的英文题名校正检索词。

⑤尽量使用代码,以提高查全率。不少数据库有自己的特定代码,如《世界专利索引》WPI 文档的国际专利分类号代码 IC、《世界工业产品市场与技术概况》文档中的产品代码 PC 和事项代码 EC、《化学文摘》(CA)中的化学物质登记号 RN 等。

4. 编制检索式、执行检索

利用布尔逻辑运算符、位置运算符、截词符和字段符等,对各检索词进行准确、合理的逻辑和位置组合,编制出检索提问式,执行检索。不同的数据库,可供检索的字段不一定相同,利用不同检索字段的检索结果也不尽相同。通常,关键词或自由词字段检索(ID),对检索词没有什么特殊要求,但命中文献的相关度较低;主题词字段检索(DE),所用检索词是规范化词语,检索效果较好,但由于词表规模制约和新技术词汇、信息需求的发展和变化,必要时可同时利用自由词或关键词检索。为防止漏检,除尽可能地多考虑同义词外,还可采用多个字段同时检索。

5. 调整检索式,优化策略

当检索式输入检索系统后,有时检索结果不一定能满足课题的要求,如输出的篇数过多,而且不相关的文献很多,或是输出的文献太少等,这时,必须重新思考并建立检索策略,对检索策略进行优化。

(1)当命中文献太多时,可进行以下缩检,对检索策略进行细化:用主题词表、索引词表选择专指性更强的主题词或关键词;通过浏览结果选择专指性更强的词;用运算符 AND、With、Near、NOT 等限制或排除某些概念;限定字段检索;从年代和地理及语言、文献类型上限制。

(2)当命中文献太少时,应进行扩检,对检索策略进行扩展:对已确定的检索词进行其同义词、同义的相关词、缩写和全称检索,保证文献的查全率,防止漏检;利用系统的助检手段和功能,如有的系统提供树形词表浏览,用户可以用规范词、相关词、广义的上位词进行扩展;利用论文所引用的参考文献,当找到与课题相关的论文时,可参考其所引用的参考文献;使用运算符 OR 或截词符"*""?"等进行扩展检索。

3.5 检索效果的评价

检索效果是指检索结果的有效程度,反映了检索系统的检索性能和检索能力。评价检索效果常用的指标有收录范围、查全率、查准率、响应时间和输出形式等,其中,查全率和查准率是最重要的也是最常用的指标。

在检索过程中,检索系统中参加检索的全部文献可分为有关、无关和查出、未查出四种,其关系可用表3-4来表示。

表3-4 文献检索效果评估数据的关系

检索情况＼相关情况	相关文献	无关文献	总计
检出文献	a(命中的)	b(误检的)	a+b
未检出文献	c(漏检的)	d(应检的)	c+d
总计	a+c	b+d	a+b+c+d

查全率(recall ratio)是指检索出的相关文献与系统中的相关文献总量之比,又称命中率,可表示为

$$查全率\ R = \frac{检索出的相关文献量}{系统中的相关文献总量} \times 100\%$$

$$= \frac{a}{a+c} \times 100\%$$

查准率(precision ratio)是指检索出的相关文献量与检索出的文献总量之比,又称相关率,可表示为

$$查准率\ P = \frac{检索出的相关文献量}{检索出的文献总量} \times 100\%$$

$$= \frac{a}{a+b} \times 100\%$$

检索的最终目的是要求达到100%的查全率和查准率,但实际上这是不可能的。一系列试验证明,这两者存在互逆的关系,即在提高查准率的同时会降低查全率,查全率提高了查准率就会有所降低。在多数情况下,应该在查全的基础上逐步利用限制检索条件以提高查准率。

思考题

1. 文献信息按出版形式划分有哪些类型?
2. 分别陈述一次文献、二次文献、三次文献的概念。
3. 什么叫信息检索?
4. 信息检索的主要途径有哪些?
5. 举例说明信息检索策略的制定过程。
6. 分别简述查准率和查全率的含义。

第4章　图书馆与大学生信息素养教育

4.1　图书馆的概念及基本类型

4.1.1　图书馆

1. 图书馆的定义

人类文明发展到一定阶段,出现了文字,继而出现了记录文字的文献载体,为人类文化的积累和交流提供了条件。古巴比伦的神庙中就收藏有刻在胶泥板上的各类记载。

根据考古发现,人类最早的图书馆是在美索不达米亚平原,而闻名于世的尼尼微图书馆是现今已发掘的古文明遗址中保存最完整、规模最宏大、书籍最齐全的图书馆。其馆藏的泥版图书由于其特殊性,没有像亚历山大图书馆馆藏图书一样毁于战火,大部分都保存了下来。

我国最早的藏书之所并不叫"图书馆",而是用"府""阁""观""堂""斋""院"等来命名。虽然名称不同,但是功能基本相同,这些藏书楼实际上是统治阶级的私人藏书之所,只有达官贵人才能享用。封建藏书楼的主要特点是重藏轻用。直至清代前期,私人藏书楼发展到了相当的规模。藏书楼作为图书馆的初级阶段,为推动中华文化发展和世界文明发展发挥了不可替代的作用。

"图书馆"一词作为一个外来语,于19世纪末从日本传到我国。现代人对图书馆的认识是可以借阅图书和学习的地方。我们认为,图书馆是收集、整理、存储和开发利用信息资源,并为社会提供文化服务和发挥社会教育职能的学术机构。

2. 图书馆的类型

按照不同的分类标准,图书馆可以分为多种类型。

(1)国际标准化组织(ISO)和国际图书馆协会联合会(IFLA)把图书馆区分为国家图书馆、高等院校图书馆、其他主要的非专门图书馆、学校图书馆、专门图书馆和公共图书馆六大类型。

(2)目前我国主要按下面三种形式划分:

①按图书馆的领导系统划分。

a.文化系统图书馆:包括由文化和旅游部,以及各省、市、自治区文化和旅游厅、局(文物局、文管会)以至地、县文化和旅游局(科)领导的国家图书馆、各级公共图书馆、各级少年儿童图书馆及城乡基层图书馆(室)。

b.教育系统图书馆:包括教育部和各级教育行政部门领导的大、中、小学校图书馆(室)。

c. 科学研究系统图书馆：包括中国科学院、中国社会科学院、中国医学科学院、中国农业科学院、中国地质科学院以及其他专业科学研究机关所属的图书馆。

d. 工会系统图书馆：包括中华全国总工会及地方各级总工会所领导的工人文化宫和各工矿企业所属的工会图书馆(室)。

e. 共青团系统图书馆：包括各级共青团组织所领导的青年宫、少年宫、少年之家图书馆(室)。

f. 军事系统图书馆：包括军事领导机关图书馆、军事科学图书馆、军事院校及连队基层图书馆(室)等。

② 按藏书范围划分。

a. 综合性图书馆：包括各级公共图书馆、综合性大学图书馆、工会图书馆等。

b. 专业性图书馆：包括专业性科学研究机构、专业院校及专业厂矿技术图书馆(室)等。

③ 按读者对象划分。

按读者对象划分有儿童图书馆、青年图书馆、盲人图书馆、少数民族图书馆。

目前我国图书馆的类型有国家图书馆、公共图书馆、大学图书馆、科学图书馆、工会图书馆、军事图书馆、儿童图书馆。

4.1.2 高校图书馆

高校图书馆是高等院校的文献信息资源中心，也是大学校园中文献信息集散地，是大学生寻求知识、追求理想的良师益友，有大学生的"第二课堂"的美誉。充分认识和利用图书馆，对大学生学习具有重要的作用。

高校图书馆是为学校的教学和科学研究服务的学术机构，图书馆的工作是学校教学和科研工作的重要组成部分。在网络信息时代，高等院校生存和发展的三大支柱为教学质量、科研水平、图书馆。图书馆的建设和发展与学校的建设和发展相适应，图书馆的建设和发展是学校总体水平评价的重要指标。每一所世界一流的大学，其校内必有一所馆藏丰富、设备先进、服务一流的高水平图书馆。

所以，高校图书馆工作的主要任务是：建设与学校学科建设相适应的丰富馆藏，包括印刷型文献资源和虚拟的网络资源，并对文献信息资源进行科学加工、整序及维护管理；保证文献信息资源的顺利流通、借阅及文献传递，开展高水平参考咨询服务工作；积极开展文献信息资源的开发及文献信息服务工作；积极开展信息素养教育，努力提高读者的信息素养水平，培养学生的信息意识、信息知识和利用信息的能力；组织和协调全校的文献信息工作，实现校内文献信息资源的优化配置；积极参与中国高等院校文献保障体系建设，实现资源共建、知识共享，促进图书馆事业的整体化发展；开展各种协作、合作和学术活动。采用现代技术、实行科学管理的高校图书馆，具有较高的业务工作质量和服务水平，能最大限度地满足读者的需要。

高校图书馆应积极发挥其重要职能，为学校的教学科研服务。高校图书馆的主要职能表现在以下几个方面：

(1) 文献信息保障职能。

在全国深化高校的教育教学改革、全面实施素质教育的过程中，图书馆作为学校的信息资源中心，在"教"与"学"中发挥着重要的作用。一方面，为适应高速发展的信息时代的教学工作,教师单一的教学内容和教学手段,已经不能满足思维活跃的新时代大学生的学习要求。教师需要丰富、系统的教学参考资料,以新知识、新观点充实课堂教学内容,满足学生对新知识的求知愿望,高校图书馆丰富的资源为此提供了便利。另一方面,大学生在自主学习的过程中,单一的教材不能满足对专业学习的深入与拓展,他们往往需要丰富的专业参考书,以加深自己对专业学习的认识,对此,高校图书馆是大学生最便利和理想的选择。同时,高校图书馆作为文献信息中心,既能为科研人员提供相应的文献资料,又能快速地为科研人员获取文献信息资源提供专业的信息服务,包括课题查新、文献资料的检索和编译等。

(2)高校图书馆是综合素质人才培养的重要基地。

在科技作为第一生产力的知识经济时代,信息成为时代竞争的重要资源,占有新知识、新技术,就抢占了发展的先机。高等学校教育应适应时代的要求,培养专业基础知识扎实、视野开阔、富有创新精神和创新知识的复合型人才。在信息时代的当代大学生,只有具备灵敏的信息意识,熟练掌握信息检索知识,灵活运用信息检索技术,才能在激烈的时代竞争中以最快的速度获取最新的知识、信息、情报,使自己在时代的发展中立于不败之地。高校图书馆丰富的馆藏资源为信息的获取提供了便利;图书馆专业的管理队伍,不但保证了文献信息的流通、加工整理等各项职能的正常实施,同时,为大学生信息素养培训和培养提供了专业的师资保障。

(3)高校图书馆是宣传先进文化和进行爱国主义教育的重要阵地。

高校图书馆应结合学校的思想政治教育工作,积极宣传马克思列宁主义、毛泽东思想、邓小平理论、"三个代表"重要思想、科学发展观、习近平新时代中国特色社会主义思想,开展形式丰富的相关主题宣传,引导大学生阅读社会主义理论经典著作,如通过学习哲学、美学、心理学、逻辑学等著作,树立正确的价值观,提高政治思想水平;同时,高校图书馆应通过主题书展等形式,展现中国悠久的历史文化和祖国壮阔的疆域山河,大力宣传爱国主义教育,激发大学生的爱国热情。引导大学生通过广泛阅读文艺、美学、艺术、科普图书,陶冶高尚的道德情操,增长科普知识,丰富业余生活。

(4)高校图书馆是高校教师知识更新的重要场所。

高校图书馆具有与学校的学科设置相适应的最集中、最丰富、有序化、系统化的文献信息资源体系,具备知识更新基本的文献保障体系。图书馆的数字化和网络化建设往往是高校数字化建设中最早期、最先进也是最完善的重要部分。因此,图书馆的数字资源与先进发达的网络技术相结合,实现了资源利用在使用的时空上不受限制,广大教师员工可以随时随地利用图书馆丰富的资源进行自身知识结构的更新,以满足教学、科研的需要,适应时代发展的要求。

4.1.3 数字图书馆

1. 数字图书馆的含义

图书馆的收藏规模与它的基本职能伴随着科学技术的发展而发生变化,活字印刷术的出现,带来文献的大规模生产,收藏人类文明发展史记录的图书馆也随之出现。21世纪以来,计算机技术与网络技术迅速发展,图书馆的发展也进入了高级发展阶段,高度自动化、网络化、数字化、虚拟化的信息服务模式和服务手段形成了一个重要的信息数据处理中心——数字图书馆。数字图书馆在充分运用现代计算机技术的基础上,采用多媒体技术和网络技术等现代科学技术手段,将大量的收藏文献进行数字化,同大量的电子图书、电子期刊、网络信息资源一起建成超大容量的文献信息数据库和检索系统,集跨地区、多用户在线阅读和检索等互联功能于一身,实现了不受时空限制的信息资源共享和知识文献传递的图书馆高级信息资源服务职能。数字图书馆是信息时代建设和发展不可或缺的重要角色。

数字图书馆是新技术革命的产物,是信息技术和网络技术发展的必然。从广义上讲,数字图书馆是没有时空限制的超大规模信息知识存储和服务系统。它能将现有的信息技术、信息资源、人力资源等加以整合,促进社会各类信息高效、经济地传递。狭义的数字图书馆是组织数字化信息资源和信息技术进入图书馆并提供有效的信息服务,是一个信息服务系统。

2. 数字图书馆的主要特点

(1)数字图书馆是一个分布式的图书馆联合体(数据库和知识库)。数字图书馆采用数字化处理手段,把分布在一个地区或一个国家的信息资源,以统一的标准加以有效存储、管理,并提供跨越地域和时间的信息服务,以实现高度的信息资源共享。

(2)数字图书馆面向的对象是数字化信息库。数字图书馆是将文献信息资源以文本、声频、视频、图像等多媒体的形式存储在光盘、磁盘以及计算机或其他电子装置上,通过超文本、多媒体或者超媒体技术,提供超链接、智能化多库或跨库检索信息服务。

(3)数字图书馆是一个功能强大的信息发布和传播中心。数字图书馆以用户为中心,主动推送各种文献信息资源,用户可以跟随数字图书馆的资源导航,远程检索、浏览、阅读、下载所需的文献信息。在远程使用数字图书馆的过程中,如果遇到问题,还可以实时通过数字图书馆提供的网上参考咨询服务提问。

(4)数字图书馆可实现各平台资源库之间的无缝链接。在检索模式上,数字图书馆采用一种联合式或协调性软件,对不同的资源数据库、不同服务方式、不同语种的可互操作性进行融合,实现检索内容上的一致性和连贯性,满足用户对检索结果的查全率和查准率的要求。

4.2 大学生与图书馆

4.2.1 馆藏目录

图书馆的馆藏目录是揭示馆藏文献的相互联系,也是宣传馆藏资源、指导阅读和利用资源的重要工具,是联系图书馆藏书与读者的主要桥梁。大学生学会使用图书馆的馆藏目录,是了解图书馆的藏书情况,也是方便、快捷地查找所需文献信息资源的重要手段。

馆藏文献中,每一种文献都有各自的外部特征和内容特征,馆藏目录一般都是按照文献的特征进行加工整理而成的,如按文献外部特征形成的题名(书名)目录、责任者(著者、译者、编者等)目录等,按文献内容特征形成的分类目录、主题目录等。馆内常见的有题名目录和分类目录。

题名目录又称书名目录,是将文献信息资源的题名按字顺排列组织整理形成的。使用题名目录可以查找已知文献题名或者特定文献题名的信息资源。

题名目录字顺排列方法一般有两种:一是以首字母按《汉语拼音方案》排列;二是按笔

画、笔形排列。按《汉语拼音方案》排列：先按题名的第一个字的首字母先后顺序进行排列，首字母相同，再按第二个字母的顺序排列，以此类推。按笔画排列，即根据汉字的笔画数的多寡排列；按笔形排列，涉及汉字规范化的横、竖、撇、点、折五大类。目前大多数目录、索引等各种检索工具采用按笔画、笔形排列的方法。以按笔画排列为例，《红楼梦》书名的首字"红"字有六画，首先在六画的目录里找"红"字的导卡，在"红"字导卡后面的卡片里就能快速地找到《红楼梦》。而梁斌所著的《红旗谱》的第一个字与《红楼梦》一样，应该是在《红楼梦》的前后，它们的第二个字"旗"14画、"楼"13画，所以，《红旗谱》排在《红楼梦》之后。

分类目录是按照分类体系组织起来所形成的目录。分类目录方便读者按类索书，引导检索沿着学科发展的脉络发现适用的未知文献信息。同时，分类目录按学科知识门类之间的关联组织而成，便于随时缩检或扩检，或者全面检索某一知识门类的文献。

例如，莫言《蛙》一书的分类号是I247.5，想借这一本书，应先从文学类去查找。着手查找之前，了解到这是一部中国现代文学作品。通过翻查目录导卡（卡片左上角凸出一小块，写有检索引导文字的卡片），找到"中国文学"，再在"中国文学"中找出"现代文学"，按照分类号，很快就能找到这本书的卡片。其索书号为I247.5/1201，根据索书号，可以很快在书架上找到这本书。

索书号含义示意图如下：

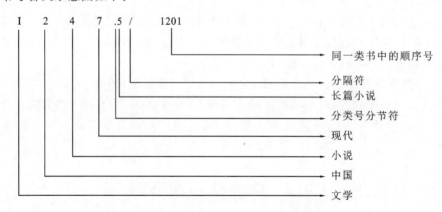

关于索书号我们在第3.2节已经介绍过了，这里不再赘述。
图书目录卡片的格式（分类款目格式）如下：

索书号
正题名［一般文献类型标识］＝并列题名：其他题名信息/第一责任者说明．—版本说明/与版本有关的责任说明．—文献特殊细节．—出版发行地：出版发行者，出版发行日期（印刷地：印刷者，印刷日期）
页数或卷册数：图；尺寸＋附件．——（丛编项/责任者，国际标准连续出版物编号；丛编编号，附属丛编）
附注
国际标准书号（装订）：定价
Ⅰ.题名　Ⅱ.责任者　Ⅲ.主题词　Ⅳ.分类号

如《阅读救自己》一书的目录卡片为：

```
G792
1302
阅读救自己:50年学习的脚印/高希均著. ——北京:人民出版社,2011
264 页;21 cm
ISBN978-7-01-009492-2
Ⅰ.阅… Ⅱ.高… Ⅲ.阅读自学 Ⅳ.G792
```

4.2.2 馆藏文献的组织与管理

文献的组织与管理是图书馆藏书建设的最基本、最重要的环节。到馆的文献需要经过图书馆工作人员的加工、整理,运用图书分类方法对文献进行科学的组织管理,形成科学有序、可供查找和利用的文献收藏体系。

1. 馆藏布局

馆藏布局就是将馆藏文献按学科性质、文献的出版形式、读者对象、载体形态等特征,分成若干个相对独立又相互联系的文献布置格局。其目的就是形成馆内各种职能相对独立又集中的功能馆室,为每一种文献确定一个科学合理的存放位置,以有效提高每一个功能室的使用效率,为最终满足个性化的文献信息需求打下坚实的基础。

2. 藏书排架

藏书排架是指图书馆按一定的方法,将藏书科学合理、系统有序地排在书架上,使每一册藏书在馆内的书架上都有固定的摆放位置,并形成一个检索系统,以便于管理和利用。图书馆藏书排架的基本原则如下:①实用性原则,藏书排架要符合读者的使用习惯和检索习惯,同时也要满足图书馆工作人员研究和熟悉、管理馆藏的需要;②方便性原则,能保证准确快捷地存取图书,提高检索效率,节省时间和人力;③标识性原则,藏书排架必须辅以明显、准确的标识,便于利用和管理;④长期性原则,藏书排架须和藏书布局紧密结合,在考虑方便性和实用性原则的基础上,同时考虑节约书库面积,藏书排架应追求固定性和长期性,避免频繁地调整书库和倒架,浪费时间和人力。

常见的藏书排架方法为分类排架和专题排架两种,其中以分类排架为主,以专题排架为辅。分类排架是以《中国图书馆分类法》为依据,按照其中的分类学科体系进行排架的方法。它将馆藏按所属学科进行分类,将同类图书集中排在一起,书次号(种次号、著者号、流水号)则代表同类图书排列的先后顺序。排架时,先按分类号顺序排列,同一分类号下再按书次号顺序排列。专题排架法则是将馆藏文献按一定的专题范围集中排列起来,主要是向读者宣传推荐,带有专题陈列和专架展览的性质。这类排架方法一般不给藏书标号,只作临时性排架,具有很大的灵活性和实用性,适合图书馆开展各种专题文献的宣传和推荐活动,开展有针对性的定题服务。

3. 文献的保管

图书馆作为科学、文化、教育和科研机构,其基本职能是收集、管理、保存和传递文献资料。保存人类文化遗产是图书馆的主要任务和重要职能之一,这一基本职能始终贯穿于图书馆的整个发展过程,不随着时代的发展而变化。文献的保管包含了文献的保存和管理两个方面的含义,图书馆对文献的保存和管理制度是图书馆实现其基本职能的重要保障,正确处理保存和利用的关系,才能最大限度地发挥图书馆"为用而藏"的保管理念。

4.2.3 图书馆的服务体系

图书馆的服务是图书馆发展的基础,图书馆信息资源开发和利用的程度与图书馆的服务质量有着非常密切的关系,图书馆只有做好各项信息服务工作,才能有效地发挥图书馆信息资源的使用价值,实现图书馆的社会职能。图书馆的服务主要包括外借服务、阅览服务、阅读辅导服务、参考咨询服务和文献信息增值服务等。

1. 外借服务

文献借阅服务业务是图书馆服务中最基本的传统文献服务方式,在图书馆服务量中的占比最大。其优点是读者可以自由地安排时间阅读所借的文献,不受图书馆开放时间的约束。同时,读者也有义务保管所借的图书,使其不受损坏。图书馆的外借服务方式主要有个人外借、集体外借、预约借阅和馆际互借。

(1)个人外借。

个人外借是指读者凭有效证件,根据图书馆相关规定办理文献外借手续的一种借阅方式。

(2)集体外借。

集体外借是指图书馆向一个组织或团体提供集中外借文献的一种服务方式。这种服务方式常见于某一研究团队或学校中某一个班级向图书馆集中外借文献。

(3)预约借阅。

预约借阅是指读者向图书馆预约登记未被借出的馆藏文献的服务。预约分为到馆现场办理预约和网上办理预约两种方式。

(4)馆际互借。

馆际互借是社会经济发展和网络技术发展的产物。传统图书馆由于受到信息技术和客观地理条件的制约,图书馆之间很难实现资源共享。随着信息技术和网络技术的发展,图书馆之间可以实现资源互补,即图书馆通过馆际互借来解决本馆馆藏不能满足读者阅读需求的问题。

2. 阅览服务

阅览服务是图书馆传统的服务项目,图书馆组织图书、期刊、报纸等文献,设立一系列阅览室,提供阅览场所和设施,吸引读者利用图书馆资源。对于不便于外借的图书馆的特藏文献,可通过阅览服务来提高此种文献的利用率;对于复本量少的普通图书,也可以通过阅览服务满足众多读者的阅读需求。而且馆内的阅览服务也便于图书馆工作人员为读者提供阅读导向、参考咨询等信息服务。

3. 阅读辅导服务

信息时代环境下的阅读辅导服务不仅包括向读者提供利用图书馆的目录、检索参考工具书,而且包括信息素养教育,即信息知识的普及、信息能力的培养、信息意识的养成、信息道德规范的遵守等多方面的教育,具体到图书馆入馆须知、馆藏布局、现代图书馆管理系统的使用、电子资源的使用指南,以及数据库的使用培训甚至是常用的搜索引擎的使用培训等知识的辅导培训。

4. 参考咨询服务

《中国大百科全书》对参考咨询服务的理解是：图书馆管理员对读者在利用图书馆文献、寻求知识、情报方面提供帮助的信息活动。它是以协助检索、解答咨询和专题文献报道等方式向读者提供事实、数据和文献线索为主要内容。参考咨询服务是发挥图书馆信息职能，开发文献资源、提高文献利用率的重要手段，也是充分体现图书馆信息服务专业化、知识化和智能化的重要窗口。

参考咨询工作主要包括书目参考工作和解答咨询工作两方面内容。书目参考工作是根据科学研究的课题，选择、搜集相关文献，编制各种报道性、推荐性和专题性的目录、书目、题录、索引、文摘等检索工具，指导读者阅读和帮助读者选取文献资料的一种信息服务工作，是图书馆传统的参考服务方式。解答咨询工作是指利用参考工具书、检索工具及有关的文献，以口头、书面、邮件或网络方式解答读者提出的问题。整个工作过程从受理咨询开始，到研究分析问题、制订解答咨询工作计划、查找文献、审核回复答案，再到科学、严谨、具有针对性地回答读者问题，最后结束于总结归档。

5. 文献信息增值服务

随着信息时代的不断发展，图书馆数字化程度越来越高，图书馆的信息服务方式和服务手段也在不断变化，现代图书馆除了传统的服务项目不断强化之外，还实现了决策咨询、科技查新、定题服务、文献传递等信息增值服务。

4.2.4 大学生与图书馆

1. 高等教育与图书馆

高等学校图书馆是学校的文献信息中心，是为教学和科学研究服务的学术性机构，是学校信息化和社会信息化的重要基地，也是学校教学和科学研究工作的重要组成部分。因此，高等学校图书馆在大学教育中有着非常重要的地位。高等学校图书馆应开展多种层次多种方式的读者服务工作，提高各种文献的利用率。通过编制推荐书目、导读书目，举办书刊展评等多种方式进行阅读辅导；通过开设文献信息检索与利用课程以及其他多种手段，进行信息素质教育。文献信息检索与利用课程能够帮助大学生掌握文献信息检索技能、方法，以提高大学生利用图书馆资源解决实际问题的能力，也使图书馆成为学校教学与科研的重要基地和学生学习知识的重要课堂之一。

1) 教科研基地

图书馆作为人类文明财富最主要的聚集地，被人们誉为"知识的海洋""知识的宝库""知识的殿堂""没有围墙的大学""学生的第二课堂"等，由此可见，图书馆在知识积累过程中发挥着重要的作用。而高校图书馆更是学校办学条件评估不可或缺的硬性基础条件之一。高校图书馆作为教科研重要基地，它严格按照高校培养目标和学校的专业设置，有针对性地采集、收藏各种载体文献资料，为教学、科研提供参考资料和多种信息增值服务，为学生的课外学习、能力拓展等综合素质培养提供文献资源服务。一所高水平的大学，一定拥有一座能提供高水平信息服务的图书馆，二者相辅相成。高校教学质量和科研水平的提高，需要图书馆信息资源及高水平的信息服务的支持，图书馆已经成为学校教学、科研的重要组成部分。

2) 学习的中心

大学生对图书馆的利用,是巩固课堂专业知识的需要,也是全面提升大学生文化素质的有效途径。图书馆具有馆藏资源丰富,信息资源的系统性、完整性强,信息流量大、知识更新快等特点,加之图书馆教育的自由性、独立性、可选择性,尤其是多媒体技术、网络化技术在图书馆的应用,以及现代信息服务手段的不断升级,使图书馆成为师生最理想的学习中心。

3) 校园文化的主阵地

大学校园文化是指大学精神文化,反映大学师生在生活方式、价值取向、思维方式和行为规范上有别于其他社会群体的一种团体意识和精神氛围,通过学校全体师生长期的努力,逐步培育形成且共同遵循的最高目标、价值标准、基本信念和行为规范。

高校图书馆丰富的馆藏资源为校园文化建设提供了强大的智力支持,图书馆舒适的阅读环境,智能化、多样化的现代服务理念,充分体现了大学的人文精神。通过发挥图书馆的教育职能,可营造浓烈的大学校园文化氛围,同时图书馆也成为校园文化的重要载体,也是宣传大学校园文化的主阵地。

4) 信息素质教育基地

高校图书馆的任务是培养终身学习者,信息素质教育是终身学习的关键。图书馆利用丰富的馆藏资源,对大学生开展信息素质教育,培养大学生利用图书馆的能力,不断更新和补充知识信息,以适应未来社会发展的要求,使图书馆真正成为大学生信息素质教育基地。

信息素质教育是培养大学生信息意识、提高信息能力的一系列教育活动,是时代发展的需要。对大学生而言,如果信息意识薄弱,缺乏信息能力,就等于失去学习、研究和创新的重要工具。高校图书馆馆藏资源丰富,拥有一批具有丰富信息素质教育实践经验的图书馆专业人员,配备先进的现代化服务设施,提供宽敞、整洁的内部环境,这是图书馆开展信息素质教育的优势所在,图书馆是大学生接受信息素质教育的主要基地。

2. 大学生成才与图书馆

高等教育侧重于大学生自主学习能力和创新能力的培养及提高,大学生除了汲取大学课堂的专业知识外,还应广泛地通过阅读获取课外的知识和信息。高校图书馆是学校的文化信息中心,也是大学生最主要的学习阵地,在大学生的成长、成才过程中具有非常重要的作用。

现代社会对人才的评判标准包括理论知识能力、环境适应能力、社会交际能力、语言表达能力、动手能力、竞争能力、沟通能力等,而这些能力的培养和提高,都离不开知识的积累和信息的获取,因此,信息素养已经成为大学生综合素质中非常重要的组成部分。图书馆作为信息素养教育的最主要的教学机构,应通过开展文献检索教学和广泛的阅读推广活动,提高大学生的信息素养水平,特别是在养成信息意识、掌握信息检索方法、提高信息处理能力、广泛阅读人类优秀文化作品等方面,图书馆发挥着重要的作用。大学生应重视图书馆在大学学习生活中的重要作用,有效利用图书馆提高自身的信息素养和人文素质,从而树立正确的世界观、人生观和价值观,在激烈的社会竞争中更快、更好地成长、成才。

3. 终身教育与图书馆

终身教育是学校教育和学校毕业后教育及训练的总和,包括人一生所受的正规教育和非正规教育等各种教育。终身教育强调个人应培养终身学习的能力和习惯,以增进职业技能、提高学术水平、促进个人发展,其本质是对人的一生所进行的教育。

图书馆作为终身学习的大学校,有其自身的重要优势。

(1)丰富的馆藏信息资源。作为人类文化典籍收藏的重要机构,图书馆为实现终身教育提供了丰富的文献信息资源。一个人的一生中会遇到不同的新事物、新问题,如果要认识新事物、解决新问题,就要不断地更新知识,完善自身的知识体系结构。图书馆不断更新的馆藏资源能基本满足人们对知识文化的需求。

(2)舒适的终身学习环境。图书馆良好的育人环境是最好的终身学习教育场所。国家对文化基础设施建设的大力投入,使得图书馆的硬件设施建设有极大的改善,图书馆现代化的管理设备、舒适整洁的馆舍环境,为终身学习提供了良好的物质基础。

(3)不可替代的文献信息中心。数字图书馆的建设和发展,强化了图书馆终身教育基地的中心地位。通信技术和网络技术在图书馆的应用,推动传统图书馆向数字图书馆发展,由此,用户通过互联网可以随时随地使用图书馆的资源,而不再受时间和空间的限制。图书馆终身教育的形式和内容更加丰富、便利,时间上更加快捷、高效。同时,图书馆丰富的纸质资源和数字资源,更加强化了图书馆作为终身教育基地的中心地位,成为公益性文化教育的重要组成部分,是终身教育不可或缺的重要阵地。

4.2.5 图书馆的规章制度

1. 图书馆规章制度的意义

图书馆规章制度是指图书馆工作人员和读者必须共同遵守并具有制约性质的工作条例、章程、规则、细则和办法。它是图书馆实行科学管理的依据和准绳,是整个图书馆工作正常有序开展的保证。图书馆规章制度是广泛征集专家、读者的意见和建议,结合图书馆工作实践和经验,依据科学管理的规则总结概括而成,具有合理性、科学性,能保证实现图书馆科学管理的目标。

图书馆的规章制度是图书馆工作的指导思想。一套完整的图书馆规章制度,不仅反映图书馆的全部工作内容,同时也反映了图书馆的工作规律和特点。它是图书馆内部工作的准绳,也是协调处理图书馆内部各部门之间、工作人员之间以及图书馆与读者之间的问题的重要依据。

规章制度制定得是否科学、合理,直接影响到图书馆管理工作的效率、服务能力和服务水平。因此,图书馆提倡什么、约束什么、反对什么,应以条例化、规范化的形式体现在规章制度里,需要工作人员和读者共同遵守,以确保图书馆工作的正常开展。

具有生命力的管理制度是随着时代的发展而发展的,所以,图书馆的规章制度也应随着图书馆工作的变化而进行不断的修订,以适应图书馆工作"以人为本,读者至上"的服务宗旨。

2. 图书馆规章制度的主要内容

1)总则

总则包括图书馆的组织结构、工作方针、管理机制、主要职能等。

2)分则

(1)文献采访工作制度:主要包括书刊采购标准、规则和办法及书刊采购细则,即对书刊的采购原则、采购计划、收藏范围、审批手续、复本标准、订购方法等方面做出的具体规定。

（2）编目工作制度：主要包括图书著录条例、图书编目细则、图书分类规则和目录组织规则等方面的规定。

（3）借阅工作制度：主要包括读者借阅规则、阅览管理细则等，是针对读者在文献借阅服务方面的具体规定，具体有读者登记、借阅证的办理、图书借还规定、阅览室规则、文献复制规则、借阅超期管理细则、书刊损坏或丢失赔偿规定等。

（4）书库管理制度：主要包括书刊排架、出入库登记、藏书动态登记、书库管理细则及工作人员管理规则、馆藏盘点、图书破损修补、图书剔旧等，而书库管理细则中又有书库防盗、防火、防尘、防潮、防晒、防虫、防腐等细则规定。

图书馆的管理是全方位的，为了加强图书馆的科学管理，其他必要的管理制度还包括人才引进制度、岗位责任制、考核制度及奖惩条例、图书经费使用条例、设备的管理及维护制度等。

思考题

1. 什么叫数字图书馆？
2. 结合实际，简述图书馆对大学生成长成才的重要意义。

下篇
实践篇

第5章 常用数据库检索

5.1 中文数据库检索

5.1.1 CNKI 数据库

1. 数据库概述

中国知识基础设施工程（China National Knowledge Infrastructure，简称 CNKI）是以实现全社会知识信息资源共享为目标的国家信息化重点工程，由清华大学、清华同方发起，始建于 1999 年 6 月。

CNKI 数据库是一个大型动态知识库、知识服务平台和数字化学习平台，总库包括中国期刊、中国优秀博硕士学位论文、中国重要会议论文等十多个子库。CNKI 数据库拥有多种期刊、报纸、年鉴、工具书，多家合作单位优秀博硕士学位论文、多个全国一级和二级学会/协会的重要会议论文，以及专利、标准、科技成果、外文数据库等互联网信息汇总和国内外上千个各类加盟数据库等知识资源。数据每日更新，支持跨库检索。

2. 数据库检索方法

CNKI 数据库（https://www.cnki.net/）可以实现跨库统一检索、跨库统一导航、跨库分组排序和跨库知网节等功能。CNKI 数据库首页如图 5-1 所示。

图 5-1 CNKI 数据库首页

1) 快速检索模式

① 文献检索　一种基于智能检索新技术和网络首发出版新模式的文献检索新功能，能够更精准地检索各类中外文文献，检索内容更前沿，更快速。文献检索页面如图 5-2 所示。

图 5-2　文献检索页面

② 一框式检索　可以在资源总库中实现一次性跨库检索，实现快捷地找到所需文献的目的，省却原来需要在不同数据库中逐一检索的麻烦。一框式检索能够进行中文全文、篇名、作者、单位、关键词、摘要、参考文献、中图分类法、文献来源和外文文摘、来源等不同检索项的检索，满足用户的检索需求。一框式检索入口页面如图 5-3 所示。一框式检索页面如图 5-4 所示。

图 5-3　一框式检索入口页面

图 5-4　一框式检索页面

③ 单库检索和跨库检索　将常用资源（期刊、博硕论文、会议论文、报纸等）汇聚起来，既可以同时在多个数据库中进行检索，也可以通过勾选标签，跳转到单个数据库中检索，实现单库检索和多库检索的自由切换，以便更快捷地找到所需文献。单库检索和跨库检索页面如图 5-5 所示。

④ 知识元检索　一种基于文献碎片化处理技术的知识元检索功能，以问答形式进行检索和知识发现，实现更快速地查找词条、数据、图片等知识元信息的目的。知识元检索页面如图 5-6 所示。

图 5-5 单库检索和跨库检索页面

图 5-6 知识元检索页面

⑤引文检索　基于文章注释和参考文献的引文检索功能,通过揭示各类型文献之间相互引证关系,提供科学研究交流的新模式以及高效的科研管理和统计分析工具。引文检索页面如图 5-7 所示。

图 5-7 引文检索页面

⑥出版物检索　出版来源包括期刊、学术辑刊、学位授予单位、会议、报纸、年鉴和工具书。每个出版来源根据文献独有的特色设置不同的导航系统,以期刊为例,设有学科导航、数据库刊源导航、出版周期导航、核心期刊导航等多种分类导航。出版物检索入口页面如图 5-8 所示。期刊导航页面如图 5-9 所示。

图 5-8 出版物检索入口页面

图 5-9 期刊导航页面

2)高级检索模式

中国知网提供高级检索、专业检索、作者发文检索、句子检索等多种高级检索模式(见图5-10),通过增加或减少检索词和限定检索范围等方式,实现更快捷、更精准的文献检索效果。

图 5-10 高级检索模式页面

①高级检索　通过设置多个检索字段,并用布尔逻辑(AND、OR、NOT)设定检索字段之间的逻辑关系,同时进一步限定作者、作者单位、发表时间、更新时间、文献来源、支持基金等条件,实现更精准的检索。高级检索入口页面如图 5-11 所示。高级检索可以在检索词输入框左边的下拉菜单中选择检索字段(如主题、篇关摘、篇名、关键词等),通过＋号按钮和－号按钮增加或减少检索字段的选择。而精确、模糊可控制该检索项的关键词的匹配方式。其中精确检索的检索结果完全等同或包含与检索字/词完全相同的词语;模糊检索的检索结果包含检索字/词或检索词中的词素。高级检索页面如图 5-12 所示。

图 5-11 高级检索入口页面

图 5-12　高级检索页面

②专业检索　通过使用逻辑运算符和关键词构造检索式,提升检索结果与检索意图的契合度,多用于图书情报信息专业人员进行更复杂的科技查新和信息分析工作。在专业检索输入框中先点击鼠标,系统自动提示选择检索字段,之后输入一个空格,系统自动提示选择逻辑关系词。在检索输入框右边有专业检索使用方法和可检索字段提示(见图 5-13),帮助使用新手更快地掌握检索技术。

图 5-13　专业检索页面

③作者发文检索　通过作者姓名和作者单位等信息,快速查找某一作者或某一机构的学术成果,便于了解学者或机构的学术产出和学术影响力。

④句子检索　通过输入两个关键词,查找同时包含这两个关键词的句子或段落,快速实现对事实的检索。

3)检索结果处理

CNKI 的检索结果可按文献类型显示、排序、在线阅读、收藏、下载等。

以"石墨烯的制备"课题为例,检索结果如图 5-14 所示。

①按文献类型浏览。

可以对检索结果按不同的文献类型进行浏览,有学术期刊、学位论文、会议、报纸、年鉴、图书、专利、标准、成果、学术辑刊等共 18 种文献类型浏览方式,实现有针对性的检索目的。

图 5-14 检索结果页面

其中学位论文分博士论文和硕士论文,会议分国际会议、国内会议和会议视频。

②分组浏览。

对不同类型的文献,数据库会根据每种文献的特点分别进行分组,实现细化检索的目的。如学术期刊可按发表年度、学科、作者、机构、基金、来源类别进行分组浏览。

按学科分组:可了解该主题文献涉及的相关学科,以及在各学科中搜索到的文献量的多少。

按发表年度分组:可了解该主题文献在不同年份的发文情况。

按基金分组:可以了解国家对这一领域的科研投入如何,为研究人员申请课题提供参考。

按作者分组:可帮助找到该领域学术研究的高产作者,全面了解研究同行的情况。

按机构分组:帮助找到有价值的研究单位,全面了解研究成果在全国的分布。

③排序。

CNKI 数据库提供的排序方式有主题相关度、发表时间、被引、下载等 4 种评价性排序手段,帮助我们从不同角度选择想要的内容。

主题相关度排序:为综合发表时间、被引、下载及影响因子等多个维度确定的一种最优排序方式。

发表时间:根据文献发表的时间先后排序,可以评价文献的新旧,找到最新文献。

被引:可了解被引频次最多的文献,这往往是最受欢迎、价值较高的文献。

下载:可了解读者对该主题文献的使用情况,找到高使用率的文献。

④ 全文阅读方式。

CNKI 数据库提供有手机阅读、在线阅读、CAJ 下载和 PDF 下载 4 种全文阅读方式,如图 5-15 所示。

a.手机阅读。

点击图 5-15 中的 按钮,通过手机安装"全球学术快报"APP,利用 APP 首页的扫

图 5-15 选择全文阅读方式页面

码功能,扫描相应文献的二维码,可以实现手机同步阅读文献的目的。

b. 在线阅读。

点击图 5-15 中的 HTML阅读 按钮,可以直接在线打开所检索文献的全文,达到在线阅读的目的。如图 5-16 所示为全文在线阅读页面。

图 5-16 全文在线阅读页面

c. 下载与保存。

CNKI 数据库提供了 2 种文献下载格式:CAJ 格式 和 PDF 格式 。这 2 种格式都需要下载安装相应的阅读器,CAJ 阅读器可以在 CNKI 下载中心下载安装。

⑤个性化应用功能。

CNKI 数据库在全文在线阅读页面右上角提供了引用、收藏、分享、打印、关注和记笔记等几个个性化应用的功能键　　　　,用户只要点击相应的功能键,就可以实现文献引用、收藏,将文献分享到微博、微信,文献打印、关注和记阅读笔记的目的。

⑥文献导出与分析。

在 CNKI 数据库检索结果页面的题名项正上方,找到"导出与分析"按钮(见图 5-17),可以获得文献导出与分析的选项,用户可以根据需要选择导出文献和可视化分析。

图 5-17　文献导出

5.1.2　维普数据库

1. 数据库简介

维普资讯是由重庆维普资讯有限公司研制开发的信息资源。《中文科技期刊数据库》是维普资讯有限公司研发的核心产品,诞生于 1989 年,分 3 个版本(全文版、文摘版、引文版)和 8 个专辑(社会科学、自然科学、工程技术、农业科学、医药卫生、经济管理、教育科学、图书情报),累计收录期刊 15 000 余种,现刊 9000 余种,文献总量 7000 余万篇,是我国数字图书馆建设的核心资源之一,是高校图书馆文献保障系统的重要组成部分,也是科研工作者进行科技查证和科技查新的必备数据库。维普数据库首页如图 5-18 所示。

2.《中文科技期刊数据库》检索方式

《中文科技期刊数据库》提供了基本检索、高级检索、检索式检索和期刊导航等检索方式。

图 5-18　维普数据库首页

1）基本检索

打开维普中文期刊服务平台首页，在"期刊文献"检索框里直接输入检索词，可以快速实现以题名或关键词、题名、关键词、文摘、作者、第一作者、机构、刊名、分类号、参考文献、作者简介、基金资助、栏目信息等为检索字段的文献资源检索（见图 5-19）。

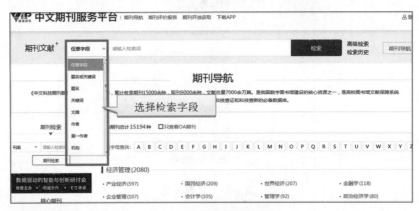

图 5-19　基本检索页面

2）高级检索

高级检索是一种比较专业的检索方式，检索功能非常丰富。可以实现复杂的逻辑组配检索，限定各种检索条件，查找同时满足几个检索条件的文献资源，以达到精确检索的目的。适用于检索要求明确，对查准率和查全率要求相当高的用户。

高级检索通过用布尔逻辑运算符对多个检索项进行组配，同时可以对文献发表年度、期刊来源范围、所属学科领域进行设定，使检索结果更加精准。维普数据库还提供了"同义词扩展"检索功能，避免文献漏检，提高检索的查全率。高级检索页面如图 5-20 所示。

3）检索式检索

在检索式输入框中直接用布尔逻辑运算符、字段标志等构建检索式进行检索。检索式检索适用于信息专业人员进行科技查新和科研项目查重。初学者可以通过页面右上角的"查看更多规则"按键获得使用帮助。检索式检索页面如图 5-21 所示。

可以在检索框中使用布尔逻辑运算符对多个检索词进行组配检索。逻辑运算符优先级

图 5-20　高级检索页面

图 5-21　检索式检索页面

为 NOT＞AND＞OR，可通过英文半角括号进一步提高优先级，即有括号时执行括号内的运算。执行检索前，还可以对时间、期刊来源、学科等检索范围进行限定，缩小检索范围，得到更符合检索需要的检索结果。

每次调整检索策略并执行检索后，系统会在检索区下方自动生成一个新的检索结果列表，以便对多个检索策略的检索结果进行比对分析。

4）期刊导航

期刊导航是一种按期刊类别和字顺进行导航浏览的检索方式。维普数据库提供的查看期刊的主要方式有按期刊检索、按字顺检索、按学科检索、按核心期刊检索、按国内外数据库收录检索、按地区检索、按主题检索等多种浏览方式，如图 5-22 所示。

按期刊检索：刊名字段为模糊检索，ISSN 号检索为精确检索。

按字顺检索：单击字母，可列出以该字母为拼音首字母的期刊列表。

按学科检索：单击期刊导航首页的学科分类名称，可以进一步了解学科期刊的被引量、作品数、相关度排序情况。

按核心期刊检索：提供了中国人文社科核心期刊、中国科技核心期刊、北大核心期刊、CSSCI-来源等浏览方式。

按国内外数据库收录检索：提供了日本科学技术振兴机构数据库、化学文摘、工程索引、哥白尼索引、文摘杂志等 18 个国内外数据库收录情况检索。

图 5-22 期刊导航页面

按地区检索:可按照全国的行政区划进行检索浏览。

按主题检索:可按网络、社会、文化、计算机、企业、知识、建筑等多个主题进行检索。

此外,维普中文期刊服务平台检索历史系统对用户检索历史进行自动保存,点击保存的检索式可进行该检索式的重新检索或者"与、或、非"逻辑组配。

3. 检索结果的处理

系统执行检索命令后,自动进入检索结果页面,显示满足检索条件的记录列表等。维普数据库对检索结果提供二次检索、在线阅读、下载等功能,也提供了按年份、学科、期刊收录、主题、期刊、作者、机构进行的分类浏览,如图 5-23 所示。

图 5-23 检索结果处理页面

二次检索:分"在结果中检索"和"在结果中去除"2 种,用户可根据研究课题需要,二次输入检索词,选择相应的二次检索方式。

在线阅读:可以满足在线阅读全文的需要。

下载:维普数据库提供文献的 PDF 格式下载功能,可以实现保存到本地利用的目的。

维普数据库对检索结果的排序和显示也提供了多种方式,排序方式有相关度排序、被引量排序和时效性排序,显示方式有文摘显示、详细信息显示、列表显示 3 种,用户可以根据需要进行选择。

5.1.3 万方数据知识服务平台

1. 数据库简介

万方数据成立于 1993 年。2000 年,万方数据库在原万方数据资源系统的基础上,经过不断改进,创新成立"北京万方数据股份有限公司"。万方数据是以客户需求为导向,集高品质信息资源、先进检索算法技术、多元化增值服务、人性化设计等特色于一身的服务平台,为用户提供从数据、信息到知识的全面解决方案。

万方数据知识服务平台是万方数据系统中的一个重要产品,主要的知识库有中国学术期刊数据库、中国学位论文数据库、中国学术会议文献数据库、中外专利数据库、中外标准数据库、中国法律法规数据库、中国科技成果数据库、中国地方志数据库、万方视频数据库、国内外文献保障服务数据库、中国机构数据库、中国科技专家库、科技报告数据库等。万方数据首页如图 5-24 所示。

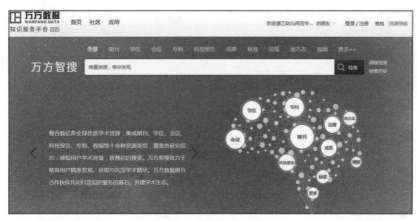

图 5-24 万方数据首页

2. 中国学术期刊数据库

中国学术期刊数据库的收录始于 1998 年,包含 8000 余种期刊,其中核心期刊 3300 余种,年增 300 万篇,涵盖自然科学、工程技术、医药卫生、农业科学、哲学政法、社会科学、科教文艺等各个学科。期刊导航页面如图 5-25 所示。

图 5-25 期刊导航页面

中国学术期刊数据库导航系统提供了多种期刊查看方式:

刊首字母:点击刊首字母可以查看该字母下的全部期刊。

核心收录:包括CSTPCD、北大核心、CSSCI、EI、SCI等检索系统,点击相应的系统,可以查看该系统收录的期刊。

收录地区:按我国的行政区划进行导航。

出版周期:可以根据期刊的出版周期进行检索。

优先出版:根据是否优先出版进行检索。

此外还提供了学科主题查看方式。

3. 中国学位论文全文数据库

中国学位论文全文数据库由国家法定学位论文收藏机构——中国科学技术信息研究所提供,并委托万方数据加工建库,收录了自1980年以来我国各高等院校、研究生院及研究所向该机构送交的博、硕士研究生论文,是一个综合性的学位论文全文库,涵盖了理工、医药卫生、社会科学与人文科学等各学科领域。

学位论文导航提供了按学科、专业、学位授予单位查看等3种查看方式,如图5-26所示。

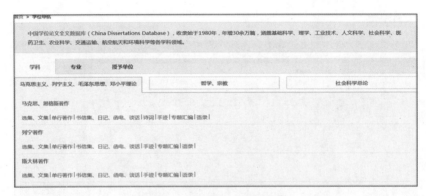

图5-26 学位论文导航页面

4. 万方数据库检索方法

万方数据库提供一框式检索、高级检索、专业检索、作者发文检索等4种主要的检索方法。每一种检索方法都可以通过勾选实现单库检索和跨库检索,满足对不同文献类型的检索需求。

1)一框式检索

一框式检索是万方数据库的一种基本检索方式,万方知识数据库首页和期刊数据库首页(见图5-27)都有它的检索输入框,可以直接在检索输入框中输入检索词。在万方知识数据库首页中检索,可以满足跨库检索需要;在期刊数据库首页检索,可以实现单库检索的目的。

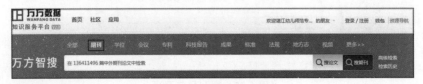

图5-27 期刊数据库首页

2)高级检索

高级检索可以通过布尔逻辑运算符设定多个检索字段的逻辑关系,选择主题、题名或关键词、题名、摘要、作者、关键词、基金、刊名、ISSN/CN、期等字段,＋号、－号可以增加或减少检索字段,实现多个检索词的组配,"发表时间"项可以设定检索时间范围,达到精准检索的目的。"精确"和"模糊"选项是对检索结果与检索词/字完全等同或者检索结果包含检索词/字的控制选择。高级检索页面如图 5-28 所示。

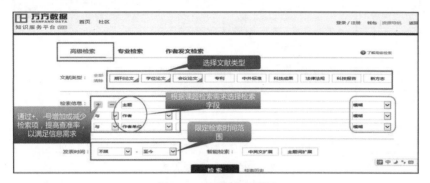

图 5-28　高级检索页面

3) 专业检索

专业检索是运用检索表达式来执行检索的方式,专业检索表达式能让检索字段运用更加精准,使检索结果的可用性和针对性更大。专业检索页面如图 5-29 所示。

图 5-29　专业检索页面

万方专业检索常用的检索字段有主题、题名或关键词、题名、第一作者、作者单位、作者、关键词、摘要、基金、DOI,用大小写的 and、or、not 表示逻辑关系与、或、非。例如,主题:"信息行为"and 关键词:"阅读行为"。在执行检索前还可以设定检索的时间范围。数据库的"推荐检索词"功能提供了提取检索词的参考。

5. 检索结果处理

检索结果页面如图 5-30 所示。

分类浏览:万方数据库提供了资源类型、学科分类、语种、来源数据库、作者、机构等多种文献浏览方式。

排序:对检索结果的排序方式有"相关度"排序和"下载量"排序。

显示:对检索结果条目的显示有列表和摘要两种方式。

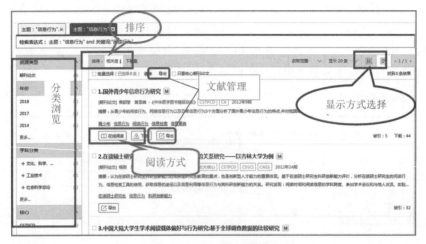

图 5-30 检索结果页面

阅读:万方数据库对全文阅读的处理方式有"在线阅读"和"下载"(PDF 格式)两种选择。

文献管理:万方数据库提供了包括参考文献(采用国家标准 GB/T 7714—2015 顺序编码制著录)、查新格式、自定义格式(包括题名、作者、作者单位、刊名、ISSN、页码、摘要、关键词、DOI 等字段)、NoteExpress、RefWorks、NoteFirst、EndNote、Bibtex 等多种应用格式,满足不同的文献管理需求,如图 5-31 所示。

图 5-31 文献管理页面

5.2 外文数据库检索

5.2.1 EI Village 数据库

1. 数据库概述

美国《工程索引》(*The Engineering Index*,简称 EI)创刊于 1884 年 10 月,现在由美国工程信息公司编辑出版。

EI 自创办至今,先后以印刷版、联机检索、光盘版等形式面向用户。20 世纪 90 年代后,随着互联网的兴起,EI 推出了网络版数据库——EI Compendex Web,它侧重于报道应用科学和工程领域的文摘索引信息,数据库来源于5200多种工程类期刊、会议论文和技术报告,覆盖化工和工艺、计算机和数据处理、应用物理、电子和通信、土木工程和机械工程等方面的文献,数据每周更新,以确保用户掌握最新信息。

EI Village 是一个综合性检索平台,除了提供 EICompendex Web 的检索服务外,还提供 INSPEC(英国《科学文摘》)、USPTO(美国专利)、esp@cenet(欧洲专利)和 Scirus 等数据库的访问。

2. 数据库检索方法

EI Village 提供了 Quick search(快速检索)、Expert search(专家检索)和 Thesaurus search(叙词检索)三种检索方法,其中 Quick search 是系统默认的检索方法。

1) Quick search

Quick search 能够进行直接快速的检索,其界面允许用户从一个下拉式菜单中选择要检索的各个项,其检索界面如图 5-32 所示。

图 5-32　Quick search 界面

Quick search 菜单选项说明如下。

输入框:检索词可以是单词或词组。

检索字段选择:在下拉式菜单中选定检索字段进行检索。检索词应和下拉式菜单中选定字段相匹配。表 5-1 所示是检索字段及字段含义。

表 5-1　检索字段的含义和字段代码

字　　段	字段含义	字段代码
All fields	在数据库所提供的所有字段中检索	ALL
Subject/Title/Abstract	在主标题词、标题、摘要和受控词中检索	KY
Abstract	在摘要中检索	AB
Author	检索作者姓名(姓在前,名在后)	AU
Author affiliation	通过作者单位名称检索	AF
Title	在文献的标题中检索	TI
Ei classification code	利用 Ei 主题词表中的分类代码检索	CL
CODEN	利用期刊和其他连续出版物的 6 位代码检索	CN
Conference information	通过会议信息检索	CF
Conference code	通过会议论文集代码检索	CC

续表

字段	字段含义	字段代码
ISSN	通过国际标准期刊编号检索	SN
Ei main heading	利用文献主标题词检索	MH
Publisher	通过出版商检索	PN
Source title	通过期刊、会议论文集和技术报告的名称检索	ST
Ei controlled term	通过由 Ei 专家建立的主题词组检索	CV

逻辑运算符:将不同检索词用逻辑运算符 AND、OR 或 NOT 连接起来,进行联合检索。

"Limit by"(结果限定设置):可以将检索限定在某个范围内。系统提供的文件类型有"Document type"(文献类型)、"Treatment Type"(处理类型)、"Language"(语言)和限定结果范围,使用此方法,用户可得到所需的更为精确的检索结果。

其中"Document type"指的是所检索的文献的来源出版类型,"Treatment type"用于说明文献的研究方法及所探讨主题的类型,如表 5-2 所示。

表 5-2　EI 文献类型和处理类型

Document type（文献类型）	Treatment type（处理类型）
All document types (default) 全部（默认选项）	All treatment types 全部
Journal article 期刊论文	Applications 应用
Conference article 会议论文	Biographical 传记
Conference proceeding 会议论文集	Economic 经济
Monograph chapter 专题论文	Experimental 实验
Monograph review 专题综述	General review 一般性综述
Report chapter 专题报告	Historical 历史
Report review 综述报告	Literature review 文献综述
Dissertation 学位论文	Management aspects 管理
Patents(before 1970) 专利文献	Numerical 数值
Article in press 在编论文	Theoretical 理论

限定结果范围有两个选项,一是按日期限定(Limit by date),读者可以设定文献的年限范围;二是按最近某次更新(Updates)限定,如将检索范围限定在最近 1～4 次所更新的内容中。

"Sort by"(排序):可按相关性(Relevance)或按出版时间(Publication year)排序。

"Autostemming off":对于输入的词,系统默认提供"Autostemming"(自动取词根)功能,此功能将检索以所输入词的词根为基础的所有派生词(作者字段检索除外)。如:输入"management"后,系统会将 managing、manager、manage、managers 等检出。勾选"Autostemming off"可禁用此功能。

2)Expert search

Expert search 提供更强大而灵活的功能,与快速检索相比,用户可使用更复杂的布尔逻辑,该检索方式包含更多的检索选项。Expert search 界面如图 5-33 所示。

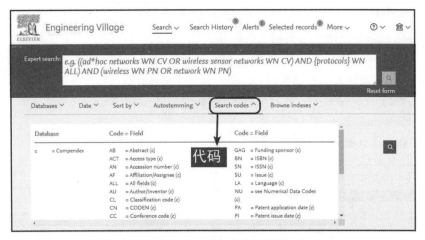

图 5-33　Expert search 界面

Expert search 界面中有一独立的检索框,用户可以在特定的字段内进行检索,利用 Expert search 时,要熟悉检索字段的含义及代码。

如要在 EI Village 数据库检索论文标题中有关汽车尾气处理方面的文献,在输入框中输入(engine or automobile) and exhaust and treatment WN TI,如图 5-34 所示。

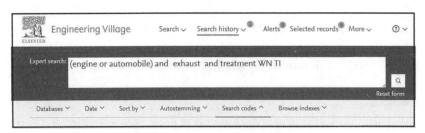

图 5-34　Expert search 输入方法

EI 平台提供的检索方式均遵循以下检索规则:输入字符不区分大小写,输入框按顺序输入;"*"表示截词符,可代替一串字母,"?"表示通配符,可代替一个字母;检索词做精确检索时,词组或短语需用引号或括号标引。

3) Thesaurus search

点选 Thesaurus search 标签即可进入叙词检索界面。在输入框中输入想要查询的词,然后选择 Search(查询)、Exact term(精确词汇)或 Browse(浏览),再点击"Submit"按钮即可进行检索。

从 1993 年开始,美国工程信息公司彻底放弃了原标题词检索语言,采用了新的叙词检索语言,即叙词表(EI thesaurus,EIT),代替了 SHE 词表和 EI 其他索引出版物的标引工具。叙词表共有词和词组 18 000 多个,其中规范化叙词 9300 个,非规范化叙词近 9250 个。

EIT 全部主题词仍按字顺排列,检索词被统一对待,检索时不再受主副标题词固定组配的羁绊,大大增加了寻找主题词的自由度。该词表中任何词都可以作导词,任何词都可以作说明词,检索概念由主题词自由组配,从而充分发挥了检索系统的功能,这对文献主题概念复杂的检索是非常有利的。为进一步提高检索功能,在 EI 检索系统中仍继续使用了大量自由词作助词以弥补标准词之不足。

3. 检索结果处理

E-mail：将选择的记录发送到指定的邮箱。

Print：打印。

Download：下载到文献管理软件，如 EndNote、RefWorks 等。

Save to folder：保存到个人账户文件夹（须注册后才可使用）。

View selections：显示选择的记录。

检索结果处理页面如图 5-35 所示。

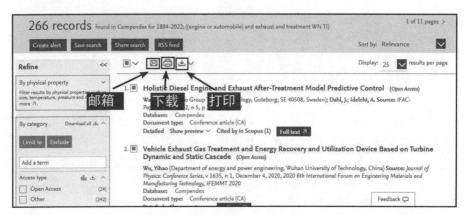

图 5-35　检索结果处理页面

5.2.2　ISI Web of Knowledge 数据库

1. 数据库概述

ISI Web of Knowledge 是美国科学情报研究所（ISI）提供的数据库平台，它集成了多个数据库，主要数据库如下。

1）Web of Science

Web of Science 又包含三个独立的数据库：Science Citation Index Expanded（科学引文索引扩展版，简称 SCI-E）、Social Sciences Citation Index（社会科学引文索引，简称 SSCI）、Arts & Humanities Citation Index（艺术与人文科学引文索引，简称 A&HCI）。涵盖自然科学、工程技术、社会科学、艺术与人文等诸多领域内的 8500 多种学术期刊。

2）ISI Proceedings

ISI Proceedings 是 Index to Scientific & Technical Proceedings（科技会议录索引，简称 ISTP）的 Web 版，它包括两个数据库：Conference Proceedings Citation Index-Science（科学技术会议录索引，简称 CPCI-S）、Conference Proceedings Citation Index-Social Science & Humannalities（社会科学及人文科学会议录索引，简称 CPCI-SSH）。

3）INSPEC

INSPEC（科学文摘）由英国工程技术学会（IEE）出版，专业面覆盖物理、电子与电气工程、计算机与控制工程、信息技术、生产和制造工程等领域，文献类型包括期刊、会议录、报告、图书等，文献源自 80 多个国家和地区，涉及 29 种语言，收录年代自 1969 年开始。

4）MEDLINE

MEDLINE 是美国国立医学图书馆建立的 MEDLARS 系统中使用频率最高、也是最大的数据库，是当今世界最具权威的综合性生物医学数据库之一。内容涉及基础医学、临床医学、护理学、牙科学、兽医学、药物学、营养卫生、卫生管理等。

5）Derwent Innovations Index

Derwent Innovations Index（简称 DII）将《世界专利索引》和《专利引文索引》的内容有机整合在一起，为研究人员提供了世界范围内的、综合全面的专利信息。DII 覆盖了全世界 1963 年以后的约 1000 万项基本发明和 2000 万项专利。

6）Journal Citation Reports

Journal Citation Reports（简称 JCR）是依据期刊相互引用情形编制的书目计量分析统计报告，是期刊评价、排名、分类及比较的量化工具。它收录了全世界 3000 多个出版社的 7000 多种学术期刊，内容涵盖科学技术和社会科学所有专业领域。JCR 提供了期刊刊载论文数量、各期刊当年被引用次数、期刊论文的平均被引用率、期刊的影响因子、期刊的引用文献和被引用文献的半衰期等。

7）Essential Science Indicators

Essential Science Indicators（简称 ESI）是由 ISI 于 2001 年推出的衡量科学研究绩效、跟踪科学发展趋势的基本分析评价工具，是基于 ISI 引文索引数据库 SCI 和 SSCI 所收录的全球 8500 多种学术期刊的 900 多万条文献记录而建立的计量分析数据库。ESI 在 22 个专业领域内分别对国家、研究机构、期刊、论文、科学家进行统计分析和排序。

2. 数据库检索方法

1）跨库检索

选择"所有数据库"，提供同时从所有子数据库中进行信息检索的功能。

2）单库检索

在首页点击"选择一个数据库"标签，即进入单库检索选择界面。

3）Web of Science 检索

Web of Science 提供基本检索、作者检索、被引参考文献检索、高级检索和化学结构检索五种检索方法，如图 5-36 所示。

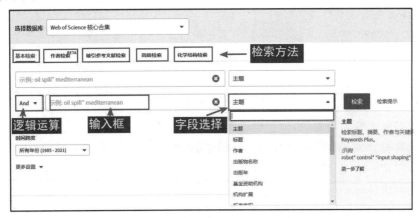

图 5-36　Web of Science 检索平台

(1)基本检索:是 Web of Science 的默认检索界面,可直接输入检索词进行检索。检索字段可选择主题、标题、作者、团体作者、编者、出版物名称、出版年、地址、会议等。

(2)作者检索:指按照作者姓名进行检索。

(3)被引参考文献检索:以被引作者、被引著作和被引年份作为检索点进行检索,其中,被引作者一般应以被引文献的第一著者的姓名进行检索;被引著作为刊登被引文献的出版物名称,如期刊名称缩写形式、书名或专利号;被引年份应输入 4 位数字的年号。具体检索要求可以参看输入框下面的示例,如图 5-37 所示。

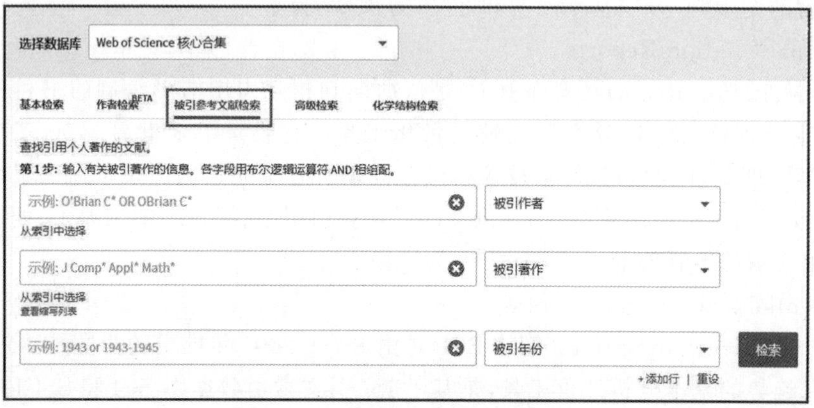

图 5-37 被引参考文献检索界面

(4)高级检索:允许使用字段标识符和布尔逻辑符号进行组配,创建一个检索提问式。每个检索词需用字段标识符进行标识,不同检索字段用布尔逻辑符相连。输入格式按"示例"的格式,字段表示方法见右边"字段标识"。如要检索篇名中出现"指纹识别"的文献,检索式为:TI=(fingerprint)AND TI=(identification),如图 5-38 所示。

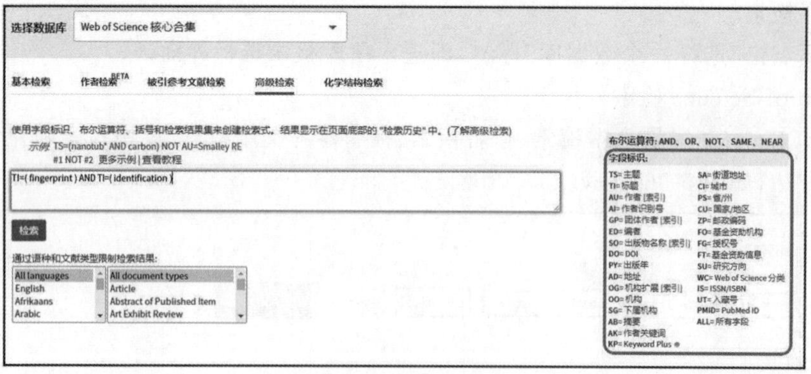

图 5-38 高级检索界面

高级检索属于精确检索,提供逻辑运算符、位置算符和截词符/通配符检索。

逻辑运算符:"NOT""AND""OR",分别规定"非""与""或"的逻辑关系。

位置算符:"SAME"或"NEAR",规定其前后连接的两个词在检索记录中出现在同一句或者同一个词组(keyword 字段)中。

截词符/通配符:"?"和"*",用在检索词的中间和词尾。"?"是截词符,代表一个字符;"*"是通配符,代表零个或若干个字符。例如:输入"wom?n"可检出 woman、women 等词;

输入"sul * ur"可检出 sulphur、sulfur 等词。

(5)化学结构检索:可以检索化学式或化学反应相关文献。初次进入化学结构检索界面,系统会提示先下载安装"Java"插件,安装后便可进行化学结构检索,如图 5-39 所示。

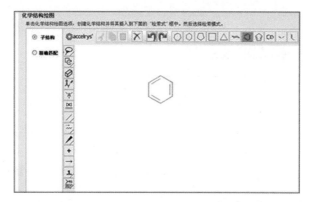

图 5-39 化学结构检索界面

3. 检索结果与分析

1)显示检索结果

执行一次检索后,检索结果界面提供了二次检索、排序、分析检索结果等功能,如图 5-40 所示。

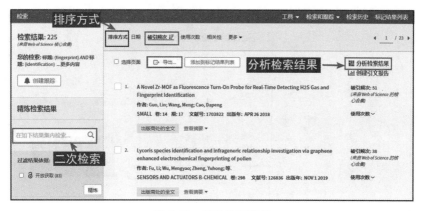

图 5-40 显示检索结果

在检索前,可以设定排序方式,以得到更集中的检索结果,可按日期、被引频次、使用次数、相关性等进行排序。

2)分析检索结果

Web of Science 提供了对检索结果的优化功能,点击"分析检索结果"按钮,可对结果进行作者、会议标题、国家或地区、文献类型、机构、语种、出版时间、来源期刊等分析。

3)查看文献全记录页面

点击任意一篇相关文献的篇名,可进入该篇文献的全记录页面。点击"查看期刊影响力"(见图 5-41),可以查看期刊的 JCR 分区等信息。

Web of Science 提供"检索历史"功能,即每进行一次检索都会自动转化为一个检索提问式,这些检索提问式可以在"检索历史"页面看到。在该页面上,用户可以利用布尔逻辑运算

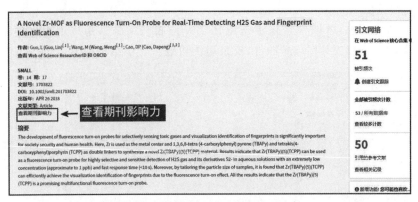

图 5-41　查看摘要信息和期刊影响力

符"AND""OR"对检索集合进行组配。"检索历史"只可以保存 20 个检索提问式。

5.2.3　EBSCOhost 数据库

1. 数据库概述

EBSCOhost 数据库是美国 EBSCO 公司三大数据系统之一(另外还有 EBSCOonline 和 EBSCOnet),是目前世界上比较成熟的全文数据库之一,共包括 60 多个专项数据库,其中全文库有 10 余个。EBSCOhost 数据库首页如图 5-42 所示。

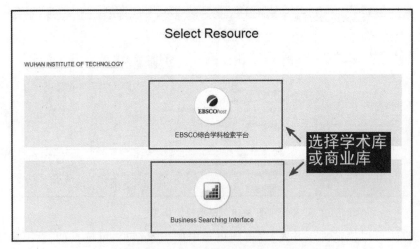

图 5-42　EBSCOhost 数据库的学术库和商业库

1) EBSCO 综合学科检索平台

EBSCO 综合学科检索平台涉及社会科学、人文科学和自然科学等各个主题领域,包含 4450 种学术性全文期刊,其中 3500 种为专家评审期刊,全文可追溯到 1975 年。

2) Business Searching Interface

Business Searching Interface(商业资源集成全文数据库)涉及商业、管理、经济、金融、银行等相关领域,收录 3650 种全文期刊,其中 450 种为专家评审期刊,较著名的有 Businessweek、Forbes、Harvard Business Review 等,全文可追溯到 1922 年。

2. 数据库检索方法

现在以子库 Business Searching Interface 来介绍 EBSCOhost 数据库的检索方法。在图 5-42 所示的界面中,点击"Business Searching Interface"即可以进入该子库的检索界面。Business Searching Interface 子库提供了"Basic Search"(基本检索)和"Advanced Search"(高级检索)两种检索方法。

1)Basic Search

Basic Search 提供了 Keyword(关键词)、Company(公司)、Industry(产品)、Author(作者)、Publication(出版物)和 Subject(主题)六个检索字段,检索时先选择检索字段,然后在输入框中输入检索词,最后点击"Search"即可进行检索。Basic Search 界面如图 5-43 所示。

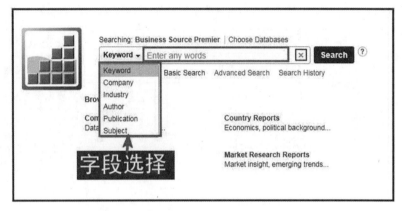

图 5-43　Basic Search 界面

2)Advanced Search

点击"Advanced Search"选项,即进入该子库的高级检索界面,如图 5-44 所示。高级检索提供了字段选择、逻辑运算和限定结果等功能,适合各种需求的用户使用,检索更加便捷、准确。

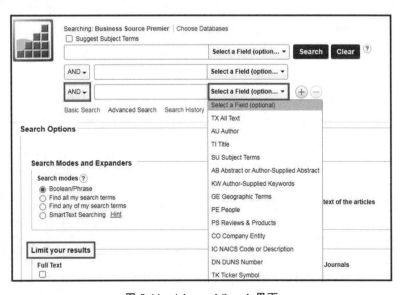

图 5-44　Advanced Search 界面

(1)字段选择。EBSCOhost 数据库的检索字段代码、名称及含义如表 5-3 所示。

表 5-3　检索字段的代码、名称及字段含义

字 段 代 码	字 段 名 称	字 段 含 义
TX	All Text	在全文中检索
AU	Author	作者检索
TI	Title	在篇名中检索
SU	Subject Terms	主题检索
AB	Abstract or Author-Supplied Abstract	在摘要中检索
KW	Author-Supplied Keywords	在关键词中检索
GE	Geographic Terms	图表检索
PE	People	人物检索
PS	Reviews & Products	评论及产品检索
CO	Company Entity	公司检索
IC	NAICS Code or Description	北美工业分类体系代码检索
DN	DUNS Number	邓白氏公司代码检索
TK	Ticker Symbol	股票代码检索
SO	Publication Name	刊名检索
IS	ISSN	国际标准刊号检索
IB	ISBN	国际标准书号检索
AN	Accession Number	存取号(登记号)检索

(2)逻辑运算。EBSCOhost 数据库提供了 AND、OR、NOT 三种逻辑运算符;在默认情况下,逻辑运算的优先级次序是 NOT>AND>OR,如果要改变默认的优先级次序,则需要使用"( )"。

(3)限定结果。EBSCOhost 数据库常用限定结果项如表 5-4 所示。

表 5-4　EBSCOhost 数据库常用限定结果项

限定结果项	限定功能
Full Text	只检索有全文的文章
Scholarly (Peer Reviewed) Journals	有专家评审的期刊中的文章
Publication	在限定的出版物中检索
Published Date	限定文章的出版时间范围
Publication Type	在指定的文献类型中检索,可多选

5.2.4 SpringerLink 数据库

1. 数据库概述

SpringerLink 数据库由世界上著名的科技出版集团德国 Springer(施普林格)出版社出版。该数据库按文献类型有全文期刊、图书、科技丛书和参考工具书等,按学科分类有建筑和设计、行为科学、生物医学及生命科学等 20 多个学科。

2. 数据库检索方法

SpringerLink 数据库提供了快速检索、浏览检索和高级检索三种检索方法。

1)快速检索

SpringerLink 数据库首页如图 5-45 所示。系统默认的为快速检索界面,可以直接在输入框中输入检索词进行检索。

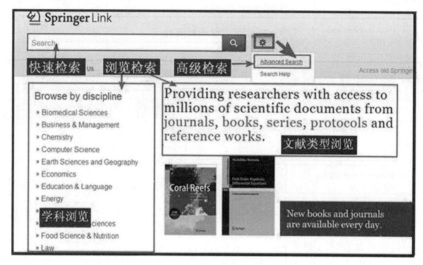

图 5-45　SpringerLink 数据库首页

2)浏览检索

SpringerLink 数据库的浏览检索提供了按学科浏览和按文献类型浏览两种浏览方式。

按学科浏览:用户选择自己需要或感兴趣的学科进行浏览。如点击图 5-45 所示界面中的"Computer Science",就会得到有关计算机科学方面的文献检索结果,如图 5-46 所示。

按文献类型浏览:SpringerLink 数据库提供了 journals(期刊)、books(电子图书)、series(电子丛书)、protocols(实验室指南)和 reference works(电子参考工具书)等文献类型的浏览,如点击"journals"—"Computer Science",就可以浏览计算机方面的期刊了,如图 5-47 所示。

3)高级检索

点击"Advanced Search",即进入高级检索界面。高级检索有 4 种题名匹配方式,用户可根据自己的需要在检索时自由选择任一种匹配方式。

Withall of the words:含义是检索到的文章中包含所有输入的检索词,相当于布尔逻辑中的"AND"。

With the exact phrase:含义是检索到的文章中包含所有输入的检索词组且检索词组之

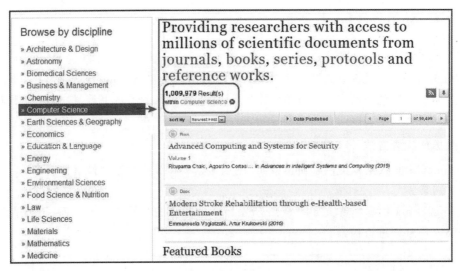

图 5-46　按学科浏览

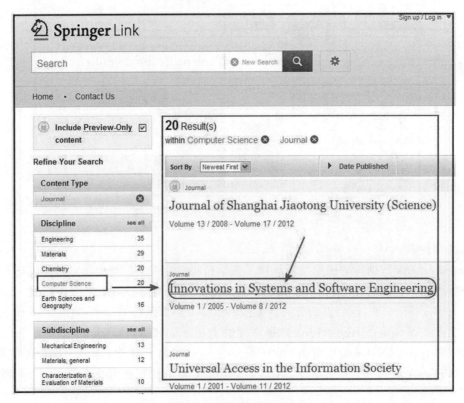

图 5-47　按文献类型浏览

间没有间隔，即没有插入其他的词，相当于精确匹配。

　　With at least one of the words：含义是检索到的文章中包含至少一个输入的检索词，相当于布尔逻辑中的"OR"。

　　Without the words：含义是检索到的文章中不包含输入的检索词，相当于布尔逻辑中的"NOT"。

高级检索界面如图 5-48 所示。

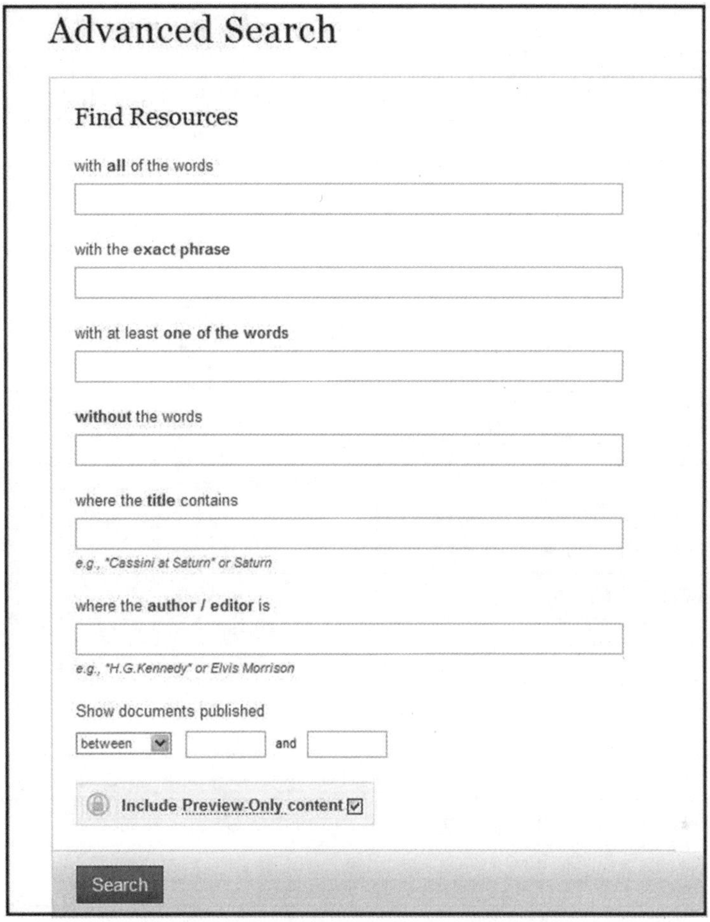

图 5-48 SpringerLink 数据库高级检索界面

5.2.5 ElsevierScienceDirect 数据库

1. 数据库概述

Elsevier(爱思唯尔)是荷兰一家世界知名的学术出版商,已有 100 多年的历史,其出版的期刊是世界上公认的高质量学术期刊,且大多数为核心期刊,被世界上许多著名的二次文献数据库所收录。ScienceDirect OnLine(简称 SDOL)数据库是 Elsevier 公司出版的电子期刊全文数据库,用户可以通过 Elsevier 在互联网上的检索平台 ScienceDirect(https://www.sciencedirect.com/)进行搜索,非订购用户可以查看文献题录、摘要,订购用户可以查看、打印以及下载论文全文。用户可以通过 Elsevier 中国网站(https://www.elsevier.com/zh-cn)了解 Elsevier 详细情况。

目前,SDOL 数据库收录了 1800 多种数字化期刊,该数据库涵盖了食品、数学、物理、化学、生命科学、商业及经济管理、计算机科学、工程技术、能源科学、环境科学、材料科学和社会科学等众多学科。SDOL 数据库学科分类及对应的期刊数如表 5-5 所示。

表 5-5　SDOL 数据库学科分类及对应的期刊数

学科分类(英文)	学科分类(中文)	期刊数
Agricultural & Biological Science	农学和生物学	148
Biochemistry, Genetics & Molecular Biology	生物化学、基因学和分子生物学	215
Business, mgmt & Accounting	商业、管理和会计学	75
Chemistry	化学	94
Chemical Engineering	化学工程	71
Computer Science	计算机科学	115
Decision Science	决策科学	44
Earth & Planetary	地球和行星学	92
Economic, Econometrics & Finance	经济、经济计量学和金融	76
Energy	能源科学	42
Engineering	工程技术	175
Environmental Science	环境科学	78
Health Science (Medicine)	医学	534
Immunology & Microbiology	免疫学和微生物学	80
Material Science	材料科学	108
Mathematics	数学	89
Neuroscience	神经学	102
Pharmacology, Toxicology & Pharmaceutics	药理学、毒理学和制药学	56
Physics & Astronomy	物理学和天文学	98
Psychology	心理学	103
Social Science	社会科学	161
合计		2556

2. 数据库检索方法

Elsevier ScienceDirect 数据库提供期刊浏览、快速检索、高级检索和专家检索等多种检索方法,如图 5-49 所示。

图 5-49　Elsevier ScienceDirect 数据库检索界面

(1)Browse(期刊浏览)　进入 ScienceDirect 主页,点击"Journals & Books"按钮,进入

期刊浏览界面，可以直接输入期刊名称或按照期刊首字母顺序进行浏览。

(2) Quick Search（快速检索）　在 ScienceDirect 的任何网页上都可看到快速检索框，用户可通过“Keywords”（关键词）、“Author name”（著者姓名）、“Journal/book title”（期刊/图书名）等几种常规的字段进行快速检索。

(3) Advanced Search（高级检索）　点击主页右上角的“Advanced Search”按钮，进入高级检索界面，如图 5-50 所示。

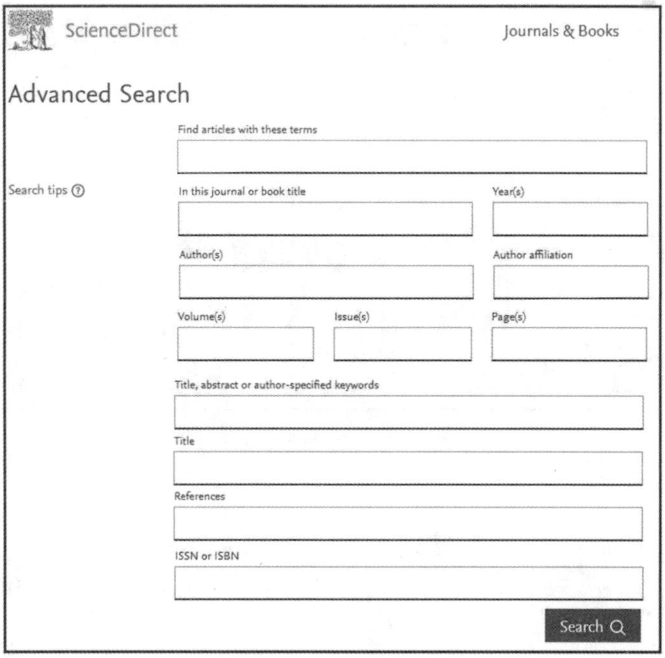

图 5-50　高级检索界面

如果不太了解高级检索界面的检索要求，可以点击“Search tips”按钮，查看检索提示，如图 5-51 所示。

You can search specific parts (fields) of a document or search the entire document in ScienceDirect.

Field	Explanation
Find articles with these terms	ScienceDirect will search all parts of the document for instances of the term (excluding references).
In this journal or book title	Begin keying the journal or book title, ScienceDirect will display a list of suggested title to choose. **Notes:** • Select the auto-suggestion to restrict the search to that specific publication. • Enter a term in the field to search all publications that contain the term in the title, e.g., Enter *Lancet* to search all publications where *Lancet* appears in the title.
Years	ScienceDirect will search for documents of the entered year or year range. • All years must be four-digits, as 1975 or 1985-2018
Author(s)	ScienceDirect will search only the author segments of the document for the author name(s).
Author affiliation	ScienceDirect will search the author affiliation segment of the document for instances of the terms.

图 5-51　高级检索的检索提示功能

3. 检索结果处理

在检索结果显示页面,可对检索结果进行统计分析、标记、保存、下载、排序、导出等操作,如图 5-52 所示。

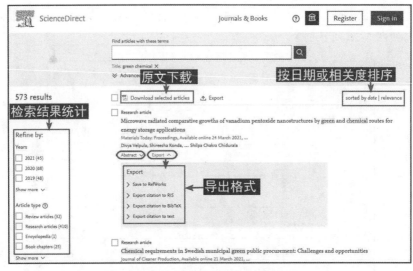

图 5-52 检索结果页面

4. 检索规则

Elsevier ScienceDirect 数据库提供了布尔逻辑检索(AND、OR、NOT)、截词检索(*、?)、位置检索(W/n、PRE/n)和词组检索("""、{ }、())等,如表 5-6 所示。

表 5-6 检索规则

检索规则	检索规则说明
AND	默认算符,要求多个检索词同时出现在文章中
OR	检索词中的任意一个或多个出现在文章中
NOT	后面所跟的词不出现在文章中
*	取代单词中的任意数量(0,1,2…)的字母,如 transplant * 可以检索到 transplant、transplanted、transplanting 等
?	取代单词中的 1 个字母,如 wom?n 可以检索到 woman、women
W/n	两词相隔不超过 n 个词,词序不定
PRE/n	两词相隔不超过 n 个词,词序一定
""	宽松短语检索,标点符号、连字符、停用字等会被自动忽略
{ }	精确短语检索,所有符号都将被作为检索词进行严格匹配
( )	定义检索词顺序

思考题

1. 如何利用 CNKI 数据库查找你所学专业的核心期刊？写出其中任意三种核心期刊的刊名、主办者、ISSN。

2. CNKI 数据库是一个综合性的数据库，除了查期刊文献外，还可以查哪些类型的文献？

3. 如何利用维普数据库来查找某一检索词的英文翻译？

4. 期刊有何特点？在利用维普数据库时，可供检索的字段有哪些？

5. 维普数据库的文献引证追踪模块有哪些功能？

6. EI Village 数据库一般提供哪些检索字段？

7. SpringerLink 电子期刊涉及哪些学科？

8. ISI Web of Knowledge 数据库平台集成了哪些数据库？

9. 如何利用 Elsevier ScienceDirect 数据库检索开放获取的资源？

第6章 网络信息资源检索

6.1 网络信息资源概述

6.1.1 网络信息资源的概念

网络信息资源(network information resource)是计算机技术、通信技术、多媒体技术相互融合而形成的以网络为传输载体和传播媒介的信息资源的总称,具体来说是指所有以电子数据形式把文字、图像、声音、动画等多种形式的信息存储在光、磁等非纸介质的载体中,并通过网络通信、计算机或终端等方式再现出来的资源。

6.1.2 网络信息资源的特点

从信息组织的角度看,网络信息资源具有以下一些特点。

1. 增长迅速

网络信息资源不计其数,并且每天都在迅速增加。政府、机构、企业、个人都可以在网上发布信息,其信息资源在数量上和增长速度上是其他任何环境下的信息资源都无法比拟的。

2. 覆盖面广

在互联网上,信息资源的内容十分丰富。网上信息几乎涵盖了人类知识的各个领域,在表现形态上更是多种多样。网络信息资源在数量、分布、范围以及信息内涵等方面,都超出了传统的信息资源管理方式和技术手段所能容纳的范围。

3. 交互性强

网络信息资源改变了传统信息单向流动的模式,人们可以主动到网上数据库、电子图书馆中查找自己所需的信息,还可以在网上输送信息或通过电子信箱交流信息。网络信息流动是双向的、互动的过程。

4. 共享程度高

在网络环境下,时间和空间范围得到了最大限度的延伸和扩展。一份信息资源上网后,不仅可以及时地提供给本地网络用户利用,而且可以使网络用户共享同一份信息资源。高度共享的特点使有限的信息资源最大限度地流向用户手中。

5. 更新速度快

网上的信息具有高度动态性,不但各种信息都处在不断更新、淘汰的状态,它所连接的网络、网站、网页也都处在变化之中,信息生产、更迭和消亡情况一般难以预料。这使得网络信息极不稳定,而且由于更新速度快,资源也难以做到统一规划。

6. 信息质量良莠不齐

网络信息分布具有很大的自由度和随意性,缺少质量控制和管理机制,这使得网络信息繁杂、混乱,质量良莠不齐,安全存在隐患,给用户选择、利用网络资源带来了障碍。

除以上几点外,网络信息资源还具有类型多、表现形式多样、使用成本低、版权问题复杂等特点。

6.1.3 网络信息资源的类型

1. 按人类信息交流的方式划分

(1)正式出版信息 指受到一定的产权保护,直接在网络上出版的知识性和分析性信息。如电子图书、电子期刊、数据库、新闻、报告及动态信息等。

(2)半正式出版信息 也称灰色信息,指受到一定的产权保护,但没有纳入正式出版信息系统中的信息。如政府机构、学术团体、企业、商业部门、行业协会、国际性组织、大型活动等提供的描述性信息。

(3)非正式出版信息 指流动性、随意性较强的,信息量大、信息质量难以保证和控制的动态信息。如电子邮件、BBS、Blog、微信、微博等。

2. 按信息加工程度划分

(1)一次网络信息 指的是没有经过加工处理的原始信息。这类信息的特点是数量多、内容杂,呈无序状。如网络论坛、网络新闻组、博客等实时产生的信息及各类网站发布的信息。

(2)二次网络信息 是在对大量分散的原始信息进行收集整理、内容浓缩的基础上,按照一定的规则组织而成的可供利用的一种信息资源,即同类信息汇编,是引导和使用一次信息必不可少的工具。如书目数据库、索引数据库、网络文摘、学科导航库、电子图书、电子报刊等。

(3)三次网络信息 是指对一次信息资源或二次信息资源进行系统分析、综合研究、编辑加工而生成的信息资源。如专题报告、综述、百科全书(如 Wiki)、手册指南等参考型网络信息。

3. 按传输方式划分

(1)基于 HTTP 的万维网(WWW)信息资源。

(2)基于 FTP 的信息资源。

(3)基于远程登录(Telnet)的信息资源。

(4)用户服务组信息资源,包括新闻组、电子邮件群、邮件列表、专题讨论组等。它们是由一组对某一特定主题有共同兴趣的网络用户组成的电子论坛,是网络用户间的信息交流场所。它们各具特色和用途,锁定各自特定的用户。

此外,网络信息还可以按文件类型分为文本信息和多媒体信息;按组织形式分为文件、数据库、主题目录和超媒体四种类型;按数据类型分为结构化信息和非结构化信息;按网络信息资源所产生的功用分为价值信息与非价值信息;按行业分为政府信息、企业信息、商务信息、教育科研信息、舆情信息和个人信息。

6.2 网络信息资源检索

6.2.1 网络信息检索系统

1. 国际联机检索系统

1）DIALOG 系统

DIALOG 系统是目前世界上最大的国际联机检索系统,建于 1966 年,经过多次合并扩充后,1972 年正式发展为向全世界提供联机检索服务的联机检索系统。目前其数据型、指南型、全文型数据库占全部数据库的半数以上。除了工程技术数据库外,还有众多的经济商情类数据库,其中有 30 多个数据库是其他联机检索系统没有的。可以用传统的拨号方式或专线,也可以 WWW 方式访问该系统。

2）STN 系统

STN 是 The Scientific and Technical Information Network-International（国际科学技术信息网络）的简称,系德国卡尔斯鲁厄专业信息中心（FIZ-K）、美国化学文摘社（CAS）和日本科技情报中心（JICST）于 1983 年合作开发的世界著名的国际信息检索系统。STN 系统的主机和数据库分别放在不同的国家,共有 3 个服务中心,分别位于德国、美国和日本。这 3 个服务中心通过海底电缆相互连接。STN 系统收录了全球范围内 220 个数据库,专业范围包括化学、化工、数学、物理、能源、生物、电子、材料、建筑、环境技术与设备等,均为自然科学各领域的权威性数据库。数据类型涵盖文献型、事实型、数值型以及全文型数据库,数据记录包括论文、期刊、报告、标准、专利、商情等多种类型。以 WWW 方式访问该系统,只要登录 3 个服务中心的任何一个即可。其 3 个服务中心的 URL 分别为 https://stnweb.fiz-karlsruhe.de/、https://stnweb-japan.cas.org/、https://stnweb.cas.org/。

3）OCLC FirstSearch 系统

OCLC 全名为 Online Computer Library Center（联机计算机图书馆中心）,是世界上最大的提供网络文献信息服务和研究的机构,创建于 1967 年,总部在美国俄亥俄州都柏林市。它是一个面向图书馆的非营利性组织,服务宗旨是推动更多的人检索世界范围内的信息,实现信息资源共享并减少获取信息的费用。它主要提供以计算机和网络为基础的联合编目、参考咨询、资源共享和保存服务。目前使用 OCLC 的产品和服务的用户有 84 个国家和地区的 50 540 个图书馆和教育科研机构。

4）ORBIT 系统和 BRS 系统

ORBIT 系统是目前世界上第二大联机检索系统,约有 100 个数据库,有书目库、指南库和词典库等,是多学科信息检索服务系统。近年来主要补充 DIALOG 系统的不足,对汽车工程、石油、化工、医学、环境科学、安全科学和运动科学等专业文献收录较全。

BRS 系统前身为纽约州立大学生物医学通信网,是一个综合性计算机联机服务中心,有 150 多个数据库,其收集的重点在医学、药物学和生命科学方面,也提供工程科学、教育、商业等数据库,并独家经营工业标准和技术规范方面的数据库。

5）ESA-IRS 系统

ESA-IRS 系统是欧洲最大的情报检索系统,也是世界上第三大联机情报检索系统,其总部现设在意大利的弗拉斯卡蒂,目前拥有 120 多个数据库,大多为文献数据库,也有部分指南数据库和数值数据库,该系统独有的数据库,如 PASCAL(法国文摘通报)、PRICE-DATA(原材料价格数据库)等,弥补了 DIALOG 系统对欧洲数据库收录不全的缺陷。但非英语数据库记录只有篇名,并附有英文译文。

2. 国内联机检索系统

1)北京文献服务处

北京文献服务处(Beijing Document Service,BDS)是 1978 年由中国国防科技信息中心和北京市科学技术协会共同策划、联合组建的,以联机信息检索服务为主,同时进行信息技术应用研究开发的综合性机构,并于 1981 年成立中国第一个计算机信息检索系统 BDSIRS,在国防科学技术工业委员会和工业部的联合投资下,BDS 建成了覆盖全国的中国工程技术信息网,并成为这个大型网络的管理控制、信息服务中心,负责全网的运行、管理以及信息资源集成和服务,同时进行信息处理技术和以信息检索为主的信息应用技术的研发。

2)万方数据资源系统

万方数据资源系统是中国科学技术信息研究所、万方数据集团公司开发的网上数据库联机检索系统,包括科技信息系统、数字化期刊系统、企业服务系统和医药信息系统。

6.2.2 搜索引擎

1. 网络信息检索

网络信息检索是 Internet 提供的主要服务之一,一般指通过 Internet 检索所需信息的过程,是用户通过网络接口软件,在一终端查询各地上网的信息资源。进行网络信息检索,必须借助一种检索系统,这个检索系统称为搜索引擎。

2. 搜索引擎的概念及工作原理

1)搜索引擎的概念

搜索引擎是指根据一定的策略、运用特定的计算机程序搜索互联网上的信息,在对信息进行组织和处理后,为用户提供检索服务的系统。

2)搜索引擎的组成

搜索引擎一般由搜索器(搜索软件)、索引器(索引软件)、检索器(检索软件)和用户接口 4 个部分组成。

搜索器(搜索软件):主要功能是在互联网中漫游,发现和搜集信息。

索引器(索引软件):主要功能是理解搜索器所搜索到的信息,从中抽取出索引项,用于表示文档以及生成文档库的索引表。

检索器(检索软件):主要功能是根据用户的查询在索引库中快速检索文档,进行相关度评价,对将要输出的结果排序,并能按用户的查询需求合理反馈信息。

用户接口:主要作用是接纳用户查询、显示查询结果、提供个性化查询项。

3)搜索引擎的工作原理

有效实现信息检索功能的搜索引擎必须包括 3 个基本功能模块:数据采集、数据组织和信息检索,如图 6-1 所示。

数据采集:主要是指采用自动搜索或人工添加的方式,定期或不定期地抓取网页信息。

图 6-1　搜索引擎工作原理示意图

每个独立的搜索引擎都有自己的网页抓取程序:网络机器人(Robot)或网络蜘蛛(Spider)。

数据处理:就是进行网页处理,对抓取来的网页进行预处理后才能提供检索,包括去除重复、分析超链接、计算网页的重要度。最重要的是提取关键词,建立索引文件库。也就是对每个页面中的每个字词进行分析、整理和提炼,然后分门别类地放进各个索引数据库中。这个过程中,分词技术非常关键,分词的准确度直接影响搜索引擎检索结果的相关性和准确性。

信息检索:就是为网络用户提供检索服务。用户输入关键词进行检索,搜索引擎从索引数据库中找到匹配该关键词的网页。

3. 搜索引擎的工作过程

搜索引擎的工作过程可简单描述为:搜索软件用来在网络上收集信息,执行的是数据采集机制;索引软件对收集到的网络信息进行自动标引处理并建立索引数据库,执行的是组织机制;检索软件通过索引数据库为用户提供网络检索服务,执行的是搜索引擎的用户检索机制。

4. 搜索引擎的类型

搜索引擎的种类很多,各种搜索引擎的概念界定尚不清晰,大多可互称、通用。事实上,各种搜索引擎既有共同特点,又有明显差异。按照信息搜索方法和服务提供的方式的不同,搜索引擎主要可分为检索式搜索引擎、目录分类式搜索引擎、元搜索引擎、智能型搜索引擎。

5. 搜索引擎的运用

1) 搜索引擎的使用方法

打开搜索引擎界面即可开始搜索,可用分类目录逐级查询,也可输入关键词,使用专门的查询功能查询,大同小异。目前大多数搜索引擎都具有简单查询和复杂查询这两种查询方法。

简单查询也叫基本查询,通常用户在输入检索词的同时,再使用一些搜索引擎支持的查询功能,如布尔逻辑检索、截词检索、位置检索和字段检索。

复杂查询分加权检索、相关信息渐进检索、自然语言检索、模糊检索。

加权检索:采用加号或减号表示权重,检索词前加个"＋"表示检索结果中必须出现该词,"－"则表示不能出现该词。

相关信息渐进检索:在一次检索结束后,搜索引擎提交一个长长的列表,在浏览列表时发现一些比较合适的结果,进一步查找与此类似的结果。如百度的"相关搜索",Lycos 的 "More Like This"。

自然语言检索:是指在检索窗口中输入一个自然语言表达的句子进行检索。搜索引擎会利用系统自身的禁用词表排除没有实际检索意义的各种虚词(如介词、副词、冠词等),自动提取句子中有实际意义的检索词并将它们作为用户输入的关键词对待。需要注意的是,如果输入的词具有实际意义,但是又属于禁用词之列,会使检索结果出现偏差。

模糊检索:允许输入的检索提问式和被检索信息之间存在一定的差异,这种差异将被模糊处理。这种检索一般用于用户输入检索词汇时出现某些错误或某些词汇在不同国家有不同拼写形式的情况下,具有检索功能的搜索引擎不会以"输入错误"来拒绝,仍然可以给出正确的结果。

2)搜索引擎的检索技巧

在类别中搜索:直接点击其中的一个类别(如计算机、经济、商业等)进行搜索,以减少时间,提高搜索效率。

使用具体关键词:提供的关键词越具体,返回无关的Web站点的可能性就越小。

使用多个关键词:用以缩小检索范围,关键词越多,返回的检索结果就越精确。

使用布尔逻辑运算符:许多搜索引擎都允许在搜索中使用两个不同的布尔逻辑运算符AND和OR。

留意搜索引擎返回的结果:搜索引擎返回的Web站点顺序可能会影响人们的访问,为了增加Web站点的点击率,一些Web站点会付费给搜索引擎,以在相关Web站点列表中显示在靠前的位置,所以要注意鉴别搜索引擎返回的结果是否与所要搜索的内容相关。

6. 著名的搜索引擎

1)中文搜索引擎

百度(https://www.baidu.com/):全球最大的中文搜索引擎,提供网页快照、网页预览、预览全部网页、相关搜索词和错别字纠正提示、新闻搜索、Flash搜索、资讯搜索、高级搜索等功能。

新浪(http://search.sina.com.cn/):互联网上最大的中文搜索引擎之一。设大类目录18个,子目录1万多个,收录网站20余万个。提供网站、中文网页、英文网页、新闻、汉英辞典、软件、沪深行情、游戏等多种资源的查询。

搜狐(https://www.sohu.com/):1998年推出的中国首家大型分类查询搜索引擎,到现在已经发展为中国影响力最大的分类搜索引擎。每日页面浏览量超过800万,可以查找网站、网页、新闻、网址、软件和黄页等信息。

网易(https://www.163.com/):新一代开放式目录管理系统,拥有近万名义务管理员,为广大网民创建了一个拥有1万个类目,超过25万条活跃站点信息,日增加新站点信息500~1000条,日访问量超过500万次的专业权威的目录查询体系。

2)外文搜索引擎

Yahoo(https://www.yahoo.com/):有英、中、日、韩、法、德、意等10余种语言版本,每个版本的内容不相同,提供类目、网站及全文检索功能。目录分类比较合理,层次深,类目设置好,网站提要严格清楚,但部分网站无提要。检索结果精确度较高,有相关网页和新闻的查询链接。有高级检索方式,支持逻辑查询,可限制时间查询。

Excite(https://www.excite.com/):是一个基于概念性的搜索引擎,可智能性地根据用户输入的关键词推断查找相关的内容。除美国站点外,还有中国及法、德、意、英等多个国家站点。提供类目、网站、全文及新闻检索功能。目录分类接近日常生活,细致明晰,网站收录丰富。网站提要完整,搜索结果数量多,精确度较高。

Google(http://www.google.com):被认为是全球规模最大的搜索引擎,它提供简单易用的免费服务,用户可在瞬间得到相关的查询结果。

7. 百度搜索引擎介绍

1999年年底,百度公司(下也称百度)成立于美国硅谷,它的创建者是在美国硅谷有多年成功经验的李彦宏先生及徐勇先生。2000年,百度公司回国发展。"百度"两字源自辛弃疾《青玉案·元夕》中的"众里寻他千百度",象征着百度公司对中文信息检索技术执着的追求,也寄托着百度公司对自身技术的信心。百度公司目前是中国互联网领先的软件技术提供商和平台运营商。中国提供搜索引擎的主要网站中,超过80%的是由百度提供的。百度支持搜索1.3亿个中文网页,是世界上最大的中文搜索引擎,对重要中文网页实现每天更新。

百度的产品及服务是针对不同企业及各机构网络化的基本需求而设计的,主要产品线有两条。一条是基于全球互联网的中文网页检索。这条产品线主要服务于门户网站,客户包括Sina、Sohu、Tom.com、263在线、21CN、上海热线、广州视窗等。另一条是企业级的信息检索解决方案,包括网事通系列软件及百度企业竞争情报系统。其中,网事通系列软件又包括网站站内检索系统、行业垂直检索系统、新闻监控系统、企业垂直检索系统、实时信息系统及信息采集系统。

目前,百度使用的是世界各大搜索引擎普遍采用的超链分析技术,而李彦宏先生就是超链分析专利的唯一持有人。在学术界,一篇论文被引用得越多就说明其越好,学术价值就越高。超链分析就是通过分析链接网站的多少来评价被链接的网站质量的,这保证了用户在百度进行搜索时,越受用户欢迎的内容排名越靠前。

百度的搜索方法其实很简单,打开百度主页,界面上就会显示一个搜索框,如图6-2所示。百度搜索引擎提供了以下几种搜索功能。

图6-2 百度搜索首页

1)基本搜索

在百度搜索引擎的基本搜索界面,仅需输入查询内容并按一下回车键("Enter"),即可得到相关资料;或者输入查询内容后,用鼠标单击"百度一下"按钮,也可得到相关资料。百度搜索引擎非常严谨,要求"一字不差"。因此在搜索时,可以试用不同的词语。

2)输入多个词语搜索

输入多个词语搜索(各词之间用一个空格隔开)可以获得更精确的搜索结果。在百度查询时不需要使用符号"AND"或"+",百度默认以空格代替布尔逻辑运算符"与",即"AND"或"+"。百度提供符合用户全部查询条件的资料,并把最相关的网页排在前列。

3)高级搜索

如果对百度的各种查询语法不熟悉,可以使用百度集成的高级搜索界面(见图 6-3),在此界面中,用户可以方便地进行各种搜索查询。本界面提供用户自主进行的一站式搜索,包括搜索结果设置、时间设置、文档格式设置、关键词位置设置、网站搜索设置等。用户也可以根据自己的习惯,在搜索框右侧的设置中,改变百度默认的搜索设定,如搜索框提示的设置、语言设置、每页搜索结果数量的设置等。

图 6-3　高级搜索界面

4)关键词自动提示

用户输入拼音,就能获得中文关键词的正确提示。

5)中文搜索自动纠错

如果用户误输入错别字,网页可以自动给出正确的关键词提示。

6)百度快照

百度快照解决了用户上网访问经常遇到"死链接"的问题:百度搜索引擎已事先预览了各网站,拍下了纯文本网页的快照,为用户储存了大量应急网页。当用户不能链接上所需网站时,百度为用户暂存的纯文本网页可救急,而且通过百度快照寻找资料往往要比常规方法的速度快得多。

7)并行搜索

使用"A｜B"来搜索与关键词 A 或关键词 B 相关的网页。例如,若要查询与图片或写真相关的资料,无须分两次查询,只要输入"图片｜写真"即可进行搜索。百度会提供与"｜"前后任何关键词相关的网站和资料。

8)减除无关资料

有时候,排除含有某些词语的资料有利于缩小搜索范围。百度支持"－"功能,用于有目的地删除某些无关网页,但减号之前必须留一空格,语法是"A －B"。

9)在网页标题中检索

网页标题通常是对网页内容的归纳。把查询内容范围限定在网页标题中,有时能获得良好的效果。使用的方式是把查询内容中特别关键的部分用"intitle:"连起来。例如,查找与智利地震相关的材料,就可以输入"地震 intitle:智利"来进行查询。注意,"intitle:"和后面的关键词之间不要有空格。

10) 在特定网站中检索

有时候,如果知道某个站点中有自己要找的东西,就可以把搜索范围限定在这个站点中,以提高查询效率。使用的方式是在查询内容的后面加上"site:站点域名",格式为:检索词/短语＋空格＋site:站点域名。例如,天空网下载软件不错,就可以输入"msn site:skycn.com"来进行查询。注意,"site:"后面跟的站点域名不要带"http://www";另外,"site:"和站点域名之间不要带空格。

11) 在 url 链接中检索

网页 url 中的某些信息,常常有某种含义。因此如果对搜索结果的 url 做某种限定,就可以获得良好的效果。使用的方式是在"inurl:"后加上需要在 url 中出现的关键词。注意,"inurl:"和后面所跟的关键词之间不要有空格。例如,查找关于 Photoshop 的使用技巧,可以输入"photoshop inurl:jiqiao"来进行查询。这个查询串中的"photoshop"是可以出现在网页的任何位置的,而"jiqiao"则必须出现在网页 url 中。

12) 精确匹配检索

当输入的查询词很长时,百度在经过分析后,给出的搜索结果中的查询词可能是拆分的。如果希望百度不拆分查询词,则给查询词加上双引号即可。

例如,搜索上海交通大学,如果上海交通大学不加双引号,搜索结果就会被拆分,效果不是很好;加上双引号后,获得的搜索结果就全是符合要求的了。

书名号是百度独有的一个特殊查询语法。在其他搜索引擎中,书名号会被忽略,而在百度中,中文书名号是可以被查询的。加上书名号的查询词,有两层特殊功能:一是书名号会出现在搜索结果中,二是被书名号括起来的内容不会被拆分。书名号在某些情况下特别实用,如查询电影或者小说。

6.2.3 各学科网络资源导航

1. 数学网络信息资源

1) 中国数学会

目前,由中国数学会主办的学术期刊有《数学学报》(中、英文版)、《应用数学学报》(中、英文版),以及《数学进展》《数学的实践与认识》《应用概率统计》《数学通报》和普及性刊物《中学生数学》《中等数学》。中国数学会网站(http://www.cms.org.cn/)首页如图 6-4 所示。

2) 中国科学院数学研究所

中国科学院数学研究所(http://www.math.ac.cn/)成立于 1952 年 7 月 1 日。1998 年 12 月,在中国科学院知识创新工程的推动下,四个数学类研究所(数学研究所、应用数学研究所、系统科学研究所、计算数学与科学工程计算研究所)经过整合组建成立了数学与系统科学研究院。

中国科学院数学研究所是中国数学会的挂靠单位,主办《数学学报》(中、英文版)和《数学译林》等杂志。其中,《数学学报》(中文版)是全国核心数学期刊,《数学学报》(英文版)现由德国施普林格出版社出版,是 SCI 收录的杂志之一;《数学译林》主要翻译介绍国际上重要的数学进展、学科和专题,以及人物传记和有趣的数学史料等,是一份科普性较强的读物,拥有很广泛的读者群体。

图 6-4　中国数学会网站首页

3）数学中国

数学中国（http：//www.madio.net/）是服务于数学建模、科研工作者的学术平台，该网站里有大量的免费资源。

4）美国数学学会

美国数学学会（American Mathematical Society，简称 AMS，https：//www.ams.org/）是世界上最权威的数学学术团体，成立于 1888 年，目前已有来自世界各国的 3 万名会员。AMS 出版物包括《数学评论》（Mathematical Reviews）及多种专业期刊和图书。

5）MathSciNet

MathSciNet（https：//mathscinet.ams.org/mathscinet）数学文献数据库的内容主要涵盖美国数学学会的重要期刊 Mathematical Reviews 及检索期刊 Current Mathematical Publications，是检索数学相关文献不可或缺的工具。Mathematical Reviews 内容涵盖数学、统计、计算机，以及与数学相关的学科，如物理、工程、生物学、经济学等；该杂志评论的文献包括期刊、图书、会议录、文集和预印本，其中对 1800 多种期刊做选评，对 400 余种数学核心期刊做全评；书目数据每日更新，与评论相关的内容随后加入，可提供原文的链接，可免费获取专题评论。

2. 物理学网络信息资源

1）中国物理学会

中国物理学会网站（http：//www.cps-net.org.cn/）分为中文版和英文版两个版本。中国物理学会成立于 1932 年，是在中国科协领导下的群众性学术团体，设立了 8 个工作委员会和 1 个办事机构，中国物理学会的组成还包括 31 个分会、专业委员会，对 31 个省、自治区、直辖市物理学会进行业务指导。中国物理学会主办的刊物有 11 种，所属分支机构主办的刊物有 9 种。中国物理学会及其所属分支机构每年举办各类国内、国际学术活动约 80 次。中国物理学会每年组织全国中学生物理竞赛，组织参加国际物理奥林匹克竞赛；每年组织若干次科普讲座，编著科普书籍等。中国物理学会网站首页如图 6-5 所示。

2）物理资源网

物理资源网（http：//physweb.51.net）成立于 2001 年，宗旨是为广大物理学工作者和物理系的学生提供网络服务，以提高物理教学、科研水平。本网站对 Internet 中的物理资源

图 6-5 中国物理学会网站首页

进行了系统的介绍,重点介绍了美国和欧洲主要国家的物理网站、物理期刊。利用本网站介绍的物理站点,用户可以方便地进行文献检索、物理会议查询、物理教学相关资料的查询和世界各大学物理系的查询,可以方便、快捷地了解世界各国物理教学科研的最新进展。

3)英国皇家物理学会

英国皇家物理学会(Institute of Physics,简称 IOP,https://iopscience.iop.org/)成立于 1874 年,现今会员遍布世界各地。IOP 拥有在世界电子出版行业中一流的独家出版公司,主要出版物理学领域的图书、杂志。IOP 下属的非营利性出版机构英国物理学会出版社(Institute of Physics Publishing,简称 IOPP)是全球较大的物理及相关学科的信息传播机构,涵盖 35 种物理学领域的核心刊物。

4)美国物理学会

美国物理学会(American Physical Society,简称 APS,https://www.aps.org/)成立于 1899 年,其宗旨为"促进及扩展物理学知识"。

5)物理学网络资源

物理学网络资源(https://www.physlink.com/)由 McMaster University 的物理系学生 Anton Skorucak 于 1995 年建立,力图为物理研究和教育机构提供一个全面的网络资源门户站点。其信息包括重要文章、就业信息、科学软件资源站点目录、科技参考资料,以及物理院系、物理学会、科学期刊、物理新闻、高科技公司的信息等。

3. 化学及化学工程网络信息资源

1)中国化学会

中国化学会(https://www.chemsoc.org.cn/)是从事化学或与化学相关专业的科技、教育工作者自愿组成并依法注册登记的学术性、公益性法人社会团体,是中国科学技术协会的组成部分,是我国发展化学科学技术的重要社会力量。它包括学术会议、国际交流、期刊集群、学会奖励、化学科普等栏目。中国化学会网站首页如图 6-6 所示。

2)化学学科信息门户

化学学科信息门户(http://chin.csdl.ac.cn)是中国科学院知识创新工程科技基础设施

图 6-6 中国化学会网站首页

建设专项(国家科学数字图书馆项目)的子项目。化学学科信息门户建设的目标是面向化学学科(包括化工),建立并可靠运行 Internet 化学专业信息资源和信息服务的门户网站,提供权威和可靠的化学信息导航,整合文献信息资源系统,并逐步支持开放式集成。

3)化学专业数据库

化学专业数据库(http://www.organchem.csdb.cn/)是中科院上海有机化学研究所承担建设的综合科技信息数据库的重要组成部分,是中科院知识创新工程信息化建设的重大专项。上海有机化学研究所的数据库群是服务于化学化工研究和开发的综合性信息系统,可以提供与化合物有关的命名、结构、基本性质、毒性、谱学、鉴定方法、化学反应、医药和农药应用、天然产物、相关文献和市场供应等信息。

4)中国科学院化学研究所

中国科学院化学研究所(http://www.iccas.ac.cn/)的主要学科方向为高分子化学、物理化学、有机化学、分析化学。

5)美国化学学会

美国化学学会(American Chemical Society,简称 ACS,https://pubs.acs.org/)成立于 1876 年,现已成为世界上较大的科技协会之一,其会员数超过 16.3 万。多年来,ACS 一直致力于为全球研究机构、企业及个人提供高品质的文献资讯及服务,在科学、教育、政策等领域提供了多方位的专业支持,成为享誉全球的科技出版机构。ACS 的期刊被 ISI《期刊引证报告》评为化学领域中引用次数最多的化学期刊。

6)英国皇家化学学会

英国皇家化学学会(Royal Society of Chemistry,简称 RSC,https://www.rsc.org/)是一个在国际上颇具权威的学术机构,是化学信息的一个主要传播机构和出版商。该学会成立于 1841 年,是一个由约 4.5 万名化学研究人员、教师、工业家组成的专业学术团体,出版的期刊及数据库一向是化学领域的核心期刊和权威性的数据库。RSC 期刊大部分被 SCI 收录,并且是被引用次数最多的化学期刊。目前通过 CALIS 服务器,可检索英国皇家化学学会出版的 23 种电子期刊的全文内容,大部分刊物的检索年代范围是从 1997 年至今。

7)美国化学工业网

美国化学工业网(http://www.chemindustry.com/)是一个全球性的化工及相关行业的专业分类搜索引擎,内容涵盖了化工行业的各个方面。其数据库经过精确编辑,拥有上百万个浏览页面,另外,还开发了实时供求信息和化学术语搜索,所有搜索均可以在中文、法文、德文和英文版面上实现。

4.医学网络信息资源

1)国家人口健康科学数据中心

国家人口健康科学数据中心(简称人口健康数据中心,NCMI,https://www.ncmi.cn/)是国家科技部和财政部认定的20个国家科学数据中心之一,属于国家科技基础条件平台下的科技资源共享服务平台,主管部门是国家卫生健康委员会。它承担国家人口健康领域科学数据整合汇交、审核、加工、保存、挖掘、认证和共享服务任务,保障人口健康领域科学数据的长期保存和持续管理。人口健康数据中心于2003年作为科技部科学数据共享工程重大项目立项,2004年4月正式启动,2010年通过科技部和财政部认定转为运行服务,面向全社会开放,提供数据资源支撑和共享服务。已集成涉及生物医学、基础医学、临床医学、药学、公共卫生、中医药学、人口与生殖健康等多方面的科学数据资源,还建立了十余项特色专题服务,为用户提供全方位、立体化的共享服务,为国家科技创新、政府管理决策、医疗卫生事业发展以及创新型人才培养和健康产业发展等提供了条件支撑。国家人口健康科学数据中心首页如图6-7所示。

图6-7 国家人口健康科学数据中心首页

2)医学新干线

医学新干线(http://www.yxxgx.com/)广泛地收集网址,并客观地挑选出各类网址中的精品奉献给大家,以权威的医学导航、专业的眼光、专注的态度为广大年轻人提供了快捷、有效的导航帮助,避免了使用搜索引擎时信息纷杂、良莠不齐的问题。

3)美国国家医学图书馆

美国国家医学图书馆(National Library of Medicine,简称NLM,https://www.nlm.nih.gov/)由美国联邦政府经营管理,是世界上最大的医学图书馆之一,其收藏包括700多万本医学和相关学科的书籍、期刊、技术报告、手稿、缩微胶卷、照片和影像,同时提供PubMed、MedlinePlus等几十种数据库供用户免费使用。美国国家医学图书馆首页如图6-8所示。

第 6 章 网络信息资源检索

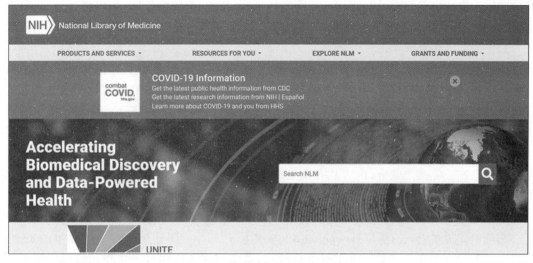

图 6-8　美国国家医学图书馆首页

5. 电子电工技术网络信息资源

1) 中国电工技术学会

中国电工技术学会(China Electrotechnical Society,简称 CES,http://www.ces.org.cn/)成立于 1981 年,是全国电工科学技术工作者和全国电工界的企事业单位自愿组成的、非营利性的学术性社会团体。中国电工技术学会的专业领域有：电工理论的研究与应用,电气技术的研究与开发,电力装备与电气产品的设计、制造,电气测试技术,电工材料与工艺,电气技术与电气产品在电力、冶金、化工、石化、交通、矿山、水工业、新能源等领域中的应用。其期刊有《电工技术学报》《电气技术》等。中国电工技术学会首页如图 6-9 所示。

图 6-9　中国电工技术学会首页

2) 中国电工网

中国电工网(https://www.chinaet.net/)是由国家科技部西南信息中心书刊事业部创

办的定位于中国电工行业的专业网站。网站以《电工技术》杂志为依托,提供新闻资讯、供求信息、电工论坛、《电工技术》(电子版)、网上书店、企业及产品数据库查询服务等。

3)中国电子信息产业网

中国电子信息产业网(http://www.cena.com.cn/)是由工业和信息化部主管、中国电子报社主办的电子信息产业权威门户网站。该网站读者定位于中央和地方电子信息产业主管领导,国内外电子信息企业投资者、经营者、管理者,国内外证券、金融、咨询等机构从业人员。

依托《中国电子报》丰富的媒体资源和深厚的政府背景,中国电子信息产业网全面覆盖了电子信息产业完整产业链,内容具有权威性、综合性和实用性。网站主要频道包括产业新闻、智能终端、软件服务、新型显示、信息通信、半导体等。

4)国际电工委员会

国际电工委员会(https://www.iec.ch/)成立于1906年,至今已有100多年的历史。它是世界上成立最早的国际性电工标准化机构,负责电气工程和电子工程领域的国际标准化工作。

6. 自动化、计算机技术网络信息资源

1)自动化网

自动化网(http://www.zidonghua.com.cn/)是自动化的行业门户网站,发布自动化领域信息。

2)赛迪网

赛迪网(http://www.ccidnet.com/)是中国领先的IT门户网站,致力于构建以互动媒体、增值服务和电子商务三大业务体系为支撑的一站式服务平台。赛迪网信息内容覆盖IT各个领域,无论是IT经理人、行业用户、IT专业人员、开发者、产品购买者,还是计算机学习者和使用者,都可以在赛迪网找到所需要的IT最新资讯。

3)IT专家网

IT专家网(https://www.techtarget.com.cn/)是一家专注于IT领域企业级高端市场,为IT专业技术人员和管理决策人员提供信息技术资源的IT专业媒体。在40多个特定的IT领域中,IT专家网提供的内容涵盖了目前最受企业IT部门关注的存储、安全、网络、数据库、数据中心等专业技术领域。

4)美国计算机协会

美国计算机协会(Association for Computing Machinery,简称ACM,https://www.acm.org/)创立于1947年,目前提供的服务遍及100余个国家,会员人数达80 000多,并于1999年起开始提供ACM Digital Library全文数据库服务,该库由iGroup Asia Pacific Ltd.(下称iGroup公司)代理。2002年10月21日,iGroup公司在清华大学图书馆建立了镜像服务器。ACM Digital Library全文数据库收录了各种电子期刊、会议录、快报等文献。

7. 建筑科学网络信息资源

1)在线建筑师

在线建筑师(http://www.architects.com.cn)面向对建筑学、建筑理论感兴趣的各界人士,探讨建筑理论、建筑技术、建筑产品。

2）Architecture Web Sites

Architecture Web Sites（https：//www.bc.edu/）由 Boston College 的 Jeffrey Howe 创建，是与建筑相关的资源的列表。

3）ADAM，the Art，Design，Architecture & MediaInformation Gateway

ADAM，the Art，Design，Architecture & MediaInformation Gateway（http：//adam.ac.uk）是关于艺术、设计、建筑和媒体的网络信息的网关，提供浏览和检索功能。

4）Architectureweek.com

Architectureweek.com（http：//www.architectureweek.com/）是关于建筑设计的综合性网站。

5）著名建筑物

著名建筑物（http：//www.greatbuildings.com/）由美国 Artifice 公司开发，是一个收集了世界上约 1000 座著名建筑物的详细文字信息和图像数据的网站。该网站包括所收录的建筑物的照片、建筑资料，以及建筑师信息和书目的链接。用户可以根据建筑物名称、建筑师姓名、地名进行特殊性检索，还可以检索 Artifice 公司的一系列建筑网站中的全文记录。此外，也可分别单击"建筑物""建筑师""地名"进行浏览，每个条目的具体内容包括照片、3D图片、设计者、坐落地点、建筑时间、所属类型、模式、当地气候、设计图，以及详细的文字说明。用户在下载了该网站提供的一个免费软件后，即可观看其中许多建筑物的立体图，检索方法简便。

8. 艺术、音乐、美术类网络信息资源

（1）Art on the Net。

Art on the Net（http：//www.art.net/）是 Internet 上的一个艺术家工作室，自 1994 年6 月起提供服务至今，现有 100 多位来自世界各地的艺术家在这里展示其作品，提供讨论园地等，这些艺术家包括诗人、音乐家、画家、雕塑家、数字艺术家、表演艺术家、动画艺术家等。

（2）Art History。

Art History（https：//www.thoughtco.com/art-history-4132955）是搜索引擎 about.com 下的艺术史专栏，是专题论文、艺术史类网络资源、讨论组等方面的网络资源目录，覆盖的主题包括艺术史综合栏、国家与文化研究、史前艺术、古代艺术、古典艺术、欧洲基督教艺术、文艺复兴艺术，以及前现代、现代与后现代艺术等。

（3）KUKE 数字音乐图书馆。

KUKE 数字音乐图书馆（http：//www.kuke.com/）于 2006 年 9 月正式建成发布。它是国内唯一一家专注于非流行音乐发展的数字音乐图书馆。

KUKE 数字音乐图书馆拥有 Naxos、Marco Polo、Countdown、AVC 等国外著名唱片公司的授权，同时整合了中国唱片总公司等国内唱片公司的资源。目前，该馆已经收藏了世界上 98% 的古典音乐，以及中国、美国、西班牙、日本、瑞士、南非、伊朗等多个国家独具特色的民族风情音乐，同时还包含爵士音乐、电影音乐、新世纪音乐等多种音乐类型，并且汇聚了从中世纪到现代 5000 多位艺术家的音乐作品，总计约 30 万首曲目。

KUKE 数字音乐图书馆除了有海量的唱片外，还有丰富的文字资料介绍，配备了详细的唱片介绍，提供歌剧故事大纲、作曲家及演奏家生平介绍等，以满足不同层次的音乐学习者和欣赏者的需求，深受国内外众多个人用户及院校机构的青睐。

(4)艺术百科。

艺术百科(http://www.artcyclopedia.com/)是一个提供艺术作品的综合性网站。它是根据世界上百余个大型艺术展览馆和博物馆网站中的所有艺术家的信息、图像档案的实体制作而成的网络数据库。

(5)互动美术网(http://www.arthd.com)。

(6)中国舞蹈网(https://www.chinadance.cn/)。

(7)舞蹈学院(https://wudao.la/)。

9. 历史类网络信息资源

1)中国国家博物馆

中国国家博物馆(http://www.chnmuseum.cn/)于 2003 年 2 月在原中国历史博物馆和中国革命博物馆两馆合并的基础上组建成立,隶属于中华人民共和国文化部,是集征集、收藏、研究、考古、文化交流于一体的综合性国家博物馆。

2)中国世界遗产网

中国世界遗产网(https://www.sinowh.org.cn/)旨在介绍中国著名的历史遗迹和文物景点。

3)中国历史文化遗产保护网

中国历史文化遗产保护网(http://www.wenbao.net)旨在保护中国文物,是一个强大的古器物、古文献、文化遗址搜索引擎。

4)浩学历史网

浩学历史网(http://www.hxlsw.com/)旨在介绍历史知识,包括历史人物、历史论文、历史文化、历史图片、历史研究、历史故事、历史小说。

10. 经济类网络信息资源

1)中国经济信息网

中国经济信息网(https://www.cei.gov.cn/)简称中经网,是国家信息中心联合有关部委和各省、市的信息中心建立起来的,以提供经济信息为主要业务的专业性信息服务网站,于 1996 年 12 月 3 日正式开通。中经网继承了国家信息中心在长期经济信息工作中所积累的信息资源和信息分析经验,并将这些信息资源和信息分析经验发展成为丰富的网上信息,为政府部门、企业集团、金融机构、研究机构及海外投资者提供网络经济信息服务。中经网在地理上覆盖全国,连接了全国 150 多个城市的地方经济信息网,逻辑上连接各部委和各省、市信息中心,是国家经济信息系统骨干网的一部分,也是国际 Internet 的接入网。中经网首页如图 6-10 所示。

2)中国宏观经济信息网

中国宏观经济信息网(http://www.macrochina.com.cn/)是由中国宏观经济学会、中宏基金等机构共同发起的宏观经济专业网站。中国宏观经济研究院、中国宏观经济学会、中国宏观经济信息网联合创建了中宏数据库。

11. 法律类网络信息资源

(1)国信中国法律网。

国信中国法律网(http://www.ceilaw.com.cn/)的数据库由国家信息中心开发部法规

第 6 章 网络信息资源检索

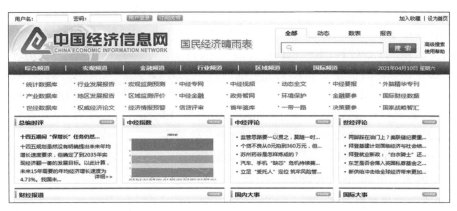

图 6-10 中经网首页

信息处提供，共有新法规联机查询、国家法规数据库、法律理论专刊、人民法院报特辑、律师事务所名录等五个栏目。新法规联机查询每月公布一期新的法规目录，内含当月收集的法律法规的名称、简介和法规正文等，并随时补充新的法规。国家法规数据库内容包括自新中国成立以来全国人大法律、国务院行政法规、最高人民法院和最高人民检察院司法解释、国务院各部委规章、各地人大法规和政府规章、我国签订的国际条约和公约等。法律理论专刊包括由国家信息中心聘请的法律界专家、专业工作者对公众关心的法律问题进行的解释和评论，以及对新颁布的法律法规及规章所做的全面、系统的介绍。人民法院报特辑精选人民法院报上部分优秀文章。律师事务所名录可以为网络用户和律师建立联系。国信法律网首页如图 6-11 所示。

图 6-11 国信法律网首页

(2) 法制网。

法制网（http://www.legaldaily.com.cn/）是由中国社科院法学研究所设立、建设和管理的法学专业网站，旨在拓展法学研究所及其员工存在和发展的虚拟空间，展示科研成果，传播法学信息，提供法律服务，开展在线法学教育，引导网上法学研究和交流活动。

(3)北大法律信息网。

北大法律信息网(http://www.chinalawinfo.com/)是由北京大学法制信息中心制作及维护的专业法律ICP(网络内容提供商)。

北大法律信息网是依靠北京大学法学院的知识优势,以及北大英华公司雄厚的资金和技术实力,由北大英华公司和北大法制信息中心共同创办的大型综合性网站,网站的内容包括常用法律、案例要览、最新立法、法律咨询、律师名录、司法机构、法律教育、法学研究、法律社区、法律新闻、北大法律周刊、中国法律法规大全数据等。

(4)中国法律信息网(http://law1.law-star.com/)。

(5)中国法学网(http://iolaw.cssn.cn/)。

12. 教育学网络信息资源

1)中国教育和科研计算机网

中国教育和科研计算机网(http://www.edu.cn/)于1994年11月创建,是由国家投资建设,教育部负责管理,清华大学等高等学校承建和管理的全国性学术计算机互联网络。

2)中国教育网

中国教育网(http://www.chinaedunet.com/)是由教育部信息中心建立的一个中国教育综合信息网站,是国内最有影响力的教育领域宣传站点。

3)中国教育在线

中国教育在线(https://www.eol.cn/)是一个以教育及娱乐内容为主的综合信息服务平台。

4)新思考网

新思考网——中国教育资源服务平台(http://www.cersp.com/)是由教育部基础教育课程教材发展中心指导建立的一个综合性教育资源网站。该网站内容丰富,且该网站的所有文章均可免费下载全文。

5)Study in the USA

Study in the USA (https://studyusa.com/)是专门为国际学生服务的教育指南,可通过字母和地理位置搜寻美国大学的信息。

13. 地球科学网络信息资源

1)中国科学院资源环境科学与数据中心

中国科学院资源环境科学与数据中心(http://www.resdc.cn/)下设中心本部和9个分中心,通过网络结构体系将分布在全国的与资源环境数据相关的14个主要研究所整合形成一个科学数据集成与共享平台。中国科学院资源环境科学与数据中心将成为国家资源环境科学数据的系列产出及数据的科学再加工与集成平台、陆地表层系统科学的数值研究平台、资源环境科学数据的综合应用示范平台。它是国家电子政务系统的资源环境科学信息核心节点,也是国家资源环境科学数据与信息的国际合作窗口。

中国科学院资源环境科学与数据中心全面支持我国资源环境科学研究,大力提升陆地表层系统科学的知识创新能力,满足国家对可持续发展战略决策信息的迫切需求。中国科学院资源环境科学与数据中心首页如图6-12所示。

图 6-12 中国科学院资源环境科学与数据中心首页

2）大气科学专业数据库

大气科学专业数据库（http://www.atmosphere.csdb.cn）是由中国科学院大气物理研究所建设并维护的专业科学数据库，由中国科学院科学数据库及其应用系统项目提供支持，提供有关大气环境的科学数据及资料。库内包括相关的元数据库、文献库，以及空间数据、图形软件等内容，使用库内资料前必须先进行用户注册。

3）中国土壤数据库

中国土壤数据库（http://vdb3.soil.csdb.cn/）是由中国科学院南京土壤研究所承建的科学数据库，提供该研究所几十年来积累的有关土壤资源、土壤分类、土壤环境质量、氮磷钾养分循环、区域农田生态研究的数据和成果。本网站提供的内容包括土壤分类数据库、1∶400万土壤空间数据库、1∶100万土壤空间数据库、中国土种数据库、土壤质量动态监测数据库、土壤科普数据库和区域农田生态研究数据库。本网站还提供元数据查询服务。

4）中国海洋信息网

中国海洋信息网（http://www.nmdis.org.cn/）是提供海洋信息服务的专业网站，由国家海洋信息中心主办。

5）大地测量学和地球科学导航

大地测量学和地球科学导航（https://www.iers.org）由国际地球自转服务（IERS）创建，它提供了众多关于大地测量学和地球科学方面的链接信息。IERS由国际天文联合会、国际大地测量学和地球物理学协会创建。其宗旨是为天文学、大地测量学和地球物理学研究的组织提供服务，包括研究工具系统和科学标准等。

6）"about"搜索引擎地理学专栏

"about"搜索引擎地理学专栏（http://geography.about.com）收录了大量网站链接，包括各类地图、基础知识信息、各国地理、自然地理、人文地理，以及各分支学科，诸如人口、测绘、灾难、气象气候、教育、信息系统等,内容丰富,具有较高的参考价值。

7) 美国国家地球物理数据中心

美国国家地球物理数据中心(https://www.ngdc.noaa.gov/)是美国的国家商务部、国家海洋和大气管理局、国家环境信息服务处合作的三个数据中心之一,拥有300多个数据库,其中部分提供免费服务。

8) 从天空看地球

从天空看地球(Earth From Space, http://earth.jsc.nasa.gov)是美国国家航空航天局(NASA)的宇宙飞船太空观察站图片数据库,除了图片外,还配有大量的文字说明、背景故事等,既有学术价值,又富有科普意义。

14. 综合性网络信息资源

1) 中国高等教育文献保障系统

中国高等教育文献保障系统(China Academic Library & Information System, CALIS)从1998年11月正式启动建设。至2012年,建成以CALIS联机编目体系、CALIS文献发现与获取体系、CALIS协同服务体系和CALIS应用软件云服务(SaaS)平台等为主干,各省级共建共享数字图书馆平台、各高校数字图书馆系统为分支和叶节点的分布式"中国高等教育数字图书馆"。目前注册成员馆逾1800家,覆盖除台湾省外中国31个省(自治区、直辖市)和港澳地区,成为全球最大的高校图书馆联盟。中国高等教育文献保障系统网站如图6-13所示。

图6-13 中国高等教育文献保障系统网站

2) 国家科技图书文献中心

国家科技图书文献中心(National Science and Technology Library,简称NSTL,https://www.nstl.gov.cn/)是根据国务院领导的批示,于2000年6月12日组建的一个虚拟的科技文献信息服务机构,成员单位包括中国科学院文献情报中心、工程技术图书馆(中国科学技术信息研究所、机械工业信息研究院、冶金工业信息标准研究院、中国化工信息中心)、中国农业科学院图书馆、中国医学科学院图书馆。国家科技图书文献中心首页如图6-14所示。

3) 中华人民共和国国家统计局网站

中华人民共和国国家统计局网站(http://www.stats.gov.cn/)能及时、准确地发布最

图 6-14　国家科技图书文献中心首页

新、最全面的统计信息,提供统计公报、统计数据、统计法规、统计机构、统计分析、统计管理、统计知识、统计标准、统计动态、统计制度等信息的检索。

4）ISIHighlyCited.com

ISIHighlyCited.com（http://isihighlycited.com）是美国科学信息研究所针对论文作者进行引文分析评价的产物,它收集了世界上被引用最多和最有影响力的科学家的研究成果和个人信息,是一个以科学家为信息组织单元的专业门户网站,具有很高的学术价值。ISIHighlyCited.com 设置有 Agricultural Sciences（农业科学）、Biology & Biochemistry（生物学和生物化学）、Chemistry（化学）、Clinical Medicine（临床医学）、Computer Science（计算机科学）、Ecology/Environment（生态学/环境科学）、Economics/Business（经济学/商业）、Engineering（工程技术）等 21 个学科类目。目前提供互联网上的免费服务。

6.2.4　开放存取资源

开放存取（open access,简称 OA）作为一种全新的学术交流和出版模式,近年来受到全球出版界、学术界和图书馆界的广泛关注,被认为是网络时代学术出版发展的必然趋势。

美国科学信息研究所对"开放存取"下了一个简单的定义：任何经由同行评议的电子期刊,以免费的方式提供给读者或机构取用、下载、复制、打印、发行或检索文献。作者可保有著作权,但在出版前需付一定费用给出版社。

与传统学术出版相比,开放存取出版模式是一种"作者付费出版,读者免费使用"的模式,即作者需要为自己将要出版的学术研究支付一定的出版费用,并且免费提供给读者使用。

1. HighWire Press

HighWire Press（https://highwirepress.com/）是全球较大的提供免费全文的学术文献出版商之一,于 1995 年由美国斯坦福大学图书馆创立,提供高质量、经同行评议的网络期刊。目前 HighWire Press 已收录电子期刊 700 余种,文章总数已达 230 多万篇,其中约有 77 万篇文章可免费获得全文,收录期刊包括生命科学、医学、物理学、社会科学等。HighWire Press 首页如图 6-15 所示。

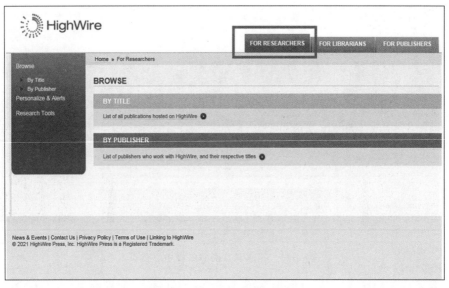

图 6-15　HighWire Press 首页

2. BioMed Central

BioMed Central(简称 BMC,https://www.biomedcentral.com/)是一家独立的专门刊登生物医学研究方面的开放存取刊物的网站。它收录的期刊都是通过了严格的同行评审的,目前共出版了 205 种生物医学期刊,涵盖生物学和医学的各个主要领域。BioMed Central 首页如图 6-16 所示。

图 6-16　BioMed Central 首页

3. Public Library of Science

Public Library of Science(简称 PLOS,https://plos.org)是一家致力于推动全球科技和医学领域文献的公开获取的非营利性组织。目前,PLOS 共出版了 7 种生命科学与医学领域的开放存取期刊,向所有读者免费开放。

第 6 章 网络信息资源检索

4. Institute of Electrical and Electronics Engineers

Institute of Electrical and Electronics Engineers（简称 IEEE，https：//ieeexplore.ieee.org）是一个非营利性组织，是国际著名专业技术协会的发展机构，目前已收录了 140 万篇在线文献，每年组织 300 多次专业会议，其首页如图 6-17 所示。

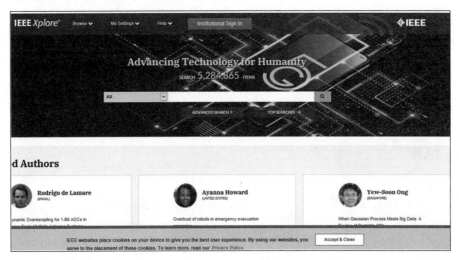

图 6-17　IEEE 首页

5. Journal Storage

Journal Storage（简称 JSTOR，https：//www.jstor.org/）是一个对过期期刊进行数字化的非营利性机构，于 1995 年 8 月成立。目前，JSTOR 的全文库是以政治学、经济学、哲学、历史等人文社会学科主题为中心，兼有一般科学性主题，共 29 个领域的代表性学术期刊的全文库，其首页如图 6-18 所示。

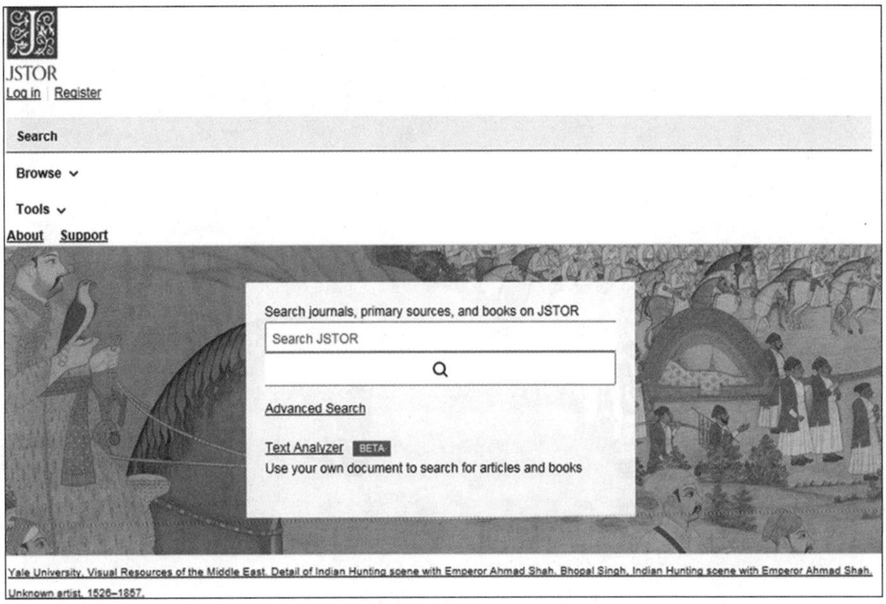

图 6-18　JSTOR 首页

6. arXiv. org

arXiv. org (https://arxiv.org/)预印本服务系统是基于学科的开放存取仓储,旨在促进科学研究成果的交流与共享。目前包含物理学、数学、非线性科学、计算机科学和量化生物等五个学科的预印本文献。arXiv. org 首页如图 6-19 所示。

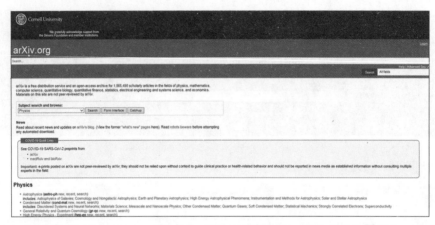

图 6-19　arXiv. org 首页

7. 中国科技论文在线

中国科技论文在线(http://www.paper.edu.cn/)是经教育部批准,由教育部科技发展中心主办的科技论文网站,它利用现代信息技术手段,免去传统的评审、修改、编辑、印刷等程序,给科研人员提供方便、快捷的交流平台,提供及时发表成果和新观点的有效渠道,从而使新成果得以及时推广,科研创新思想得以及时交流,其首页如图 6-20 所示。

图 6-20　中国科技论文在线首页

8. MIT 机构收藏库

MIT 机构收藏库(http://dspace.mit.edu/)是使用 DSpace 开源软件开发的一个数字化成果存储与交流知识库,收录有教学科研人员和研究生提交的论文(包括已发表和待发表的论文)、研究与技术报告和演示稿全文等。MIT 机构收藏库首页如图 6-21 所示。

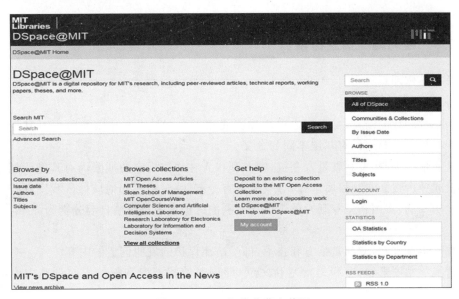

图 6-21 MIT 机构收藏库首页

9. Socolar

Socolar(http://www.socolar.com/)是由中国教育图书进出口公司对世界上重要的 OA 期刊、OA 资源进行全面收集、整理和统一检索,开发的 OA 资源一站式检索服务平台项目,旨在为用户提供 OA 资源的一站式检索服务,检索时要先进行注册。Socolar 首页如图 6-22 所示。

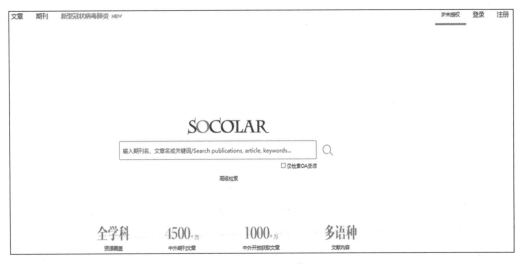

图 6-22 Socolar 首页

10. 其他 OA 资源

其他 OA 资源还有 PubMed Central(https://www.ncbi.nlm.nih.gov/)、Free Full-Text Journals in Chemistry (http://www.abc.chemistry.bsu.by/current/fulltext.htm)、计算机科学研究报告和论文(http://www.ncstrl.org)、Social Science Research Network (https://www.ssrn.com/)。

6.2.5 专利网络资源检索

1. 专利基础知识

1)专利的含义

专利是专利权的简称,是指国家以法律形式授予专利权人在法定期限内对其发明创造享有的专有权。专利一词有三层不同的含义。

从法律角度来看,专利就是专利权,即专利权人在法律规定的期限内对其发明创造享有的专有权或独占权。专利权属于知识产权,具有专有性、时间性和地域性。我国现行专利法规定的发明专利、实用新型专利及外观设计专利的保护期限自申请日起分别为 20 年、10 年、10 年。

从技术角度来看,专利是指专利技术,即受法律保护的发明创造的内容。

从情报学角度来看,专利是指专利文献,即记载着授予专利权的发明创造内容的公开文献。

2)授予专利权的条件

一项发明被授予专利权的条件是:申请的发明创造不违反国家法律、社会公德,不妨害公共利益,具有新颖性、创造性和实用性。

新颖性是指在申请日以前没有同样的发明创造在国内外出版物上公开发表过、在国内公开使用过或者以其他方式为公众所知,也没有同样的发明创造由他人向国家知识产权局提出过专利申请,并记载在申请日以后公布的专利申请文件中。判断发明或实用新型是否具有新颖性完全依赖于现有技术这一客观标准。现有技术是指在某一时间以前,在特定的地域或情报范围内已公开的技术的总和。如果一项发明或实用新型不是现有技术的组成部分,那么它就是新颖的。

创造性是指同申请日以前已有技术相比,该发明有突出的实质性特点和显著的进步,该实用新型有实质性特点和进步。

新颖性主要侧重判断某一技术是否是前所未有的,而创造性侧重判断的是某一技术是否有突出的实质性特点和显著的进步。

实用性是指该发明或者实用新型能够制造或者使用,并且能够产生积极效果。实用性要求发明或实用新型必须具有在工业上多次再现的可能性,否则就不可能在工业上得到广泛的应用。

专利法规定的不授予专利权的内容或技术领域有科学发现、智力活动的规则和方法、疾病的诊断和治疗方法、动物和植物品种、用原子核变换方法获得的物质。

2. 专利文献的作用

专利文献是指专利申请文件经国家主管专利的机关依法受理、审查合格后,定期出版的各种官方出版物的总称。我国的专利文献,从狭义上讲是指由国务院专利行政部门公布的专利说明书和权利要求书;从广义上讲,专利文献还包括说明书摘要、专利公报、与专利有关的法律文件等。

1) 专利性检索

一方面,一项新发明在申请专利之前,需进行专利检索,以便更清楚地了解该发明是否具有新颖性和创造性,从而对是否申请专利做出决策。另一方面,有了创新成果,必须要用专利手段通过专利检索,查询、确认、申请专利后,才能使发明或实用新型安全地进入市场,产生财富,并获得有力的法律保护。

2) 侵权检索

任何一个单位或个人在从事新课题的研究之前,应当查阅专利文献,了解是否有侵权的危险,避免盲目从事研究。另外,企业在向国外出口产品时,应该进行专利文献检索,以判断是否会造成侵权。还有,当被控告侵犯他人专利权时,也应对有关的专利文献进行仔细研究,以判断是否真的侵权。

3) 开发新产品、解决技术问题检索

专利文献记载着技术发明的详细内容,是很有价值的技术信息,是研究高新技术和开发新产品的重要依据。通过专利检索,可以知道人们现在已解决了的问题,运用和借鉴已有成果,避免重复研究;同时,也可发现他人的研究存在的不足。

4) 技术引进前的检索

在技术引进工作中,对拟引进的技术或设备,应通过专利文献检索了解有关技术的先进程度(是哪个年代的水平,是否申请了专利,专利权是否有效等),以便切实掌握情况,避免上当吃亏。

5) 技术评估与预测的检索

通过检索专利文献,可了解和掌握国内外科技发展水平和动态,这对于确定技术攻关项目和方向及科研课题的立项、开题来说,是不可缺少的程序。把同一技术领域不同时间的专利信息联系起来进行分析研究,可了解该技术领域的现状与发展动向,有助于找到新技术的突破口,确定相应对策。

6) 市场预测的检索

通过查阅专利文献还可以了解有关专利的拥有者及有关国家、地区、经济实体的技术储备状况,分析和研究市场趋势,洞察市场未来走向,以便为开展业务活动和开拓新市场提供技术信息和依据,帮助企业进行经营决策。

3. 国际专利分类法

目前,许多国家普遍采用的分类表是《国际专利分类表》(IPC)。虽然英、美等少数国家仍在采用自己的专利分类表,但在其专利文献及相应的检索工具的著录中都同时注有国际专利分类号。

《国际专利分类表》于1968年正式出版并使用,每五年修订一次,以适应新技术发展的需要,目前已普及至50多个国家和专利组织。在使用《国际专利分类表》时,要用与所查专利年代相应的分类表版本。如检索1993年的专利文献要使用第五版分类表。《国际专利分类表》被简写成"Int.cl",加在所有的根据分类表分类的专利文献的分类号前面。IPC采用功能(发明的基本作用)和应用(发明的用途)相结合、以功能为主的分类原则。IPC 具体的分类内容可从中华人民共和国国家知识产权局(以下简称"国家知识产权局")网站(https://www.cnipa.gov.cn/)上查询。

IPC 采用等级形式,将技术内容按部(section)、分部(subsection)、大类(class)、小类(subclass)、主组(main group)、分组(subgroup)逐级分类,形成完整的分类体系。

1)部

IPC 将全部科学技术领域分成八个部,用英文大写字母 A 至 H 表示。

A 部:人类生活必需。

B 部:作业;运输。

C 部:化学;冶金。

D 部:纺织;造纸。

E 部:固定建筑物。

F 部:机械工程;照明;加热;武器;爆破。

G 部:物理。

H 部:电学。

2)分部

部的下面设分部,分部只有标题,没有类号。如 B 部下设有分离、混合,成型,印刷,交通运输微观结构技术、纳米技术等几个分部。

3)大类

每一个部按不同的技术领域分成若干个大类,每一个大类的类号由部的类号及在其后加上的两位阿拉伯数字组成,如 B02、D03 等。

4)小类

每一个大类包括一个或多个小类,每一个小类类号由大类类号加上一个英文大写字母组成(A、E、I、O、U、X 六个字母除外)。

5)组

每一个小类细分成许多组,包括主组和分组。主组类号由小类类号加上 1~3 位数字,后再加/00 来表示,如 F01N3/00。分组类号由主组类号加上一个除 00 以外的至少有两位的数组成,即用斜线后面的 2~5 位数字表示。分组是主组的展开类目。斜线后的数字在分类表中不表示任何进一步细分类的等级关系。

国际专利分类号由五级号组成,五级以下的各级分组,类号按顺序制编号,其类目的级别用类名前的圆点(.)表示。

国家知识产权局提供了《国际专利分类表》最新版的免费查询和下载功能,路径为:专题—文献服务—知识园地—标准与分类—IPC。

4. 中国专利文献基础知识

《中华人民共和国专利法》(简称《专利法》)于 1984 年 3 月 12 日由第六届全国人大常委会第四次会议通过,并于 1985 年 4 月 1 日起开始实施。我国将发明、实用新型、外观设计的保护规定在一部法律中,都称为专利,这是我国《专利法》立法体制的特色之一。为了便于对中国专利文献的管理和检索,中国专利文献进行了如下的编号。

申请号——在提交专利申请时给予的一个标识号码。

专利号——在授予专利权时给予该专利的一个标识号码。

公开号——对发明专利申请公开说明书的一个标识号码。

审定号——对发明专利申请审定说明书的一个标识号码。

公告号——对实用新型专利申请说明书的一个标识号码,或对公告的外观设计专利申请说明书的一个标识号码。

授权公告号——对发明专利说明书的一个标识号码,对实用新型专利说明书的一个标识号码,或对公告的外观设计专利说明书的一个标识号码。

中国专利文献的编号体系分为四个阶段:1985 年至 1988 年为第一阶段,1989 年至 1992 年为第二阶段,1993 年至 2004 年 6 月 30 日为第三阶段,2004 年 7 月 1 日以后为第四阶段。中国专利文献的编号体系第四阶段的具体编号如表 6-1 所示。

表 6-1　2004 年 7 月 1 日以后的中国专利文献编号体系(第四阶段)

专利申请类型	申　请　号	公　开　号	授权公告号	专　利　号
发明专利	200310102344.5	CN100378905A	CN100378905B	ZL200310102344.5
指定中国的发明专利的 PCT 国际申请	200380100001.3	CN100378906A	CN100378906B	ZL200380100001.3
实用新型专利	200320100001.1		CN200364512U	ZL200320100001.1
指定中国的实用新型专利的 PCT 国际申请	200390100001.9		CN200364513U	ZL200390100001.9
外观设计专利	200330100001.6		CN300123456S	ZL200330100001.6

为了满足专利申请量急剧增长的需要和适应专利申请号升位的变化,国家知识产权局制定了新的专利文献号标准,并且从 2004 年 7 月 1 日起启用新标准的专利文献编号。对此阶段的编号说明如下。

(1)三种专利的申请号由 12 位数字和 1 个圆点(.)及 1 个校验码组成,按年编排,如 200310102344.5。其前四位表示申请年份;第五位数字表示要求保护的专利申请类型(1——发明专利,2——实用新型专利,3——外观设计专利,8——指定中国的发明专利的 PCT 国际申请,9——指定中国的实用新型专利的 PCT 国际申请);第六位至第十二位数字(共 7 位数字)表示当年申请的顺序号,然后用一个圆点(.)分隔专利申请号和校验码;最后一位数字是校验码。

(2)自 2004 年 7 月 1 日开始出版的所有专利说明书文献编号均由表示中国国别代码的字母串 CN 和 9 位数字,以及 1 个字母或 1 个字母加 1 个数字组成。其中,字母串 CN 以后的第一位数字表示要求保护的专利申请类型(1——发明专利,2——实用新型专利,3——外观设计专利),在此应该指出的是"指定中国的发明专利的 PCT 国际申请"和"指定中国的实用新型专利的 PCT 国际申请"的文献号不再另行编排,而是分别归入发明或实用新型一起编排;第二位至第九位数字为流水号,三种专利按各自的流水号序列顺排,逐年累计;最后一个字母表示专利的法律状态。

5. 专利文献检索

1)国家知识产权局

国家知识产权局网站(http://www.cnipa.gov.cn/)收录了 1985 年以来所有的发明专

利、实用新型专利和外观设计专利,并提供 100 页以内的专利说明书的免费下载功能,是我国较权威的中国专利检索系统。国家知识产权局网站提供了申请号、申请日、公布(公告)号、公布(公告)日、发明名称、IPC 分类号、申请(专利权)人、发明(设计)人、优先权号、优先权日、摘要、权利要求、说明书、关键词等检索入口。国家知识产权局专利公布公告(http://epub.cnipa.gov.cn/)检索界面如图 6-23 所示。

图 6-23 国家知识产权局专利检索及分析系统界面

2)中国专利信息网

中国专利信息网(https://www.patent.com.cn/)是国家知识产权局专利检索咨询中心用于提供专利信息服务的综合性网络平台,该网站于 1997 年 10 月建立,是国内较早提供专利信息服务的网站,具有中国专利文摘检索、中国专利英文文摘检索,以及中文专利全文下载功能,并采用会员制管理方式向社会公众提供网上检索、网上咨询、邮件管理等服务。中国专利信息网首页如图 6-24 所示。

图 6-24 中国专利信息网首页

3) 中国知识产权网

中国知识产权网(http://www.cnipr.com/)是由国家知识产权局知识产权出版社在政府的支持下,于1999年6月10日创建的知识产权类专业性网站,集资讯、专利信息产品与服务于一体,重点为国内外政府机构、企业、科研机构等提供专业、全面的服务平台,其专利检索界面如图6-25所示。

图6-25　中国知识产权网专利检索界面

4) 美国专利商标局

美国专利商标局(United States Patent and Trademark Office,简称 USPTO)是美国政府参与的一个非商业性联邦机构,至今已有200多年的历史,主要服务内容是办理专利和商标及传递专利和商标信息。

为了方便用户快捷地获取美国专利文献,USPTO 在 Internet 上开设了网络数据库 Patent Full-Text and Full-Page Image Databases,网址为:http://www.uspto.gov/patft。

在美国专利商标局网站上,可以免费检索美国1790年以来出版的所有授权的美国专利说明书(patent grants)扫描图形(其中1976年以后的说明书实现了全文代码化)和2001年3月15日以后所有公开(未授权)的美国专利申请说明书(patent applications)扫描图形。数据库数据每周公开日(周二)更新,以补充最新的专利文献。

美国专利商标局网站提供的专利数据库有左栏的授权专利数据库和右栏的公开专利申请(尚未授权)数据库,如图6-26所示。

美国专利商标局网站提供"Quick Search"(快速检索)、"Advanced Search"(高级检索)和"Number Search"(专利号检索)三种检索方式,用户可根据课题已知条件来选择检索方式。美国专利数据库检索项字段代码如表6-2所示。

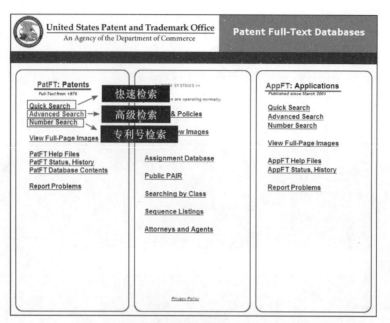

图 6-26　美国专利商标局网站首页

表 6-2　美国专利数据库检索项字段代码

字段代码	字段全称
PN	Patent Number（专利号）
ISD	Issue Date（公布日期）
TTL	Title（专利名称）
ABST	Abstract（摘要）
ACLM	Claim(s)（权利要求）
SPEC	Description/Specification（说明书）
CCL	Current US Classification（当前美国专利分类）
ICL	International Classification（国际专利分类）
APN	Application Serial Number（申请号）
APD	Application Date（申请日期）
PARN	Parent Case Information（母案申请信息）
RLAP	Related US App. Data（有关美国专利申请的数据）
REIS	Reissue Data（再版数据）
PRIR	Foreign Priority（国外优先权）
PCT	PCT Information（PCT 信息）
APT	Application Type（申请类型）
IN	Inventor Name（发明人姓名）

续表

字段代码	字段全称
IC	Inventor City（发明人所在城市）
IS	Inventor State（发明人所在州）
ICN	Inventor Country（发明人所在国家）
LREP	Attorney or Agent（代理人或代理机构）
AN	Assignee Name（受让人姓名）
AC	Assignee City（受让人所在城市）
AS	Assignee State（受让人所在州）
ACN	Assignee Country（受让人所在国家）
EXP	Primary Examiner（主要审查员）
EXA	Assistant Examiner（助理审查员）
REF	Referenced By（被引用信息）
FREF	Foreign References（国外参考文献）
OREF	Other References（其他参考文献）
GOVT	Government Interest（政府利益）

单击题录页面的"Images"按钮，即可进入专利说明书页面。

5）欧洲专利局

欧洲专利局（European Patent Office，简称 EPO，https://www.epo.org/）于1973年在德国慕尼黑成立，其主要职能是统一协调欧洲各国的专利法，建立一个从申请到授权一体化的专利制度，更好地开发和利用专利信息资源。截至目前，欧洲专利组织成员国已达30多个。

为了向全人类推广欧洲专利信息，拓宽传播渠道，满足用户需求，欧洲专利局及其成员国携手共建了一个名为 Espacenet 的网站，开辟了世界利用欧洲专利信息的新时代。

Espacenet 网站主页左半部分提供了3种检索方式："Smart search"（智能检索）、"Advanced search"（高级检索）和"Classification search"（分类检索），如图6-27所示。

在"Advanced search"检索中，网站提供了10种检索字段：Keyword(s) in Title（发明名称中的关键词）、Keyword(s) in Title or Abstract（发明名称或摘要中的关键词）、Publication Number（公开号）、Application Number（申请号）、Priority Number（优先权号）、Publication Date（公开日）、Applicant(s)（申请人）、Inventor(s)（发明人）、European Classification（ECLA，欧洲专利分类号）、International Patent Classification（IPC，国际专利分类号）。

通过欧洲专利局网站的专利号检索，可以免费查找同族专利。通过专利号检索后，在该专利详细信息页面，单击"View INPADOC patent family"，就会列出全部的同族专利。

6）日本专利特许厅网站

日本专利特许厅网站（https://www.jpo.go.jp/）的英文和日文两种版本已将自1885

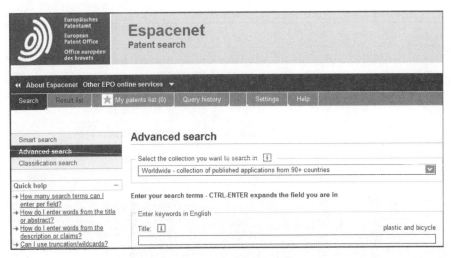

图 6-27　Espacenet 网站首页

年以来公布的所有日本专利、实用新型和外观设计电子文献及检索系统,通过其网站上的工业产权数字图书馆(IPDL)在因特网上免费提供给全世界的用户。在日本专利特许厅网站首页单击"Industrial Property Digital Library"即可进入工业产权数字图书馆英文版界面,进行日本专利检索。日本专利特许厅日文版首页如图 6-28 所示。

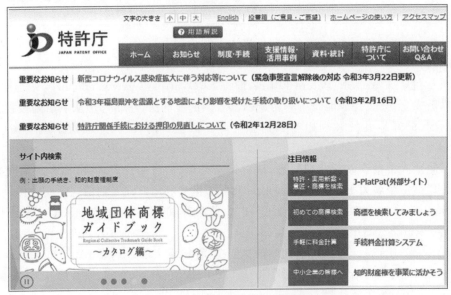

图 6-28　日本专利特许厅日文版首页

日本专利文献的三种申请号均有固定格式,按年编号。其中,第一个字表示申请种类:"特"表示发明,"实"表示实用新型,"意"表示外观设计。第二个字"愿"表示申请。第三个字和破折号前的数字组合是用日本纪年表示的申请年代,与公元年的换算关系为:明治年(M)＋1867＝公元年,大正年(T)＋1911＝公元年,昭和年(S)＋1925＝公元年,平成年(H)＋1988＝公元年。自 2000 年后,申请年代改为公元年,其他含义不变,如表 6-3 所示。

表 6-3　日本专利文献申请号编号体系

申 请 类 型	申请号格式	2000 年前	2000 年后
发明专利申请	种类＋申请＋年代＋当年序号	特願平 3-352420	特願 2000-1234
实用新型专利申请		実願平 6-289	実願 2000-2356
外观设计专利申请		意願平 6-2365	意願 2000-4728

7) 世界知识产权组织网站

世界知识产权组织官方网站(https://www.wipo.int/,见图 6-29)提供了可供检索的网上免费数据库,通过该数据库可以检索 PCT 申请公开、工业品外观设计、商标和版权的相关数据。

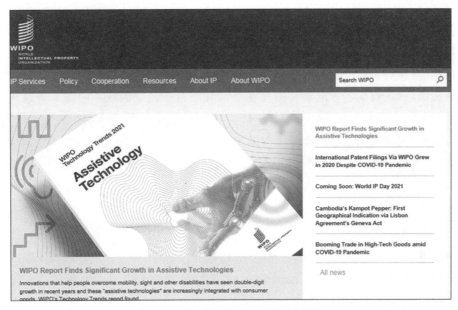

图 6-29　世界知识产权组织网站首页

世界知识产权组织专利检索系统(http://patentscope.wipo.int/search/en)提供简单检索、高级检索、域组合检索和跨语种检索四种检索方式。

通过世界知识产权组织专利检索系统,可以查看一项专利在 PCT 其他成员国申请专利的情况。在检索过程中,单击"National Phase",可以得到该世界专利申请进入国家阶段后的相关信息。

6.2.6　标准网络资源检索

标准一般以科学、技术和经验的综合成果为基础,以促进最佳社会效益为目的。它不仅是从事生产、建设工作的共同依据,而且是国际贸易合作、商品质量检验的依据。

1. 标准概述

1) 标准的定义

从狭义上讲,标准是指按规定程序制定,经公认权威机构(主管机关)批准的一整套在特定范围内必须执行的规格、规则、技术要求等规范性文献;从广义上讲,标准是指与标准化工作有关的一切文献,包括标准形成过程中的各种档案,宣传推广标准的手册及其他出版物,揭示报道标准文献信息的目录、索引等。总而言之,标准是技术标准、技术规范和技术法规的总称。

现代标准产生于20世纪初,1901年英国成立了第一个全国性标准化机构,同年世界上第一批国家标准问世。此后,美、法、德、日等国相继建立了全国性标准化机构,出版了各自的标准。中国于1957年成立国家标准局,次年颁布第一批国家标准(GB)。国际标准化机构中最重要、影响最大的是1947年成立的国际标准化组织(ISO)和1906年成立的国际电工委员会(IEC),它们制定或批准的标准具有广泛的国际影响力。

2)标准的类型

(1)按使用范围划分。

国际标准:国际通用的标准,主要有ISO标准、IEC标准等。

区域标准:世界某一区域通用的标准,如欧洲标准等。

国家标准:由国家标准化机构颁布的标准,如我国国家标准。

行业标准:对没有国家标准而又需要在全国某个行业范围内统一的技术要求所制定的标准。

地方标准:对没有国家标准和行业标准而又需要在省(市、自治区)范围内统一工业产品的安全、卫生等要求所制定的标准。

企业标准:对企业的生产和管理具有重要意义而又需要在企业范围内协调统一的事物所制定的标准。

(2)按性质划分。

技术标准:包括基础标准、产品标准、方法标准等。

管理标准:包括技术管理标准、生产组织标准、经济管理标准、工作标准等。

(3)按标准的成熟度划分。

强制性标准:国家要求必须强制执行的标准,即标准所规定的内容必须执行,不允许以任何理由或方式加以违反、变更。我国强制性国家标准代号为GB。

推荐性标准:国家鼓励自愿采用的、具有指导作用而又不宜强制执行的标准。我国推荐性国家标准代号为GB/T。

对于强制性标准,国家要求"必须执行";对于推荐性标准,国家鼓励企业"自愿采用"。

2. 标准检索

一般来说,标准主要有使用标准号检索、使用标准名称检索和使用标准分类号检索三种检索方法,其中使用标准号检索是最常用的方法,但需要预先知道标准号,而我们在检索标准文献时有时并不知道明确的标准号,只知道一个名称,这样就需要用其他方法,如使用标准名称进行检索。标准名称检索有一个明显的优势,即只要输入标准名称中的任意有关词,就可以找到所需的标准,但前提是检索词要规范,否则就要使用标准分类号进行检索。

1)国家标准化管理委员会

国家标准化管理委员会(http://www.sac.gov.cn/)提供中、英文两个版本的国家标准检索,并有 ISO、IEC 国际标准化组织的超链接。在页面导航栏中选择办事服务—标准服务平台—国家标准目录查询,即可进入国家标准检索界面。另外,该网站还提供中华人民共和国强制性标准原文的检索。国家标准化管理委员会网站首页如图 6-30 所示。

图 6-30　国家标准化管理委员会网站首页

2)标准网

标准网(http://www.standardcn.com/)是由国家发展和改革委员会产业协调司主管,机械科学研究总院中机生产力促进中心维护的我国工业行业的标准化门户网站。标准网首页如图 6-31 所示。

3)国际标准化组织

国际标准化组织(https://www.iso.org/iso)是一个全球性的非政府组织,是国际标准化领域中一个十分重要的组织,是目前世界上最大、最有权威性的国际标准化专门机构。国际标准化组织网站首页如图 6-32 所示。

4)国际电工委员会

国际电工委员会(https://www.iec.ch/)是世界上成立最早的国际性电工标准化机构,负责有关电气工程和电子工程领域中的国际标准化工作。国际电工委员会网站首页如图 6-33 所示。

图 6-31 标准网首页

图 6-32 国际标准化组织网站首页

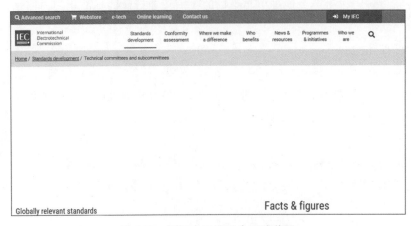

图 6-33 国际电工委员会网站首页

思考题

1. 简述搜索引擎的检索原理。
2. 百度搜索引擎提供了哪几种检索方法?请举例说明。
3. 化学及化学工程网络信息资源有哪些?
4. 可以从哪些专业信息机构获取网络免费学术资源?
5. 简述 OA 的概念,并列出三种重要的 OA 资源。
6. 简述我国授予专利权的三个条件。
7. 中国专利文献的编号体系含有哪几种专利申请类型?请列出每种编号样例。
8. 如何查找专利说明书的全文?
9. 简述标准的定义和特点。
10. 如何查找强制性国家标准全文?

第7章 就业信息搜集与求职

7.1 职业生涯规划与决策

7.1.1 职业概述

所谓职业,是指人们为了谋生和发展而从事的相对稳定、有经济收入、特定类别的社会劳动。这种社会劳动取决于社会分工,并要求劳动者具备一定的生活素养和专业技能。它是对人们的生活方式、经济状况、文化水平、行为模式、思想情操的综合性反映。

7.1.2 我国职业分类方法

我国职业分类方法主要有以下三种。

1. 依据在业人员所从事的工作性质的同一性进行分类

《中华人民共和国职业分类大典》把职业分为4个层次,包括8个大类、66个中类、413个小类、1838个细类。细类为最小类别,即职业。

第一大类:国家机关、党群组织、企业、事业单位负责人。

第二大类:专业技术人员。

第三大类:办事人员和有关人员。

第四大类:商业、服务业人员。

第五大类:农、林、牧、渔、水利业生产人员。

第六大类:生产、运输设备操作人员及有关人员。

第七大类:军人。

第八大类:不便分类的其他从业人员。

2. 依据三大产业分类

根据社会生产活动历史发展的顺序对产业结构的划分,产品直接取自自然界的部门称为第一产业,对初级产品进行再加工的部门称为第二产业,为生产和消费提供各种服务的部门称为第三产业。这是世界上通用的产业结构分类,但各国的划分不尽一致。

第一产业:农业(包括种植业、林业、牧业、副业和渔业)。

第二产业:工业(包括采掘工业、制造业等)和建筑业。

第三产业:除第一、第二产业以外的其他各行业。由于第三产业包括的行业多、范围广,根据我国的实际情况,第三产业可分为两个部门,即流通部门和服务部门。第三产业具体又可分为四个层次。

第一层次：流通部门，包括交通运输业、邮电通信业、商业、饮食业、物资供销和仓储业。

第二层次：为生产和生活服务的部门，包括金融业、保险业、地质普查业、房地产业、公用事业、居民服务业、咨询服务业、综合技术服务业，以及农、林、牧、渔、水利业，公路、内河（湖）航道养护业等。

第三层次：为提高科学文化水平和居民素质服务的部门，包括教育、文化、广播电视、科学研究、卫生、体育和社会福利事业等。

第四层次：为社会公共需要服务的部门，包括国家机关、党政机关、社会团体，以及军队和警察等。

3. 依据企业、事业单位、机关团体和个人从业人员所从事的社会经济活动的性质的同一性分类

依据企业、事业单位、机关团体和个人从业人员所从事的社会经济活动的性质的同一性可将我国职业分为以下几类。

(1) 农、林、牧、渔、水利业。
(2) 工业。
(3) 地质普查和勘探业。
(4) 建筑业。
(5) 交通运输业、邮电通信业。
(6) 商业、公共饮食业、物资供应和仓储业。
(7) 房地产业、公用事业、居民服务业、咨询服务业。
(8) 卫生、体育和社会福利事业。
(9) 教育、文化艺术和广播电视业。
(10) 科学研究和综合技术服务业。
(11) 金融业、保险业。
(12) 国家机关、党政机关和社会团体。
(13) 其他行业。

7.1.3 职业发展趋势

1. 全球化趋势

全球化是指物质产品和精神产品的流动冲破区域和国界的束缚，影响到地球上每个角落的生活的过程。未来的世界是全球化的世界，择业与创业呈现出全球化的趋势，部分高层次职业由发达国家转向发展中国家。全球化影响着国内职业的调整变化。

2. 信息化趋势

信息化是指由计算机和互联网生产工具的革命所引起的工业经济转向信息经济的一种社会经济过程。它包括信息技术的产业化、传统产业的信息化、基础设施的信息化、生产方式的信息化、生活方式的信息化等几个方面。

3. 高科技产业化趋势

高科技是一种人才密集、知识密集、技术密集、资金密集、风险密集、信息密集、产业密集、竞争性和渗透性强，对人类的发展进步具有重大影响的前沿科学技术。按联合国组织的

分类,"高科技"主要包括信息科学技术、生命科学技术、新能源与可再生能源科学技术、新材料科学技术、空间科学技术、海洋科学技术、有益于环境的高新技术、计算机智能技术和管理科学技术(又称软科学技术)。

4. 文化创意产业化趋势

文化创意产业化是一种文化资源与其他生产要素紧密结合,文化、科技与经济相互渗透、相互交融、互为条件、优化发展的经济模式。它虽然也要求具备高度发达的高新技术,但又不完全依赖于高新技术。它强调人的主体地位和主导作用,强调的是以文化为发展经济的理念,依靠的是文化资源优势,既可以在发达国家发展,也可以在发展中国家发展,甚至在经济欠发达地区也可以通过发展文化创意产业,使人文资源和文化优势成为新的经济增长点。

5. 自由职业化趋势

自由职业化是指未来终身依附一个组织的固定职业不断削弱,独立的、不依赖于任何组织的自由职业不断产生的过程。

据统计,未来十大热门职业包括理财规划师、系统集成工程师、律师、物流师、注册会计师、营销师、环境工程师、精算师、医药销售中西医师、管理咨询师。

7.2 就业信息的搜集和筛选

7.2.1 什么是就业信息

就业信息是指经过加工整理,通过各种媒介传递,能被择业者所接受并对其选择所从事的职业或职位具有一定价值的有关信息、资料或情报。就业信息包括就业政策、就业机构、人事制度、国家发展规划、经济发展形势与趋势、劳动力供求状况、劳动用工制度、就业方法、招聘信息等。就业信息分宏观就业信息和微观就业信息,宏观就业信息包括毕业生就业的总体形势、社会对人才的需求趋势、就业政策、就业活动等;微观就业信息主要是单位对人才的具体要求,包括需求单位的性质、企业文化、专业要求,行业现状及发展前景、岗位描述,对计算机和外语水平的要求,生源地、性别要求,单位提供的用人条件、工作性质、晋升机会、工资福利待遇、空缺岗位等。

就业信息是求职的基础,是通向用人单位的桥梁,是择业决策的重要依据,更是顺利就业的可靠保证。就业信息的搜集越广泛,求职的道路就越宽广;就业信息的质量越高,成功就业的机会就越大。高校毕业生应该主动出击并通过各种渠道和手段,力求广泛、全面、准确、有效地搜集各类就业信息,寻找就业机会。

因此,毕业生在踏上求职之旅时,要关注就业信息,并且逐步培养就业信息的搜集、整理、分析和运用的能力,为成功求职做好充分的准备。

7.2.2 就业信息搜集的基本原则

一般而言,要搜集到适合自己的、高质量的就业信息,必须把握以下四个基本原则。

1. 准确性和真实性

近年来,社会上出现了各种各样以赢利为目的的职业介绍机构。有个别的这类机构用一些过时的或虚假的信息吸引学生,致使毕业生徒劳奔波。对此,毕业生应当加以警惕,尤其应当鉴别"陷阱"信息。总之,一定要清楚信息来源的准确性和真实性。

2. 实用性和针对性

毕业生要充分认识自己,然后根据自己的专业、特长、兴趣、能力、性格等方面的综合因素搜集信息,避免范围过大且无法利用的无效信息。

3. 系统性和连续性

将各种相关的信息积累起来,然后分析、加工、整理与分类,形成一种能客观、系统地反映当前就业市场、就业政策、就业动向的有效就业信息,为自己的择业提供可靠的依据。

4. 计划性和条理性

毕业生要明确搜集信息的目的,明确自己所需就业信息的范围,做到有的放矢。

7.2.3 就业信息搜集的主要渠道

搜集就业信息不能只靠自己到处跑着找单位或发求职信,一般来说,这两种办法的成功率都不高。要善于利用各种渠道,通过各种途径搜集信息。

1. 通过学校就业主管部门获得信息

学校毕业生就业办公室或毕业生就业指导中心是为学校毕业生就业服务的行政管理部门,在长期的工作交往中与各部委和省、市的毕业生就业主管部门及用人单位有着密切的联系,社会需求信息往往汇集到这里。而且,在毕业生就业过程中,学校就业主管部门会及时向毕业生发布有关需求信息,进行就业指导,让毕业生大致了解当年社会对大学生需求的状况及有关就业的政策规定,毕业生也可以就有关问题进行咨询。学校毕业生就业办公室或毕业生就业指导中心是获取用人单位信息的主渠道,它们提供的信息无论是在数量上还是在质量上,都有着明显的优势。通过学校毕业生就业办公室或毕业生就业指导中心获得的信息具有针对性强、可靠性高和成功率高等特点。

学校就业主管部门,是校内权威的就业指导机构,是信息的集散地,是学生与用人单位建立联系与沟通的桥梁。毕学生在择业期间应多留心学校就业主管部门在校园中设立的公告栏,那里及时发布着用人单位的信息及最新的就业政策规定。

2. 通过各级毕业生就业指导机构获得信息

教育部成立了全国高校毕业生就业指导中心,各地也陆续建立了毕业生就业指导机构。这些机构的一项重要任务,就是与毕业生和用人单位交流信息,提供咨询服务。

3. 通过社会各级人才市场获得信息

随着社会主义市场经济建设的发展,我国人才市场中介机构也应运而生,在那里不仅可以了解到许多各类不同的机构和职位,而且可以获得锻炼面试技能和增强面试中自信心的机会。

4. 通过新闻媒体获得信息

每年大学生毕业就业之际,报纸、杂志上都会刊登一些关于大学生就业的指导信息,信息从不同侧面和角度反映了当年大学生就业的需求情况。在传媒业高速发展的今天,广播、电视、报纸、杂志等新闻媒体受到了招聘机构和求职者们的共同青睐,如《大学生就业》每期都会刊载数量不等的招聘信息,除此以外,还辟出"择业指导"和"政策咨询"等专栏,为毕业生就业提供指导。

5. 通过社会关系网获得信息

在寻找就业信息的时候千万不要忘记周围的亲戚、朋友,以及朋友的朋友,也许他们会提供一些不错的就业机会。实际上,大多数用人单位更愿意录用经人介绍和推荐过来的求职者,它们认为这样录用进来的人比较可靠,如果有这种机会最好不要放过。从另一方面来讲,招聘单位每天都会收到数百封求职信函,而且这些求职信函在内容上并无太大的差别,所述的求职资格和工作能力也都相差无几。所以,在求职中,想让用人单位更多地注意自己,就必须想些切实可行的办法,而在关键时候找个"关系"帮自己推荐一下,也许是最为有效的。当然,关系要靠自己去发掘,途径也应该正当,切不可不择手段。一般可以提供就业信息的主要有以下几类人。

1)亲友

有些亲友们相当关心毕业生的就业问题,又来自社会的各个方向,与社会有多种联系,可以从不同渠道带来各种用人单位的需求信息。亲友提供的职业信息主要来自其个人的社会关系,相对固定,但也有相当大的局限性;一般不反映职业市场的实际供求状况,也往往不太适合那些专业比较特殊、毕业生就业个性比较强或具有某些竞争优势(如学习成绩优秀、是共产党员、是学生干部、有一技之长等)的毕业生。亲友提供的信息的可靠性比较大,传递到毕业生本人的职业信息,一旦被接受,转变为就业岗位的可能性也比较大。亲友提供的就业信息的数量和质量有很大的个人差异;对于有些毕业生来说,亲友提供的就业信息是其主要的选择;而对于有些毕业生而言则不是。

2)学校的教师

本专业的教师比一般人更了解本专业毕业生适合就业的方向和范围,在与校外的研究所、企业、公司合作开发科研项目和开展教学活动中,对一些对口单位的人才需求信息了解得比较详细。毕业生可以通过本专业的教师获得有关企业的用人信息,从而不断补充自己的信息库,甚至可以直接找本专业的教师作为推荐人或引荐人。

3)自己的校友

校友提供的就业信息的最大特点是比较接近本专业,近几年毕业的校友更有对就业信息的获取、比较、选择、处理的经验和竞争择业的亲身体会,他们所提供的就业信息比一般纯粹的就业信息更有参考和利用价值。

6. 通过社会实践(或实习)过程获得信息

社会实践是大学生自我开发就业信息的重要途径。在社会实践的过程中,通过自己的努力赢得用人单位的好感、信任,取得就业信息甚至直接谋得职业的大学生很多。因此,大学生在各种社会实践活动中,在了解社会、提高思想觉悟、培养社会能力的同时,要做一个搜集就业信息的有心人。毕业生的实习单位一般比较对口,通过实习可以直接掌握就业信息,在实习过程中与用人单位达成就业协议也是一个很好的就业途径。

7. 通过网络查询获得信息

网络人才交流最大的优势在于即使求职者身在异地也能获得大量招聘信息及就业机会。网络人才交流突破了人才信息与招聘信息沟通的种种限制,实现了跨越时空界限、打破单向选择的传统人才交流格局。网络人才交流讲究的是规模效应,因此其信息容量是其他人才交流方式所不能比拟的。毕业生不仅能自由地从互联网上取得各种就业信息,而且能把自己的信息发布到互联网上。

通过网络搜索、查询就业信息正在成为毕业生获取就业信息的一个重要途径。随着网络的进一步发展和广泛应用,加之各级政府部门对毕业生就业的高度重视,近几年出现了包括校联人才网(http://www.job9151.com/)、全国大学生就业公共服务立体化平台(https://www.ncss.cn/)、应届毕业生网(https://www.yjbys.com/)等就业信息网站,它们非常及时地发布了大量可供毕业生选择的就业需求信息。

8. 通过各种类型的人才交流会、供需见面会获得信息

人才交流会、供需见面会等有的是学校主办的,有的是当地毕业生就业主管部门组织的。供需见面会可以提供许多用人信息,并且供需双方可以当场签订协议。

9. 采取打电话、写求职信、登门拜访等方式获取社会需求信息

虽然采取打电话、写求职信、登门拜访等方式获取社会需求信息有一定的盲目性,准确性不太高,命中率也并不理想,但在缺乏就业信息的情况下,这些方式也不失为一种办法。打电话求职的技巧如下。

(1)做好打电话的内容及心理准备。内容要具体、准确、简洁、有条理;心态要稳,克服紧张、不安、焦躁等情绪。

(2)打电话的时间选择。一般定在上午9—10点为宜。最好不要在别人刚上班时就打去电话,要给对方一个安排工作的时间。一般情况下,下午4点后不要打去电话。

(3)通话技巧。电话接通之后,应该有礼貌地询问对方是否方便,在得到肯定答复后,应该做自我介绍,并言简意赅地说明来电意图。当对方对你介绍的情况感兴趣时,会简单询问一些你的有关情况,你应如实回答;当对方拒绝你的要求时,也应对对方表示感谢。

从费用角度来说,关注校内信息和网上招聘信息所需的费用最少,而参加社会上的人才招聘活动除了需要门票开支外,还需要做必要的文字材料准备和衣着准备。求助于亲友虽然有时并不需要花费什么,但是感情投资也比较大。对于学生而言,查看各类报纸上的招聘广告并不需要太大的花费,而在报纸上刊登个人求职广告的开支却与借助于中介机构求职的费用持平甚至高于预期的费用。

从周期角度来说,不论何种途径都需要漫长的等待,但是相比较而言还是有所区别的。求助亲友花费的时间或许是最短的,而到刊登招聘广告的单位应聘,如果被选中,会通知参加面试,而录用还要等待。参加人才招聘会,尽管也有面试的成分,但是由于招聘活动的规模过大,竞争比较激烈,所以需要耐心的等待。虽然说网络的发展缩短和缩小了人与人之间交流的时间和空间,但是在决定一个人是否被录用的事情上,任何一家用人单位都不会草率行事,面试是必不可少的,因此等待时间与参加人才招聘会的等待时间基本上是一样的。同样,借助于中介机构求职,不论是登记本人信息还是查找单位信息,时效性都会打折扣。

对于个人而言,花费力气最小的求职方式莫过于浏览网上信息,在网上不仅能迅速查阅到需求信息,而且能够了解到单位动态,从中掌握一个单位的发展前景,从而为就业决定奠定基础。虽然关注校内的就业信息是每个毕业生的本分,但是有些毕业生过于迟钝,对那些重要信息视而不见、充耳不闻。参加人才招聘会与找一家中介机构相比,一个好的中介机构似乎更难找一些,而参加招聘会更耗费心力和体力一些。

7.2.4 就业信息的筛选

在已经搜集到的大量就业信息中,由于信息的来源和获得的方式不尽相同,因此其内容必然是杂乱的,也难免有相互矛盾、虚假不实的。

就业信息的筛选,就是对所获得的大量的关于就业方面的原始信息,进行去粗取精、去伪存真的分析研究,从中筛选出适合的单位,了解用人单位的具体要求,以便结合自己的实际情况,有针对性地参与竞聘。在进行就业信息的筛选和处理时要把握以下几点。

1. 就业信息的可靠性筛选

根据就业信息资料的内在逻辑来验证其可靠性。如果发现资料内容的表述前后矛盾,或违背事物发展的逻辑,则此就业信息的可靠性就值得怀疑。例如,邮寄的一些招聘启事,如果印章是复印的,工资待遇高得出奇,那么这则信息就有可能是假的。

根据实践经验来判断就业信息的可靠性。如果发现就业信息资料中有明显违反实践经验或实际情况的东西,那么就要认真核实此信息。

根据就业信息的来源渠道进行分析判断。一般来说,从正规渠道获得的就业信息的可靠性大一些,从非正规渠道获得的就业信息的可靠性小一些。如:政府主管部门主办的杂志、有影响力的报纸发布的就业信息,可靠性就大一些;到处张贴或散发的一些招聘小广告,可靠性就小一些。

通过114查询台,查出招聘信息中用人单位人力资源部的电话号码,通过电话核实该单位是否在招聘某专业的人才,这是直接又可靠的核实方法。

2. 就业信息的针对性筛选

就业信息的针对性筛选就是指应聘者从就业信息中筛选出自己较为中意的用人单位,根据用人单位列出的招聘条件、岗位要求等,与自身的性格、兴趣、特长进行对比分析,看看自己与哪些信息更吻合,哪个单位对自己的发展更有利等。应聘者要不断调整和优化自己的求职目标与定位,在求职的专业领域或岗位、薪酬、工作环境、个人发展的可能性等方面,确保自己的求职目标更贴近实际。

3. 就业信息的深度性研究

就业信息的深度性研究是指根据自己的应聘需要,对用人单位的生产经营场所、经营方式、产品结构、市场占有率、企业历史及发展前景等重要信息,进行较深层次的分析研究,为应聘做好充分准备。

4. 及时反馈

在搜集到一条或更多条信息后,一定要赶快分析、处理并及时向信息发出者反馈信息。只有及早准备,尽快出击,才能在人才市场的激烈竞争中争取主动。就业信息对于毕业生来说十分宝贵,在获得准确、有效的信息后及时分析,有助于在择业中做出正确的选择。

7.3 网络求职方法

利用网络已成为人们求职、招聘的主要途径。越来越多的企业开始在网上寻找人才,越来越多的网民也习惯了到网上求职。那么,毕业生应怎样利用网络进行求职呢?

7.3.1 利用求职网站

先选择一个就业网站,然后选择是否进行注册。在通常情况下,无论是否注册,都可以查询招聘公司的信息。但是,只有成为注册用户,才可以直接向招聘公司发送简历。求职者可以在海量的招聘信息中通过对"行业""雇主"等选项的设定快速找到相关领域的工作信息。

1. 中国教育在线就业频道

中国教育在线就业频道(http://career.eol.cn)为应往届高校毕业生及在校大学生提供职业生涯规划指导、企业最新招聘信息、个人求职博客等服务,为用人单位提供免费的招聘信息发布平台。中国教育在线就业频道首页如图7-1所示。

图7-1 中国教育在线就业频道首页

2. 校联人才网

校联人才网(http://www.job9151.com/)创立于2000年11月,是国内首家由高校就业部门创办、向全国高校毕业生和用人单位提供校园招聘服务的网站。校联人才网率先开发了高校就业中心专用客户关系管理软件"用人单位客户资源库管理系统"的网站。该网站秉承了"以高校学子为本"的理念,以"人尽其才"为服务宗旨,以努力打造"校园招聘第一网"为目的。校联人才网首页如图7-2所示。

图 7-2 校联人才网首页

3. 全国大学生就业公共服务立体化平台

全国大学生就业公共服务立体化平台(https://www.ncss.cn/)是全国高校毕业生就业网络联盟主办的为高校毕业生就业提供全面信息服务的公共服务平台,其主要目的是利用网络技术和全国高校毕业生就业工作系统的资源,采取网上服务和网下服务相结合的方式,努力从根本上解决供求信息不对称的问题。全国大学生就业公共服务立体化平台首页如图7-3所示。

4. 其他招聘网站推荐

1) 综合性招聘网站

中华英才网:http://www.chinahr.com/

前程无忧:https://www.51job.com/

智联招聘:https://www.zhaopin.com/

2) 应届毕业生招聘网站

应届毕业生:https://www.yjbys.com/

实习僧:https://www.shixiseng.com/

第 7 章　就业信息搜集与求职

图 7-3　全国大学生就业公共服务立体化平台首页

3）行业性招聘网站

金融人才网：http://www.jrjob.net/

机械人才网：http://www.mecjob.com/

中国汽车人才网：http://www.carjob.com.cn/

化工招聘网：http://www.hgjob.com/

中国建筑人才网：http://www.buildjob.net/

一览房地产英才网：http://www.fcjob88.com/

4）地方性招聘网站

广东人才网：http://www.guangdongrc.com/

湖北人才网：http://www.jobhb.com/

南方人才网：https://www.job168.com/

深圳人才网：https://www.szhr.com/

浙江人才网：http://www.zjrc.com/

上海人才网：https://www.xshrcw.com/

7.3.2　网络求职技巧

尽管网络求职受到了很多求职者的青睐，但不少人却不懂得其中的技巧，频频投出简历，却一直没有回音。因此，毕业生在网络求职过程中应掌握一些基本技巧。

1. 针对性

网络求职由于缺少面谈环节，所以电子简历的制作显得尤为重要。在一次网络招聘会上，企业人事部门能一次收到上千份简历，翻阅每份简历的时间一般不过几分钟。求职者如果不注意技巧，很容易被用人单位忽视，因此，制作网络求职简历一定要有针对性，要根据应聘的职位、用人单位看重的条件来突出自己的优势。此外，最好不要通过附件形式发送电子简历,因为很多用人公司担心受到病毒攻击,他们收到以附件形式发送的邮件,很可能会直接删掉。

另外,不要以同一份简历来应聘不同的公司或不同的职位。针对不同的岗位要求,略微改动一下简历,写一些符合该岗位要求的求职语句,表现出对该行业的了解和对该工作的重视,才容易从众多求职者中脱颖而出。

2. 简洁性

招聘负责人不会有太多的时间停留在简历阅读上,所以让简历易读就显得很重要。若要以电子邮件的形式发简历,通常会要求用文本格式发送简历,很多公司不喜欢接收附件。在使用文本格式的情况下,稍不留意,简历中的文字就会"堆"在一起,很多时候很难谈得上有可读性。将简历控制在1~2页,把重点给招聘负责人看,让他有通知自己面试的冲动就够了。

3. 诚实性

求职信发出后可以在适当的时间向用人单位询问结果,询问的时候应该表明自己对用人单位的职位仍然感兴趣并再简短介绍一下自己的专业特长和工作经验。但是不要反复询问结果,许多用人单位每天都会收到上百份个人简历,它们是不愿意被求职者反复打扰的。

7.3.3 网络求职注意事项

在当前就业压力增大的形势下,一些不法分子会通过网络将"黑手"伸向网上求职者。对于大学生来说,网络求职一定要慎之又慎。网上求职的骗局通常有两类:一类是骗子公司要求求职者汇款作为报名费、押金、手续费,凡是这类情况,求职者应当立即放弃,甚至向有关机关举报;另一类是网上传销的骗局,声称只需要交几十元会费就可以在家创业,这只不过是搬到了网上的传销而已。网络求职要注意以下几点。

1. 选择可靠的招聘网站

对于求职者来说,应尽量选择大型、专业、知名的人才网站进行浏览、注册,因为这些正规的网站对招聘单位都进行了审核,其提供的信息可信度高。正规的人才网站会对个人简历的重要信息,如联系方式、电子邮箱、家庭住址等,做一定程度的保密处理,只有向网站提供合法资质证明的招聘单位才能看到,安全性高。

2. 注意识别虚假招聘信息

虚假招聘信息一般有以下特点:招聘单位联系地址不详细或根本没有;联系电话为移动手机,没有固定电话;招聘要求非常低,工资待遇异常高;未出具招聘单位的相关资质证明。

3. 注意防范面试陷阱

正规招聘单位一般有固定的办公场所,若网上单位将面试地点选在宾馆、饭店等场地,要高度注意,谨防上当受骗;面试时间若安排在晚上,为保证人身安全,可以和用人单位商量改到白天。

4. 保持平和心态

网络求职者要坦然地面对挫折和困难,不必自卑胆怯和过分焦虑,要积极调整心态,迎接挑战。

此外,在网上求职时,还要注意防范传销陷阱。首先,求职者要有正确的就业意识和平和的心态。创造财富和幸福生活要依靠诚实的劳动,切不可轻信网络上所谓"创业奇才"的"创富神话"。其次,求职者要提高对网络招聘信息的甄别能力。要认真核实招聘信息,具体办法是登录当地的工商局网站,或者向用人单位所在地的工商局查询,核实该公司是否登记注册。同时,可拨打114咨询该公司的电话,核实号码是否和网上的一致;也可通过电话询问该公司是否在网上发布过招聘信息,以防有人打着正规公司的旗号编造、发布虚假的招聘信息。最后,求职者应聘时一定要提高警惕,增强防骗意识,记住自己所在的方位。一旦发现上当受骗,要及时报警。在被控制人身自由时,要机智、冷静地应对,伺机报警或寻求帮助,寻找、创造机会脱身。

7.4 毕业生就业求职的准备

7.4.1 求职择业的能力准备

就业能力这一概念源于就业,国内外有几种常见的定义或描述。所谓就业能力是指大学毕业生在校期间通过知识的学习和综合素质的开发而获得的能够实现就业理想、满足社会需求、在社会生活中实现自身价值的本领。就业能力是指人们从事某种职业所具备的能力,包括基本就业能力与特殊能力。美国教育与就业委员会关于就业能力的定义是:就业能力是获得和保持工作的能力,进一步讲,就业能力是在劳动力市场内把握充分的就业机会、实现自身潜能的能力。总体来说,就业能力是一种与职业相关的综合能力。大学生的就业能力是指在校期间通过学习和实践而获得的工作能力,包括保持工作的能力和晋升的能力。

关于就业能力具体包括哪些能力,没有严格的定论。有人认为就业能力在内容上包括学习能力、思想能力、实践能力、应聘能力和适应能力等。也有人认为大学生顺利就业应具备五个要素:一是就业动机及良好的个人素质,二是人际关系技巧,三是丰富的科学知识,四是有效的工作方法,五是广阔的视野。

就业能力包括通用技能、专业技能和个人素质综合能力。对于大学生的就业能力来说,通用技能是前提,只有具有一定的通用技能,就业才有可能性;专业技能是关键,只有具有一定的专业技能,就业才有可行性;个人素质综合能力是核心,只有具有优良的个人素质综合能力,大学生才能充分就业。

1. 通用技能

1)理论知识能力

一名优秀的大学生必须拥有扎实的文化知识,包括专业知识和非专业知识,最终形成自己的知识体系。因为任何工作,无论是科学研究、教育研究,还是具体的实践作业,都需要丰富的理论知识。所以,大学生应该把课堂的知识学好,同时,要多到图书馆博览群书,增加自己的理论知识,达到充实自己的目的。

2)适应环境能力

适应环境能力是一个人综合素质的反映,它与个人的思想品德、创造能力、知识技能等密切相关。大学生毕业之后,所面临的是找工作、参加工作,然后定居的问题,它们都是不断变化的,所以大学生要培养自己适应环境的能力。只有这样,大学生才能够在比较艰苦的环境中,变不利因素为有利因素,从而为以后事业的成功奠定坚实的基础。

3) 社会交际能力

社会交际能力是一门学问,它存在于社会的各个角落,是人们实践经验的结晶,在课本上是学不到的。大学生必须具备这项能力,它关系到大学生以后找工作的问题。而要具备很好的社会交际能力,大学生就要大胆地把握各种交流机会,培养自己与他人在心理方面沟通的能力。同时,要做到诚实守信。

4) 语言表达能力

语言表达能力是大学生必须具备的一项重要能力。学习、工作和社会人际交往等需要语言表达能力。社会竞争是人才的竞争,对于个人而言,必须要有很强的语言表达能力,只有这样,才能在市场竞争中处于不败之地。若要具备这一能力,当代大学生首先要敢说,这是练好口才的前提;其次要做到有话可说(需要广泛的知识面),这是练好口才的基础;最后要善于说话,注意什么场合说什么话,注重语言的得体,这是练好口才的关键。为此,大学生应该抽出时间阅读有关的文学著作和口才范文,多做练习,以便使自己的语言表达能力得到锻炼和提高。

5) 动手能力

动手能力是将理论知识转化为实践工作的重要保证。对于大学生而言,毕业之后是从事教育教学研究、自然科学研究,还是在生产第一线从事技术管理工作,与其动手能力密切相关,因此动手能力影响着一个大学生的发展前途。为此,当代大学生要勤动手,重实践,多做实事,在扎实的理论知识的指导下,提高自己的实际动手能力。

6) 竞争能力

竞争能力是人们顺利完成某项活动必备的一种能力,也是大学生乃至全人类都在追求的一种能力。由于当今社会是一个竞争激烈的社会,因此竞争能力的培养尤为重要。大学生应注意以下几点:①竞争能力是自身发展和社会发展的需要;②竞争是实力的展示,掌握更多的技能技巧,善于抓住机会,勇于展示自己才会在竞争社会中获胜;③竞争实际是对人格的考验,所以,大学生必须在竞争社会中保持健康、积极的心态。

7) 沟通能力

现代社会的进步和科学技术的飞速发展,要求每个大学生都必须具备较强的沟通能力。沟通能力是社会交往的关键,一个具有很强沟通能力的人,能把工作做得得心应手。而培养沟通能力需要自信心和必要的技巧。对于当代大学生来说,应注意以下几点:一是要相互尊重;二是要学会站在对方的立场和观点看问题,了解对方的思想和观点;三是要积极地在矛盾和冲突中寻找共同点,提高沟通的技巧。要特别注意避免以下几点:一是对别人随意的评价,二是不恰当的询问,三是命令的语气,四是威胁的话语,五是高傲的态度,六是注意力不集中,七是言不由衷。

在现实生活中,通用技能显得尤为重要。大学生只有具备了这些能力,才真正地意味着其综合能力的提高,才能在竞争社会里游刃有余。根据美国一份有关失业的研究报告,失业中的90%的人不是因为不具备工作所需的专业能力,而是因为不能与同事友好相处。

通用技能的培养途径一般有转变学生就业观念、提高学生人际沟通能力、加强学生职前培训等。

(1)转变学生就业观念。培养学生树立一种与市场经济相适应的现代就业观。一是要主动积极就业,不能被动"等、靠、要",消极就业;二是要靠岗位创新,不能靠岗位维持,教育学生放弃一找到工作就意味着一劳永逸的念头,树立找到工作仅仅是创新开始的职业意识;三是不仅能靠岗位就业,而且能自主创业,创造新岗位,让更多的人就业。

(2)提高学生人际沟通能力。仅有出色的专业技能和深厚的知识储备还不足以缔造成功的事业,擅长与人交往也十分重要。缺乏与人有效沟通的技巧会限制事业的发展。大学生在人际交往中存在不自信、羞于开口、不尊重他人、不善于交流、个性强、不合群等问题,培养大学生的人际交往能力,开展课前五分钟演讲等第二课堂活动,不仅能培养大学生良好的沟通技能,而且能促使其树立团队协作意识。

(3)加强学生职前培训。通过与校外人才公司合作,成立大学生职业素质训练营,借用完全专业化的机构,开展大学生职业规划设计、应聘技能培训、现场职业指导会等系列活动,帮助大学生客观分析自己,获得职业信息,掌握求职方法,避开择业误区。给毕业生请来内行的就业指导师,针对个人进行"一对一"指导,让大学生更好地完成学习和就业之间的过渡。

2. 专业技能

专业技能包括专业知识、职业岗位所需的特殊技能等,相当于"产品的质量"。

随着高等教育大众化的逐步实现和高等教育改革的不断深入,高等教育外部环境发生了很大变化,社会对人才提出了许多新的要求,专业人才培养方案在许多方面表现出不适应,如与地方经济发展联系不紧密、社会适应能力不强等。因此,专业技能的培养要以市场为导向,培养特色人才。

首先,要以市场为导向,面向企业,使学生适应社会需求。要适应社会发展变化的需要,必须改革现有的课程体系。在培养目标、人才规格的制定上注意加强基础、拓宽专业,注重高素质、强能力、会创新、能创业的学生培养计划,以市场为导向,使学生能够适应社会发展变化的需要。针对加入WTO后与其他国家交往日趋密切的状况,增设专业英语选修课程等。加强与企业、社会的联系,提高学生的社会适应能力。建立学生见习、实习基地,聘请企业高级技术人员作为导师,加深学生与企业、社会的交往。通过暑期实践供需见面会,向企业推荐优秀大学生等形式,培养学生的社会适应能力。

其次,要培养特色人才,使之适应社会需求。培养特色人才对地方院校来说具有重要意义,因为地方院校在人才培养过程中不仅要根据全国同类院校的基本要求实行规范化教学,而且要面向当地实际,主动为当地的经济建设和社会发展服务,从而形成自己的办学特色。

3. 个人素质综合能力

个人素质综合能力相当于"产品的核心竞争力"。

现代社会是一个分工高度发达的社会,在这样一个社会中,就业就是要找到适合自身的分工位置,实现自身特长和需要与社会需求在分工结构中的有机结合。而分工的一个重要特性就是工作性质的差异性,这种差异性客观上要求劳动者的知识与能力具有差异性,或者说劳动者的能力具有个性。有了这种差异性,大学生才会有核心竞争力。

首先是培养个性化人才。高校要构建个性化人才培养模式,就要确立相应的具有个性色彩的人才培养方式,包括专业设置、课程结构、教学形式、学时分配、学历层次等。一是允许各专业为"偏才""怪才"或某些方面有特殊兴趣的学生单独制定培养方案,允许确实有特长的学生自由选择专业。二是推行双学位制和主辅修制,使学有余力的学生在主修一个专业的基础上辅修另一个专业。三是对英语、计算机等公共课实行分级教学。四是增大学生对学习课程的选择性,增加选修课的数量。五是在选修课中设计扩展型、考研辅导型、就业服务型等课程,使学生各取所需。

其次是开展各种比赛活动,培养学生的创新精神。新资源的开发、新技术的发明、生产工具的革新,不仅要求人们具备更新的科技知识,而且要求人们打破旧的传统观念,解放思想,开阔思路,树立创新意识。而部分高校仍以知识灌输为主要教育手段,以致离开了教师、教科书,学生就不会独立思考。为此,可以引导在校设计专业的大学生参加全国设计大赛等活动,组织院系进行设计创新比赛活动,培养学生的创新精神。

最后是尝试开展创业教育,提高大学生的创业意识与能力。现在大多数父母为了能使孩子上大学、出国或有一份理想的工作,煞费苦心地为孩子安排好一切。这种过分包办的做法使学生丧失了许多"敢闯、敢试"意识形成的大好时机。为此,学校应做到以下几点。一是开设大学生创业选修课程,使学生掌握基本的创业知识;二是邀请校友中的创业成功者谈创业经历,激励大学生创业;三是开展大学生创业计划大赛、创业论坛等活动;四是成立大学生创业基金;五是成立大学生创业中心,为学生的创业活动提供服务平台。

对于大学生而言,结合自身实际,可以从以下10个方面提高自身素质。

(1)学好扎实的专业理论知识,加强实践能力的培养。

(2)树立正确的人生观与世界观,确立明确的目标。

(3)提高心理素质,加强健全人格的培养,提升自我的应变能力与承受能力至关重要。

(4)不断进行社会实践,积累丰富社会经验。理论要结合实践才能创造出更大的社会价值。因此,积极参加社会实践是大学生提升自我的一个重要渠道。

(5)提高交际能力,增强语言沟通能力。

(6)能够勇于正确地认识自我和评价自我,明确自己的竞争优势与劣势。

(7)拥有集体荣誉感,增强团体合作意识,乐于助人。社会是一个大家庭,需要每一个成员积极合作才能促进其繁荣昌盛。因此,集体荣誉感是每个大学生应该具备的素质之一。

(8)善于抓住机遇。善于抓住机会的人,才能更好地发挥应有的才能,实现人生价值和社会价值。机会总是留给那些有准备的人的,因此只有时刻充实自己,武装自己,才能在社会上立于不败之地。

(9)坚持自身的物质文明与精神文明共同进步,加强道德修养。社会需要的不是给人类造成困扰的尖端人才,而是德才兼备、甘愿为人类进步事业做出无私奉献的人才。因此,加强自身素养的建设是提高社会竞争力的一个方法。

(10)要与时俱进。社会每时每刻都在飞速发展,大学生也应该进一步解放思想,把握新机遇,应对新挑战,形成新思路,拿出新办法,解决在前进过程中遇到的这样或那样的困难和问题。

7.4.2 求职择业的思想准备

1. 树立高尚的职业理想

大学生的职业理想是指大学生对未来职业的一种强烈的追求和向往,是指对未来职业的规划和构思。这是决定大学生选择职业的类型和原因的决定性因素,求职择业的一切都以此为基本出发点。从更高层次上讲,应当把个人志向与国家利益、社会需要结合起来,走出个人的小天地。如果纯粹只从个人的角度考虑问题,就非常容易陷入"死胡同"。

2. 树立市场观念

我国经济体制已经完全转变为市场经济体制,因此必须努力去认识市场,适应市场,树立市场观念。市场经济的供求规律深深地影响着人才市场:供不应求,择业的范围就大,就业就比较容易;供过于求,择业的范围就小,就业就比较困难。明白了这一市场规律,在求职择业时就不会想当然,就不会只想着自己有什么样的学历就应该得到什么样的工作、什么样的待遇。

3. 树立良好的敬业精神

敬业精神包括工作热情、工作作风、工作方法等。敬业就是要热爱本职工作,忠于职守,对社会负责,对人民负责,保证工作质量,对技术精益求精,能团结协作,能公平竞争。

大学生是否具有敬业精神,关系到其今后的职业生涯能否顺利、事业能否发展等一系列问题。在高校毕业生就业制度已经发生重大变革的形势下,具有敬业精神已成为社会对毕业生素质的新要求。因此,大学生要树立良好的敬业精神,把良好的敬业精神作为准备就业的必要条件。

4. 树立艰苦创业的思想

准备求职择业,还必须面向基层,做好艰苦创业的思想准备。分析当前的就业形势与趋势会发现:一方面,大城市和各大型企事业单位的科技人才已相对饱和;而另一方面,广大的乡镇和生产第一线却多年来未能接收到较大数量的大学生,急需大批有才能的大学生去开拓、去创业。

当今大学生要想做出一番事业,基层便是其用武之地。这些地方不但是当今国家最需要人才的地方,也是大学生最容易显示特长、做出成绩的地方。可以说,基层是毕业生成才的沃土。当然,基层工作比较艰苦,生活条件、工作环境也相对较差一些。

7.4.3 求职择业的心理准备

1. 竞争的心理准备

竞争是市场的本质,也是推动社会进步、人类进步的内在动力。竞争是社会运作的一种基本方式,与世无争在现代社会是不可行的。每个人或者主动或者被动地都要参与到竞争中去。竞争本身就是生存的方式。竞争的实质在于促进变化和进取,而竞争的基础则是有意识的准备和良好的心理素质。

2. 合作与宽容的心理准备

社会需要合作,社会是在人们的合作中发展的。合作必须在宽容的基础上进行,没有宽容就没有合作。一个宽容的集体是团结的,一个合作与宽容的社会是美好的。

3. 受挫折的心理准备

人生的道路不是一帆风顺的,遇到挫折是正常的,能否正确对待挫折,是个人心理健康与否的重要标志。

大学生活有其顺利的一面,但也会遇到考试失败、经济拮据、家庭不幸、失恋等挫折,大学生要正视这些挫折。遇到挫折,要冷静分析原因,找出问题的症结,充分发挥主观能动性,想办法战胜它。如果无法战胜它,就要接受它、适应它。

4. 长远发展的心理准备

长远发展的心理准备表现为对社会形势的理性认识,只有了解社会,才能放眼未来,也只有了解形势,才能不骄不躁。要清楚自己选择哪条路会更接近自己的理想,更符合社会发展的规律。大学毕业生求职择业要有未来意识,要把握好未来职业的发展方向。

7.4.4 求职择业的材料准备

1. 求职材料的基本作用

面临就业的大学毕业生,都渴望有一份好的工作,但寻求好工作的过程很可能是曲折的、充满竞争的。对于即将步入就业市场、接受用人单位挑选的大学毕业生来说,如何推销自己,是必须要在参与市场竞争之前解决的问题。

自我推销一般都要经过自荐、笔试、面试几个阶段。自我推销的关键是面试,自我推销的基础是自荐。自荐材料在很大程度上决定了你是否能够获得参加面试的机会。说服力强、真实具体的自荐材料,会增加求职的成功率。毕业生的书面资料也是用人单位了解毕业生的窗口,有说服力、吸引力的书面资料是赢得主动、踏向求职成功之路的第一步。

2. 自荐材料的组成

书面的自荐材料包括就业推荐表、个人简历、自荐信及辅助材料。就业推荐表主要用于体现学校对自己的认可,个人简历主要用于说明自己过去的经历,自荐信主要用于表明自己的态度,辅助材料主要用于强调自己所取得的成绩和自己的能力。如果所修的专业在社会上不是人人都熟知的,还可以附上一份本专业的介绍材料。

3. 求职材料的准备

毕业生推荐表是学校发给毕业生填写的并附有各院(系)及学校学生就业指导中心书面意见的推荐表格。因为该表是学校正式向用人单位推荐毕业生的书面材料,所以具有较大的权威性和可靠性,要认真填写,确保字迹工整、内容翔实、格式规范、富有个性、针对性强、设计美观。因学校发给毕业生的正式推荐表(即已由学校学生就业指导服务中心盖章的推荐表)每人只有一份,所以自己可多复印几份,以便在双向选择过程中与其他材料一起送给有关用人单位。只有当用人单位决定录用你且你也愿意去时,才能将已由学校学生就业指导服务中心盖章的推荐表交给用人单位。

4. 个人简历的准备

拟写个人简历的格式一般有两种:一种是按年月顺序列出自己的学习、工作经历,另一种是根据需要有选择地列出自己的学习、工作经历,表现自己的技能、品德。个人简历的内容主要包括以下几个方面。

(1)个人基本情况。个人基本情况即个人资料,包括姓名、年龄、性别、出生地(籍贯)、最高学历、政治面貌、兴趣爱好等。

(2)教育背景。按照个人受教育的时间次序,写清所读学校名称、专业、学习年限等,让招聘单位迅速了解个人的教育背景,以判断个人与应聘工作的关联性。

(3)工作或社团经验。大学生一般都没有正式的工作经验,但常利用假期等空闲时间勤工俭学、兼职或积极参加各类性质的社团活动。可充分提供在校期间的工作经验、社团经验,说明自己担任的工作、组织的活动及特长等,供招聘单位参考。这些经验可能是短期的、幼稚的,但或多或少地突出了个人的一些特性,如志趣、合作性、组织能力、协调能力等。

(4)专长。无论是与所学的专业有关或是单纯从个人兴趣发展出来的专长,只要是与工作性质有关的才艺,都应在个人简历上列出。如同样应聘总经理助理这一职位的两个人,其他条件相同,外语和计算机水平高者则占优势。对于个人专长,每位求职者应清楚地列出,注意实事求是,不要夸大,但也不要掩盖自己的长处。

(5)语言能力。在现代经济发展中,招聘单位向国际化迈进已成为不可阻挡的发展趋势。作为一种必不可少的工作手段,外语能力显得日益重要。尤其在某些大规模跨国公司,具备良好的外语才能的人员很受欢迎。如果曾参加过校外的特殊训练课程,特别是与应聘工作相关的,应在个人简历上列出。然而,如果单纯以为凭借个人过硬的外语才能就可以力挫对手、平步青云,那就大错特错了。相比之下,招聘单位更看重工作人员的敬业精神与严谨踏实的工作态度。毕竟,外语只是一种必要工具,而工作的热情与诚心才是最吸引招聘单位的。

(6)求职意向。个人简历上一定要注明求职意向,以便于招聘单位了解自己的志向追求,从而做出正确的选择。每份简历都要根据自己所申请的职位来设计,突出自己在这方面的优点,但不能把自己说成是一个全才,任何职位都适合。要根据工作性质有侧重点地表现自己,如果认为一家单位有两个职位都适合自己,那么也可以向该单位同时投两份简历。

(7)联系方式与备注。个人简历的联系方式与备注栏一定要写明你的联系方式,如电话长途区号、电话号码、手机号、E-mail地址、邮政编码、传真号码等。固定电话可以填写宿舍、家庭、学校老师办公室等的电话号码。提供给招聘单位的联系电话、E-mail地址等不要频繁地变换,以免在招聘单位需要和你取得联系的关键时候,无法迅速找到你。

5. 个人简历的写作标准

1)简洁明了

个人简历通常很简短,一般情况下不要超过一页纸。招聘单位一般会收到很多份个人简历,工作人员不可能每份都仔细研读,一份个人简历一般只用几分钟甚至几秒钟就看完了。所以,个人简历用词要简练,简历内容不可能全面描述所有信息,内容过多反而会淹没一些有价值的闪光点。个人简历最好多用动宾结构的句子,简洁明了。

2)真实客观

简历从头到尾要贯彻一个原则,即真实客观地描述自己。求职简历一定要按照实际情况填写,任何虚假的内容都不要写。即使有的人用"有水分"的简历得到了面试机会,但面试时也会露出马脚。尤其是那些竞争非常激烈的招聘单位一般会有多轮面试,弄虚作假是过不了一轮轮的面试的。简历中不要"注水"并不等于把自己的一切包括弱项都写进去。有的求职者在简历中特别注明自己某项能力不强,这就是过分谦虚了,实际上不写这些并不代表说假话。有的求职者在简历上写道:"我刚刚走入社会,没有工作经验,愿意从事贵公司的任何基层工作。"这也是过分谦虚的表现,反而会让招聘者认为你什么职位都不适合。

3)整洁清晰

看到一份整洁清晰的简历,就仿佛看到了你本人。段落与段落、语句与语句之间离得太近,会影响美观,不易阅读。要适当地留出空隙,不要硬把两页纸的内容压缩到一页纸上。

不要为省钱而使用低廉、质粗的纸张打印简历。

4）准确无误

一份好的简历在用词上是准确无误的。撰写时要打草稿,反复修改、斟酌,在确定没有任何错误后,再打印出来。招聘单位最不能容忍那些有很多错别字,或是在格式、排版上有技术性错误,以及被折叠得皱皱巴巴、有污点的简历。

6. 让你的简历脱颖而出

让你的简历脱颖而出需做到以下几点。

（1）求职目标清晰明确。所有内容都应有利于你的应聘职位,无关的甚至妨碍你应聘的内容不要叙述。

（2）突出你的过人之处。每个人都有自己引以为傲的经历和技能,如果你有演讲才能并获过大奖,应详尽描述,这会有助于你应聘营销职位。

（3）用事实和数字说明你的强项。不要只写上你"善于沟通"或"富有团队精神",这些空洞的字眼招聘工作人员已熟视无睹。

（4）自信但不自夸。充分、准确地表达你的才能即可,切忌过分夸大、华而不实。

（5）适当表达对招聘单位的关注及兴趣。这会引起招聘工作人员的注意和好感,同时有助于获得面试机会。

（6）编写简历时要注意视觉上的美观和利于阅读,应适当运用编辑技巧,突出要点,避免使用大块的段落文章。

（7）对你所做的事情,包括你的成就和特长,描述得越具体越好。

7. 求职信的准备

总体来说,通过求职信谋职的成功率是很低的。国外有人统计,通过求职信谋职的成功率不到5%,就我国目前的情况来看,成功率也不会高于这个数值。但是,有的人却"百发百中",他们的秘诀就在于做到使自己的求职信让对方"一见钟情"。

1）分析招聘单位的择人准则

首先,要了解招聘单位的心理需要,弄清它们喜欢什么样的求职者,不喜欢什么样的求职者,做到"投其所好"。招聘单位一般喜欢什么样的求职者呢？

对于招聘单位来说,一般具有以下特质的求职者比较受欢迎:思想政治素质高,有事业心和责任感,具有艰苦奋斗精神,基础扎实、知识面宽,有团队精神,有奉献精神和创新精神。

人才标准因招聘单位文化的不同而不同,同时也因所应聘的职位的不同而不同。某公司人力资源部总经理认为,公司最看中大学生以下几个方面:第一,能产生新的思想和观念,并能把新思想付诸实践;第二,能不断创新,不满足现状;第三,有市场观念,即使是做研发、做财务工作也需要有市场观念;第四,有团队精神,能将个人融入团队,同时被团队接纳;第五,有承受能力,能处理好家庭、社会、工作等方面的关系。

据调查显示,目前高薪收入者大多具有四大基本素质。其一,具有良好的人际关系处理能力。几乎所有的高薪收入者在处理人际关系的能力方面都特别有优势,具体表现为能细致入微地处理与每一位员工的关系,能得到同事的好感。其二,具有优秀的品质。这种优秀的品质体现在许多方面,如谦虚、谨慎、不张扬,还有忍耐性强等。其三,具有敬业精神。所有高薪收入者一致认为他们成功的重要因素是敬业。一位留学归来、现任某跨国公司市场经营经理的博士说:"如果你想获得高薪,那么你必须24小时考虑工作。"其四,具有不断学习的进取精神。绝大多数事业有成的高薪者在回答"未来五年你最需要什么"时,都选择了"培训"。一些在高新技术领域中的高薪者更是把招聘单位良好与完美的培训计划作为其加盟的理由和依据。

2)求职信的格式和内容

求职信和一般书信大致相同,由开头、正文、结尾、落款四个部分组成。

信的开头,要写明收信人的称呼。对于不甚明确的用人单位负责人,可写成"尊敬的领导同志""尊敬的××公司领导"等;对于明确了用人单位负责人的,可以写出负责人的职务、职称,如"尊敬的林教授""尊敬的蒋处长""尊敬的刘经理"等。称呼写在第一行,顶格书写,以示尊重。称呼之后用冒号,然后另起一行,写上问候语"您好",接着写正文。

正文是求职信的主体部分,内容包括个人基本情况(如姓名、就读学校、专业名称、何时毕业等)及个人所具备的条件,是求职信的核心。

求职信的结尾可提醒用人单位希望得到他们的回复,或希望能有面试的机会,如可写"希望得到您的回音"等;附联系地址、邮编、电话等。通常结束语后面应写表示祝愿或敬意的话,如"此致敬礼""祝您身体健康"等。

落款包括署名和日期。署名应写在结尾祝词的下一行的右后方。日期应写在名字下方。此外,还可在信的左下角注明"附1:个人简历""附2:成绩表"等,并相应地附上个人简历和成绩表。

3)写好求职信的要点

写好求职信的要点如下。

(1)以"情"感人。如何做到以"情"感人?关键在于摸透对方的心理,要通过求职信的语言表达引起对方的共鸣或者得到对方的同情,这样会感动对方,同时,也能体现你的语言表达能力,向对方表明你是一个善于与人沟通和具有一定情商的人。

(2)以"诚"动人。在科学史上,法拉第之所以能成为全世界闻名的大科学家,就得益于向戴维写的表现诚意的"求职信"。戴维(1788—1829)是19世纪英国著名的化学家。法拉第(1791—1867)原本是一个学徒工,每天负责做订书工作,他为了求得戴维的指教,并成为戴维的助手,于1813年冒昧地给戴维写了一封信,寄去了自己认认真真整理好的旁听戴维演讲时所做的记录,表示自己对科学的热心和求师的诚意。他当时只是想碰碰运气,谁知,戴维被他的诚意所感动,看出他是一个很有前途的科技新苗,就很快回了信,并约法拉第面谈。见面后,戴维决定请法拉第做自己的助手,将其安排在皇家实验室工作,就这样,在戴维的帮助下,法拉第终于成了伟大的科学家。

(3)以"美"悦人。俗话说,爱美之心,人皆有之。这里的"美",主要是指求职信要文情并茂,富有感染力。阅读者往往会被作者的文笔所打动。

4)写求职信时应注意的事项

写求职信时应注意以下事项。

(1)不宜太长。哈佛人力资源研究所在1992年就有一份经典的测试报告:一封求职信如果内容超过400个单词,则其效度只有25%,即阅读者只会留下对1/4内容的印象,因此求职信写得简洁是十分重要的。

(2)不宜有文字上的错误。求职信要切忌错字、别字、病句及文理欠通顺的现象。写完之后要通读几遍，精雕细琢，否则就可能使求职信"黯然无光"。

（3）求职信正确的写法是首段指出信息来源，即从何处得悉的招聘信息；第二段是对本人申请职位的描述和界定；第三段是对个人符合某一职位条件的高度概括式的陈述；最后一段则是对阅读者表示感谢。

（4）拟写求职信时要注意：不要涉及私事；尽量不要提及工资数额，着重表现对自己有利的方面，尽量用数据说明问题。

7.4.5 求职中的SWOT分析法

SWOT分析法又称为态势分析法，它是由旧金山大学的管理学教授韦里克于20世纪80年代初提出来的，常常被用作分析企业战略。由于SWOT能较客观而准确地分析和研究一个单位的现实情况，因此，在个人求职及寻找最适合自己的职业方向等方面，也具有相当大的作用。

SWOT中，S代表优势（strength），W代表劣势（weakness），O代表机会（opportunity），T代表威胁（threat）。其中，S、W分析的是内部条件，O、T分析的是外部条件。通过SWOT分析法，看清自身优势、劣势，发扬优势，改进劣势，抓紧机会，面对威胁找出解决办法。同时，根据分析，把所碰到的问题分类，明确哪些是迫在眉睫需要及时处理的，哪些是可以稍缓的，再按矩阵形式排列，做出一张属于自己的SWOT矩阵图。

1. S——优势

找出自己的优势。每个人性格各异，有的人冷静沉着，有的人灵敏活泼；有的人喜欢集大成思想，有的人善于独立思考；有的人擅长理论知识，有的人则可能擅长实际应用。只有认清自己的优势，才能更好地发挥所长。例如：口才好的、喜欢与人打交道的人，择业时就可以选择企业里的推广、营销部门；思维灵活、领导能力强的人，策划部门也许才是更佳的选择。选择一份适合自己的工作，是求职成功的第一步。"为什么你认为自己适合这份工作？"这个问题除了是面试常考题之外，也是自己择业时需要好好思考的问题。而通过对S的分析，你可以回答："就因为我自身有……的优点，所以我有信心胜任这份工作。"

2. W——劣势

正所谓人无完人，一个人有优势，当然也会有劣势。劣势往往是求职失败的致命伤。先认清自己的劣势，除了择业时避免选择一些自己不擅长的工作外，在求职过程中也该扬长避短，尽量不要暴露自身缺点。其实，最实际的解决方法还是及早发现问题并做出改正。大学四年正是改正缺点的最佳时期。因为，为自己做一份SWOT分析不是我们在即将踏入社会时才应该考虑的事情。

3. O——机会

求职时，机会也是相当重要的。"时势造英雄"，再好的条件也需要有好的机会才能促成飞跃。求职时，找对了目标，还要寻找机会。比尔·盖茨正是在IT业逐渐萌芽发展时，毫不犹豫地抓住了机会，才成为世界首富的。应聘前先对该职位、公司做一些调查，了解该行业的发展前景和该公司目前的发展状况。有个面试常见的问题是"你认为我们公司目前还有哪些需要改进的地方？"，或者"你觉得我们公司怎么样？"，这时，根据先前所做的调查，在面试官面前滔滔不绝地表达自己的看法，自然比没有准备来得更主动。主动去抓住机会，是求职成功的必要条件。

4．T——威胁

求职时,威胁大多指的是来应聘相同职位的竞争对手。一份好的工作,往往会出现几十人甚至几百人竞争的情况。这时,知己知彼才能百战百胜。找出什么是我做不到而我的竞争对手却做得到的,什么是我做得到而我的竞争对手做不到的。譬如,发现自己的学历不如人,但可能在人际交往方面优于竞争对手的时候,就该更尽力地去表现自己的人际交往能力。这也要求我们之前就找出自己的优势,同时弄清楚竞争对手的劣势。

7.5 如何参加面试

7.5.1 进行有效的面试准备

(1)对用人单位情况及面试过程进行调查研究,进一步了解用人单位和面试官的情况,以及面试的确切地点、时间及方式等。

(2)使自己的能力与用人单位的要求相符合。认真阅读所收集到的所有信息并牢记它们,尽量使自己的能力与用人单位相适应。参加面试时,通过显示自己对专业知识的理解来表达自己希望进入这一行业工作的愿望。

(3)准备一系列问题向面试官请教。这些问题主要可涉及用人单位的职业培训、技能提高和继续深造的机会等。

(4)事先可进行"模拟面试",大声朗读自己所准备的问题的答案,并让同学对自己的表现进行评价。

(5)做一个求职议程预案。确立了欲应聘的公司后,面试前应就如何说服对方做出周密的安排。如果面试时,没有章法、漫无目的地随想随说,或对对方异议张口结舌,语无伦次,则必将导致应聘的失败。

7.5.2 面试的几个经典问题

(1)你认为自己最大的弱点是什么?

绝对不要自作聪明地回答"我最大的缺点是过于追求完美",有的人以为这样回答会显得自己比较出色,事实上,他已经"岌岌可危"了。

(2)你最喜欢的大学课程是什么?

说和你要应聘的职位相关的课程,此时表现一下自己的热忱并没有什么坏处。

(3)最能概括你自己的三个词是什么?

如适应能力强、有责任心和做事有始有终等。结合具体例子向面试官解释,让他们觉得你具有发展潜力。

(4)你为什么来应聘这份工作?

"我来应聘是因为我相信自己能为公司做出贡献。"

(5)你是否愿意加班?

尽量诚实——如果你说了"是"而实际上却不想,那么你就会被人一直盯住。

(6)你对我们公司有什么认识?

说几件你知道的事,其中至少有一样是与公司业绩相关的。

(7)你是怎么知道我们招聘这个职位的呢?

如果你是从公司内部某人那里得来的消息,记得提及他的名字。

(8)你心目中的英雄是谁?

最好的答案是你的朋友或者家人,尽量避免提及名人。

(9)你有什么问题吗?

一定要提问。

(10)你为什么还没找到合适的职位呢?

别怕告诉他们你可能会有的聘请,但千万不要说"我上一次面试弄得一塌糊涂"。

7.5.3 面试语言陷阱

应聘者希望找到一个能够了解自己优点的老板,用人单位则希望找到优秀的合作伙伴。陌生的双方相见后,都想在短短一席话中努力表现出自己的优点、说出聪明话或立即呈现出很棒的反应,以便给对方留下良好印象。面试其实是一场智力游戏,面试官也许会在面试中设置种种语言陷阱,以探测你的智慧、性格、应变能力和心理承受能力,面试者只有识破这样的语言陷阱,才能小心、巧妙地绕开,不至于一头栽进去。

1. 用激将法遮蔽的语言陷阱

用激将法遮蔽的语言陷阱是面试官用来淘汰大部分应聘者的惯用手法。采用这种手法的面试官,往往在提问之前就会用怀疑、尖锐、咄咄逼人的眼神逼视对方,先令对方的心理防线溃退,然后冷不防用一个明显不友好的发问激怒对方。如"你经历太单纯,而我们需要的是社会经验丰富的人""你性格过于内向,这恐怕与我们的职业不合适""我们需要名牌院校的毕业生,你并非毕业于名牌院校""你的专业与所申请的职位不对口"等。那么,面对这样的发问,如何接招儿呢?

如果对方说:"你经历太单纯,而我们需要的是社会经验丰富的人。"

你可以微笑着回答:"我确信如果我有缘加盟贵公司,我将会很快成为社会经验丰富的人,我希望自己有这样一段经历。"

2. 挑战式的语言陷阱

挑战式的语言陷阱往往从求职者最薄弱的地方入手。

对于应届毕业生,面试官会设问:"你的相关工作经验比较欠缺,你怎么看?"

对于这样的问题,你可以用"这样的看法值得探讨""这样的说法有一定的道理,但我恐怕不能完全接受"为开场白,然后婉转地表达自己的不同意见。

面试官有时还会哪壶不开偏提哪壶,提出让求职者尴尬的问题。如"你的学习成绩并不优秀,这是怎么回事?""从简历看,大学期间你没有担任学生干部的经历,这会不会影响你的工作能力?"等。

碰到这样的问题,有的求职者常会不由自主地摆出防御姿态,甚至狠狠反击对方。这样做,只会误入过分自信的陷阱,招致"狂妄自大"的评价。而最好的回答方式应该是,既不掩饰回避,也不要太直截了当,用明谈缺点、实论优点的方式巧妙地绕过去。

3. 诱导式的语言陷阱

面试时，面试官往往会设定一个特定的背景条件，诱导对方做出错误的回答，因为也许任何一种回答都不能让对方满意。这时候，你的回答就需要模糊化。

如对于"依你现在的水平，恐怕能找到比我们企业更好的公司吧？"这个问题，如果你回答"Yes"，那么说明你这个人也许会脚踏两只船，"身在曹营心在汉"；如果你回答"No"，又会说明你对自己缺少自信或者你的能力有问题。

对这类问题可以先用"不可一概而论"作为开头，然后回答："或许我能找到比贵公司更好的企业，但别的企业对人才培养的重视力度或许不如贵公司；或许我能找到更好的企业，但我想，珍惜已有的最为重要。"

还有一种诱导式的语言陷阱：对方的提问似乎是一道单项选择题，如果你选了，就会掉进陷阱。比如说，对方问："你认为金钱、名誉和事业哪个重要？"

对于刚毕业的大学生来说，这三者当然都很重要。可是对方的提问却在误导你，让你认为这三者是相互矛盾的，只能选其一。这时候切不可中了对方的圈套，必须冷静分析，可以首先明确指出这个前提条件是不存在的，再解释三者对我们的重要性及其统一性。

你可以这样组织语言："我认为这三者之间并不矛盾。作为一名受过高等教育的大学生，追求事业的成功当然是自己人生的主旋律。而社会对我们事业的肯定方式，有时表现为金钱，有时表现为名誉，有时二者均有。因此，我认为，我们应该在追求事业的过程中去获取金钱和名誉，这三者对我们来说都很重要。"

4. 测试式的语言陷阱

测试式的语言陷阱的特点是虚构一种情况，然后让求职者做出回答。如"今天参加面试的有近10位候选人，如何证明你是最优秀的？"等，这类问题考察的是求职者随机应变的能力。无论你给自己列举多少优点，别人总有你也许没有的优点。

你可以回答说："对于这一点，可能要因具体情况而论，比如贵公司现在所需要的是行政管理方面的人才，虽然前来应聘的都是这方面的对口人才，但我深信我在大学期间当学生干部和主持社团工作的经历已经为我打下了扎实的基础，这也是我自认为比较突出的一点。"这样的回答很难让对方抓住把柄，再度反击。

有时，面试官还会提出这样的问题："你对琐碎的工作是喜欢还是讨厌？为什么？"

这是个两难问题，若回答喜欢，似乎有悖现在知识青年的实际心理；若说讨厌，似乎每份工作都有琐碎之处。我们可以这样表述自己的态度："琐碎的事情在绝大多数工作岗位上都是不可避免的，如果我的工作中有琐碎的事情需要做，我会认真、耐心、细致地把它做好。"

5. 引君入瓮式的语言陷阱

假如你前去应聘的职位是一家公司的财务经理，面试官也许会突然问你："您作为财务经理，如果我（总经理）要求你1年之内逃税100万元，那你会怎么做？"如果你当场抓耳挠腮地思考逃税计谋，或立即列出一大堆逃税方案，那么你就中了圈套，掉进了陷阱了。因为抛出这个问题的面试官，正是以此来测试你的商业判断能力和商业道德的。要记住，遵纪守法是员工行为的最基本要求。

又如，你正要从一家公司跳槽去另一家公司。面试官问你："你们的老板是不是很难相处啊，要不然，你为什么跳槽？"也许他的猜测正是你要跳槽的原因，即使这样，你也切记不要被这种同情的语气所迷惑,更不要顺着杆子往上爬。如果你愤怒地抨击你的老板或者义愤填膺地控诉你所在的公司,那么你一定完了。

面试前,对可能遇到的问题要进行准备,如"请简单介绍一下你自己""请谈谈你的工作经验""你为什么要应聘这份工作""请你简单谈一下对我们单位的认识""你有什么特长和爱好""请你介绍一下自己的优点和不足""这份工作压力很大,你能承受得了吗""你择业考虑的主要问题是什么"等。面试结束阶段,你应该做的事情是:表现出你的兴趣;对面试官表示感谢;如果当场没有结果,你可进一步提问,以示你的兴趣和愿望;要善于觉察主面试官在面试结束时的暗示,不要继续追问或赖着不走。面试失败时,不要灰心丧气,应及时总结,虚心请教,不要轻易放弃。

思考题

1. 你如何看待当前的就业形势?
2. 如何获取就业信息?
3. 就业通用技能有哪些?
4. 网络求职应注意哪几点?
5. 你认为制作简历要做到哪几点?
6. 如何让你的简历脱颖而出?
7. 你认为面试时应注意哪些问题?
8. 你有过求职的经历吗?请谈谈你求职的经历或求职的打算。
9. 运用SWOT分析法,列出你求职的优势、劣势、机会和威胁。

第 8 章　信息分析与鉴别

8.1　信息分析概述

8.1.1　信息分析的定义

信息分析(information analysis)是一项内容广泛的信息深加工处理和情报提炼活动,它以大量相关的原生信息为处理对象,通过对原生信息内容的分析、综合或评价,以提炼出对管理、决策等活动有支持作用的情报,为管理、决策等活动服务。

具体来说,信息分析是根据用户的现实需求或潜在需求,广泛系统地搜集与之相关的各种原生信息,进行定向的筛选和整序,通过逻辑思维过程对其内容进行去伪存真的鉴定、由表及里或由此及彼的推理,运用科学的理论和方法对原生信息进行分析处理和提炼,以得出有助于解决实际问题的情报,揭示研究对象的内在变化规律及其与周围环境的联系,满足用户的信息需求。在信息分析过程中,需要充分了解特定研究对象的历史、现状,并预测其未来的发展趋势,经过分析鉴别、综合归纳、判断推理的研究加工过程,结合实际需要和工作深度,提出有依据、有分析、有评价、有预测性意见的信息分析产品,提交给用户,为管理、决策等活动服务。

为了更好地揭示信息分析的内涵,下面进一步对信息分析加以说明。

第一,信息分析必须建立在用户及其特定的信息需求的基础上。这个基础是信息分析活动得以开展的原动力。

第二,信息分析必须以占有大量的原生信息为前提。信息分析是对原生信息内容的分析及在分析的基础上对未知或未来状态的预测,没有原生信息,信息分析活动便会成为无源之水、无本之木。

第三,信息分析是一种信息深加工活动,一般性的信息加工不能称为信息分析。传统的以"剪刀加糨糊"为特征的"剪报服务"虽然也有一个信息搜集的主题范围,提供的产品也是一种信息产品,但没有对原生信息的深入分析,更谈不上对未知或未来状态的科学预测,这类活动只能称得上是一般性的信息加工活动。

第四,广泛采用现代化的信息技术手段和科学的信息分析方法是成功地进行信息分析的重要保证。例如,社会科学统计软件 SPSS 是世界上最早采用图形菜单驱动界面的统计软件,集成了信息分析的许多常用方法。

第五,完整的信息分析是一个系列化的智力活动过程,包括前后相随且密切相关的若干个环节,即规划与定向、信息搜集、整理与鉴别、信息分析和提炼、信息分析产品的形成、信息传递、利用及反馈。

8.1.2 信息分析的作用

信息分析的基本任务是：运用科学的理论、方法和手段，在对大量甚至海量（通常是零散且杂乱无章）的信息进行搜集、加工整理和价值评价的基础上，透过由各种关系织构而成的错综复杂的表面现象，把握其内容本质，提炼出有价值的情报，为管理、决策等活动服务。

实践证明，在科学决策、研究与开发、市场开拓等活动中，信息分析都发挥着非常重要的作用。例如，通过检索和分析竞争对手在某一技术领域的专利申请，并结合竞争对手的人才招聘、试验性原材料的购进、战略合作伙伴关系的建立等相关内容进行深入分析，便可判断出竞争对手的研究与开发方向、经营策略、产品和技术优势。信息分析的作用主要体现在以下几个方面。

1. 为科学决策服务

按照西蒙（H. A. Simon）的观点，科学决策的程序必须至少包含以下几个基本阶段：①找到问题的症结，确定决策目标；②拟订各种可能的行动方案以供选择；③比较各种可能的方案并从中选优；④对所选择的方案进行评价。这几个阶段又可分别称为参谋活动阶段、设计活动阶段、选择活动阶段和审查活动阶段，是任何一项科学决策活动都不能缺少的。

信息分析在上述各阶段都担负着重任。信息分析活动的结果对决策效果的影响显得极其显著，正确的信息分析往往会促成正确的决策，使人们走向成功；而错误的信息分析则会导致错误的决策，使国家、企业或个人丧失难得的取胜机遇。正因为如此，信息分析工作已经普遍受到了各级各类管理者和决策者的高度重视。

2. 为研究与开发服务

现代科学技术活动是以科学技术领域内的基础研究、应用研究和开发研究为核心的。信息分析在研究与开发中的作用主要体现在为研究与开发提供背景性知识，使人们对某一研究与开发领域的历史、现状及发展方向有一个比较透彻的把握，帮助科研工作者寻找研究与开发的机会，避免重复研究或走弯路。

3. 为市场开拓服务

成功的市场开拓活动必须要有充分的市场信息做保障。这些信息通常包括两类：一类是市场系统内部产生的与经济活动有关的信息，如市场供求状况、价格水平、消费者偏好等；另一类是市场系统外部产生的对市场营销活动有影响的信息，如政治、法律、经济、文化、金融、科技、竞争等的状况。

信息分析在市场开拓中的作用主要体现在通过提供上述两类信息帮助用户寻找、识别和把握市场机会，选准市场开拓的突破口，规避潜在的市场风险。

8.1.3 信息分析方法的类型

目前，人们对信息分析方法体系的探讨并未形成一致的意见。不过，虽然人们对信息分析方法的认识角度不同，观点也往往有较大差异，但还是存在一些共识，即信息分析方法体系是在实践中不断积累和发展而成的，且与研究对象和研究领域的发展变化相一致，并随着研究领域的拓展而不断得到丰富和充实，信息分析方法体系总是处在一个不断进步和不断完善的过程之中。学术界一般将信息分析方法分为定性分析方法、半定量分析方法和定量分析方法三类。

1. 定性分析方法

定性分析方法是指根据社会现象或事物所具有的属性和矛盾变化,从事物的内在规律性来研究事物的一种方法。定性分析方法一般不涉及变量关系,主要依靠人类的逻辑思维来分析问题。进行定性研究,要依据一定的理论与经验,直接抓住事物特征的主要方面。定性分析方法具有探索性、诊断性和预测性,它并不追求精确的结论,而只是了解问题之所在,摸清情况,得出感性认识。常用的定性分析方法有比较法、分析与综合法、推理法和头脑风暴法等。

2. 半定量分析方法

半定量分析方法是指既包含定性分析又包含定量分析的综合方法。在半定量分析方法中,定性分析把握信息分析问题的中心和方向,侧重于宏观描述;定量分析为信息分析提供数量依据,侧重于微观分析。随着信息分析问题的复杂性的不断提高,半定量分析方法应用得越来越普遍,常用的半定量分析方法有德尔菲法、交叉影响分析法、层次分析法、内容分析法等。

3. 定量分析方法

定量分析方法一般是为了对研究对象的总体得出统计结果而进行的,它强调对数据的分析。在定量分析方法中,信息都是用某种数字来表示的,可通过建立数学模型来表达数据的内涵,揭示事物的本质和发展趋势。常用的定量分析方法有回归分析法、文献计量学法、时间序列分析法、系统动力学方法等。

8.2 常用的信息分析方法

8.2.1 逻辑分析方法

1. 比较

比较(comparison)也称为对比,就是对照各个研究对象,以确定其间差异点和共同点的一种逻辑思维方法。通过比较揭示对象之间的异同是人类认识客观事物最原始、最基本的方法。有比较,才有鉴别;有鉴别,才有选择和发展。

比较实际上就是将研究对象的某些共同特性或属性进行对比,所以在对比时必须对反映事物本质的特征或属性进行分解和分析,并从中确定其主要特征和主要属性及次要特征和次要属性,做到抓住主要特征和主要属性,并尽可能多地分析次要特征和次要属性。比较在信息分析与预测中主要有以下几个方面的作用。

1) 揭示事物的水平和差距

通过比较,可以发现事物间本质上的异同,揭示国家、地区、行业、部门、产品、技术、工艺等的水平和差距,以便对比发展水平,明确发展方向。

2) 认识事物发展的过程和规律

通过对事物不同时期发展状况和水平的比较,可以认识事物的过去和现在,了解其发展轨迹,揭示其发展规律,判明其发展方向,以便总结经验、吸取教训。

3) 判定事物的优劣和真伪

通过比较不同的方案,可以明确事物的优劣和真伪,从而为识别、判断和选择提供依据。但是在很多情况下,对比对象的各个特征或属性指标,在给定对象的评价中其地位不同,重要性就不同。因此,在比较对象的优劣时,首先要考虑其相对重要性,即为对象的每一个指标确定一个不同的权重,然后将对比对象的各个定量指标或定性指标逐个转换为相对的等级分数,并对对象的各个指标进行加权处理。最后按总分排列各个对比对象的优劣顺序。加权评分对比法就是根据这一思路提出来的。加权评分对比法的主要步骤是:①将其对象的各自然指标转换成相对等级分数,一般将最优指标定为10分,最劣指标定为0分,中间指标按内插法求出;②将各对比指标的相对等级分数乘上相应的权重数,即得加权等级分数;③将各项指标的加权等级分数相加,可得各对象的总分,排出次序,即可得出各对比对象的优劣顺序。

2. 推理

推理是从一个或几个已知的判断得出一个新判断的思维过程。具体来说,推理就是在掌握一定的已知事实、数据或因素相关性的基础上,通过因果关系或其他相关关系顺次、逐步地推论,最终得出新结论的一种逻辑思维方法。

任何推理都由前提和结论两部分组成,都包含三个要素:一是前提,即推理所依据的那一个或几个判断;二是结论,即由已知判断推出的那个新判断;三是推理过程,即由前提到结论的逻辑关系形式。

推理是由已知判断合乎规律地推出未知判断的思维形式,是通过对某些判断的分析和综合引出新的判断的过程,它反映了事物之间的内在联系和发展趋势。在推理时,要想获得正确的结论,就必须注意两点:第一,推理的前提必须是准确无误的;第二,推理的过程必须是合乎逻辑思维规律的。

推理的种类很多,根据推理的前提和结论之间联系的性质,可将推理分为演绎(deduction)推理和归纳(induction)推理两类。凡前提和结论之间的联系是必然的,则属于演绎推理;凡前提和结论之间的联系不是必然的,则属于归纳推理。按照推理的前提是简单判断还是复合判断,演绎推理又分为简单判断的推理(如三段论等)和复合判断的推理(如假言推理、选言推理和二难推理等)。归纳推理的类型按照其发展的不同阶段又可以分为古典归纳推理和现代归纳推理两种,其中古典归纳推理主要包括枚举归纳推理、消去归纳推理,同时也包括提出和检验假说的方法。

演绎推理与归纳推理的根本区别是:演绎推理从真的前提必然能推出真的结论,而归纳推理从真的前提不一定能推出真的结论。一般来说,演绎推理适合于将一般性的知识应用到特殊的场合,而归纳推理适合于由特殊的事例概括出一般性的知识。

推理是一种重要的逻辑方法,在信息分析中有着广泛的应用领域。例如:通过推理,可以把与设想或假说有关的事物联系起来,从而达到证实或证伪设想或假说的目的;通过对某些已知事实或数据及其相关性的严密推理,可以获得一些未知的事实或数据,如科技发展的动向、技术优势和缺陷、市场机会和威胁、人口素质、教育水平等;通过对科技、技术经济、市场等的历史、现状的逐步推理,可以顺势推测出其未来的发展趋势。

3. 分析与综合

分析与综合是揭示个别与一般、现象与本质的内在联系的逻辑思维方法,是科学抽象的主要手段,它主要解决部分和整体的问题。

分析与综合是加工情报信息的基本方法,是揭示事物本质和规律的基本手段,是形成观点和模型的主要工具,也是构成各种逻辑方法的重要基础。

分析(analysis)就是把客观事物整体分解为部分或要素,并根据事物之间或事物内部各要素之间的特定关系,通过推理、判断,达到认识事物目的的一种逻辑思维方法。

事物之间及构成事物整体的各要素之间的关系是错综复杂、形式多样的,如因果关系、表象和本质关系、一般和特殊关系、主要矛盾和次要矛盾关系、目标和途径关系,以及其他相关关系等。分析就是透过由上述各种关系织构而成的错综复杂的表面现象,把握其本质的规律或联系的过程。

综合(synthesis)是与分析相对立的一种方法,是指人们在思维过程中将与研究对象有关的片面、分散、众多的各个要素(情况、数据、素材等)进行归纳,从错综复杂的现象中探索它们之间的相互关系,从整体的角度把握事物的本质和规律,通观事物发展的全貌和全过程,获得新的知识、新的结论的一种逻辑思维方法。

分析与综合是对立统一的辩证关系,它们既相互矛盾又相互联系,并在一定条件下相互转化。在信息分析与预测中,分析与综合总是结合在一起使用的。没有分析的综合,或者没有综合的分析,都很难保证信息分析与预测产品的高质量。

8.2.2 文献计量学方法

文献计量学是以文献体系和文献计量特征为研究对象,采用数学、统计学等计量方法,研究文献情报的分布结构、数量关系、变化规律和定量管理,进而探讨科学技术的某些结构、特征和规律的一门学科,包括一系列描述文献信息流动态特征的经验定律和规律。布拉德福定律、洛特卡定律、齐普夫定律一起被称为文献计量学的三大定律。

目前,文献计量学已经开始在计量分析单元上从文献单元深入到内容单元,即可以对文献的题名、主题、词汇、知识项、语言、格式等各种深层次的内容信息进行计量分析研究,从而使文献计量向信息计量方向发展。

1. 布拉德福定律

布拉德福定律指出,如果将科技期刊按其刊载某专业论文数量的多寡,以递减顺序排列,则可分出一个核心区和相继的几个区域,每区刊载的论文量相等,此时核心期刊和相继区域期刊数量约成 $1:n:n^2:\cdots$ 的关系。

布拉德福定律主要反映的是同一学科分类的专业论文在相关的期刊信息源中的不平衡分布规律。布拉德福定律的应用研究获得了许多切实有效的成果,应用于指导文献情报工作和科学评价,选择和评价核心期刊,改善文献资源建设的策略,了解读者阅读倾向,评价论文的学术价值以节省经费和时间,切实提高文献信息服务和信息利用的效率及科学评价的科学性。

2. 洛特卡定律

洛特卡定律是由美国学者 A. J. 洛特卡在 20 世纪 20 年代率先提出的描述科学生产率的经验规律,又称"倒数平方定律"。它描述的是科学工作者人数与其所著论文之间的关系:写 2 篇论文的作者数量约为写 1 篇论文的作者数量的 1/4,写 3 篇论文的作者数量约为写 1

篇论文作者数量的 1/9，写 n 篇论文的作者数量约为写 1 篇论文作者数量的 $1/n^2$，而写 1 篇论文作者的数量约占所有作者数量的 60%。该定律被认为第一次揭示了作者数量与其所著论文数量之间的关系。

3. 齐普夫定律

齐普夫定律是美国学者 G. K. 齐普夫于 20 世纪 40 年代提出的词频分布定律。它可以表述为：如果把一篇较长文章中每个词出现的频次统计起来，按照高频词在前、低频词在后的递减顺序排列，并用自然数给这些词编上等级序号，即频次最高的词等级为 1，频次次之的等级为 2，依此类推，频次最小的词等级为 D。若用 f 表示频次，r 表示等级序号，则有 $fr = C$（C 为常数）。人们称该式为齐普夫定律。

8.2.3 德尔菲法

德尔菲（Delphi）法是由美国兰德公司于 1964 年发明并首先将其应用于技术预测的。德尔菲是古希腊传说中的一个地名。当地有一座阿波罗神殿，是众神聚集占卜未来的地方，德尔菲法便由此得名。由此可以体会到，德尔菲法的含义是通过卓越人物来洞察和预见未来。

德尔菲法除用于科技预测外，还广泛用于政策制定、经营预测、方案评估等。发展到现在，德尔菲法在信息分析研究中，特别是在预测研究中占有重要的地位。据 1975 年联合国教育研究所对几种主要预测方法的使用情况所做的调查来看，专家预测法（以德尔菲法为主）的使用次数占被使用预测方法总数的 24.2%。德尔菲法主要有以下三个方面的特点。

1. 匿名性

德尔菲法不像专家会议调查法那样把专家集中起来发表意见，而是采用匿名发函调查的形式进行调查。受邀专家之间互不见面，也不联系。德尔菲法克服了专家会议调查法易受权威影响，易受会议气氛、潮流影响和其他心理影响的缺点。专家们可以不受任何干扰地、独立地对调查表所提问题发表自己的意见，不必做出解释，甚至不必申述理由，而且有充分的时间思考和进行调查研究。匿名性保证了专家意见的充分性和可靠性。

2. 反馈性

由于德尔菲法采用匿名形式，专家之间互不接触，受邀各专家都分别独立地就调查表所提的问题发表自己的意见，仅靠一轮调查，专家意见往往比较分散，不易得出结论，而且各专家的意见也容易有某种局限性。为了使受邀的专家们能够了解每一轮咨询的汇总情况和其他专家的意见，组织者要对每一轮咨询的结果进行整理、分析、综合，并在下一轮咨询中匿名反馈给每个受邀专家，以便专家们根据新的调查表进一步发表意见。经典的德尔菲法一般要经过四轮咨询。反馈是德尔菲法的核心。在每一轮反馈中，每个专家都可以参考别人的意见，冷静地分析其是否有道理，并在没有任何压力的情况下进一步发表自己的意见。多次反馈保证了专家意见的充分性和最终结论的正确性、可靠性。

3. 统计性

在应用德尔菲法进行信息分析研究时，对研究课题的评价或预测（如对研究对象的各项指标及其相对重要性的评价，或是对研究对象的实现时间、条件和手段的估计等）不是由信息分析研究人员做出的，也不是由个别专家给出的，而是由一批有关的专家给出的。由此，对诸多专家的回答必须进行统计学处理。所以,应用德尔菲法所得的结果带有统计学的特征,往往以概率的形式出现,它既可反映专家意见的集中程度,又可反映专家意见的离散程度。为了便于对应答专家意见的统计处理,调查表在设计中应多采用表格化、符号化、数字化的形式。德尔菲法的统计性特点有利于将一般定性问题用定量化方法处理,并以定量结果表述。

总体来说,德尔菲法主要应用于预测和评价,它既是一种预测方法,又是一种评价方法。不过经典的德尔菲法的侧重点是预测,因为在进行相对重要性之类的评估时,往往也是预测性质的评估,即对未来可能事件的估计比较。具体来说,德尔菲法主要有以下五个方面的用途。

(1) 对达到某一目标的条件、途径、手段及它们的相对重要程度做出估计。

(2) 对未来事件实现的时间进行概率估计。

(3) 对某一方案(技术、产品等)在总体方案(技术、产品等)中所占的最佳比重做出概率估计。

(4) 对研究对象的动向和在未来某个时间所能达到的状况、性能等做出估计。

(5) 对方案、技术、产品等做出评价,或评价出若干备选方案、技术、产品的相对名次,选出最优者。

8.2.4 回归分析法

回归分析法是处理两个或两个以上变量之间相关关系的一种数学方法。它不仅提供了建立变量之间相关关系的数学表达式(通常称为经验公式或回归方程)的一般途径,而且通过计算对所建立的经验公式的有效性进行了分析,使之能有效地用于预测和控制。目前,这一方法已在信息分析与预测领域获得了广泛的应用。

回归分析法可按照所采用的回归方程的不同来分类。回归方程为线性的称为线性回归,否则称为非线性回归。线性回归是回归分析的基本模型,很多复杂的情况都是转化为线性回归进行处理的。回归方程的自变量只有一个的称为单元回归,多于一个的称为多元回归。具体来说包括以下几类。

(1) 单元线性回归,即只有一个自变量的线性回归,用于两个变量接近线性关系的场合。

(2) 多元线性回归,用于一个因变量 Y 同多个自变量 $X_1, X_2, \cdots, X_m$ 线性相关的问题。

(3) 非线性回归,又可分为两类:一类可通过数学变换变成线性回归,另一类可直接进行非线性回归(如多项式回归)。

(4) 单元多项式回归,即因变量同自变量成多项式函数关系的回归分析法。

回归分析法的主要步骤如下。

(1) 根据自变量与因变量的现有数据及关系,初步设定回归方程(对于单元线性回归而言,就是将已有数据绘于直角坐标系中得一散点图,并观察散点图是否近似于呈直线趋势,若是,则设定回归方程为 $y = a + bx$)。

(2) 求出合理的回归系数(对于单元线性回归而言,即用最小二乘法求出 a、b),并确定回归方程。

(3) 进行相关性检验,确定相关系数。

(4) 在符合相关性要求后,即可将已得的回归方程与具体条件相结合,来确定事物的未来状况,并计算预测值的置信区间。

8.2.5 头脑风暴法

头脑风暴法也称为专家会议法,是借助于专家的创造性思维来索取未知或未来信息的一种直观预测方法,这种方法原指精神病患者在精神错乱时的胡言乱语,后用来指无拘无束、自由奔放地思考问题。

头脑风暴法一般用于对战略性问题的探索,现在也用于研究产品名称、广告口号、销售方法、产品的多样化等,以及需要大量的构思和创意的行业(如广告业)。

1. 头脑风暴法的优点

头脑风暴法的优点如下。

(1)通过信息交流,有利于捕捉瞬间的思路,激发创造性思维。

(2)通过头脑风暴会议,获取的信息量大,考虑的因素多,所提供的计划、方案等也比较全面和广泛。

2. 头脑风暴法的缺点

头脑风暴法的缺点如下。

(1)它是专家会议调查的一种类型,因而具备专家会议调查法的一些缺点,如专家缺乏代表性,易受权威、会议气氛和潮流等因素的影响,易受表达能力的限制等。

(2)由于是即兴发言,因而普遍存在着逻辑不严密、意见不全面、论证不充分等问题。

由于头脑风暴法具有以上缺点,因此在实际应用时要注意扬长避短,如在组织头脑风暴会议时严格遵循有关原则,严格做好专家的遴选工作,提交必要的背景性材料,会后再走访专家了解详情等。此外,也可以将头脑风暴法同其他信息分析与预测方法结合起来使用,这样可以达到相互印证的目的。

3. 运用头脑风暴法的五条原则

运用头脑风暴法的五条原则如下。

(1)禁止批评他人的建议,只许完善。

(2)最狂妄的想象是最受欢迎的。

(3)重量不重质,即为了探求最大量的灵感,任何一种构想都可被接纳。

(4)鼓励利用别人的灵感加以想象、变化、组合等,以激发更多更新的灵感。

(5)不准参加者私下交流,以免打断别人的思维活动。

8.2.6 信息软件分析方法

信息软件分析方法是利用各种分析软件来统计、分析相关文献中的知识信息的方法。这类软件有的揭示各主题文献群的关系,有的反映文献引证历史和各种分布特征,有的帮助快速切入更深的研究领域,有的协助挖掘隐性信息和发现新知识。下面介绍两种常用的信息分析软件。

1. CiteSpace

1) CiteSpace 概述

CiteSpace 是一款可视化文献分析软件,由美国德雷赛尔大学信息科学与技术学院的陈超美开发。CiteSpace 能够显示一个学科或知识域在一定时期发展的趋势与动向,形成若干研究前沿领域的演进历程,登录 http://cluster.cis.drexel.edu/~cchen/citespace/后可免费使用。

如何表现一个研究领域?CiteSpace 的开发者陈超美认为:可以用"研究前沿"和"知识基础"随着时间相对应的变化情况来表示一个研究领域的状况。

在 CiteSpace 中,采用一种"突发词检测"算法来确定研究前沿中的概念,基本原理就是统计相关领域论文的标题和摘要中词汇的频率,根据这些词汇的增长率来确定哪些是研究前沿的热点词汇。根据这些术语在同一篇文章中出现的情况进行聚类分析,可以得到"研究前沿术语的共现网络"。因此,研究前沿是指临时形成的某个研究课题及其基础研究问题的概念组合,也是正在兴起或突然涌现的理论趋势和新主题,代表一个研究领域的思想现状。

研究前沿的知识基础,即含有研究前沿的术语词汇的文章的引文,实际上它们反映的是研究前沿中的概念在科学文献中吸收利用知识的情况。对这些引文也可以通过它们同时被其他论文引用的情况进行聚类分析,这就是同被引聚类分析,最后形成一组被研究前沿所引用的科学出版物的演进网络,即知识基础文章的同被引网络。

因此,CiteSpace 就是利用三个网络(研究前沿术语的共现网络、知识基础文章的同被引网络和研究前沿术语引用知识基础文章网络)随着时间演变的情况来寻找研究热点及趋势,并以可视化的方式将其展示出来的信息分析软件。具体做法如下:①下载相关文献,用户可以从 Web of Science 数据库中检索并以固定格式下载某一主题的文献记录,主要包括作者、题目、摘要和文献的引文等字段,将检索到的文献记录输入到系统之后,系统会生成对文章标题、文摘和描述词的频率统计;②设置参数,如确定要分析领域的总的时间段范围和分割后每一个时间片段的长度等;③运行系统,会得到研究前沿术语的共现网络、知识基础文章的同被引网络和研究前沿术语引用知识基础文章网络等的可视化结果。

2)CiteSpace 的基本特点

CiteSpace 的基本特点如下。

(1)原始数据不需要转化为矩阵的格式,可以将 WOS 等数据库的原始数据格式直接导入进行运算及作图。

(2)对于同一数据样本,可进行多种图谱绘制,从不同角度展现数据演进特征。

(3)通过为节点和连线标记不同的颜色,清晰地展现出文献数据随时间变化的脉络。

(4)节点的彩色年轮表示法清晰展现了不同时间段的引证情况。

(5)连线的颜色代表了该连线共引频次最早达到所选择阈值的时间。

3)CiteSpace 的基本功能

CiteSpace 的基本功能如下。

(1)通过引文网络分析,找出学科领域演进的关键路径。

(2)找出学科领域演进的关键点文献(知识拐点)。

(3)分析学科演进的潜在动力机制。

(4)分析学科热点和前沿。

(5)结合 Google Earth 生成地理网络合作图。

4)CiteSpace 的使用

使用 CiteSpace 的一般步骤如下。

(1) 确定一个研究领域,收集尽可能多的该领域的词汇,保证接下来的分析能覆盖该领域所有主要的组成部分。

(2) 数据收集及加载。从数据库中检索符合要求的数据,下载到本地,创建 New Project。

(3) 根据词汇在文章标题、文摘、表述中出现的频率的增长率来确定哪些是前沿热点词汇,并提取研究前沿术语。

(4) 时间切片。用户确定总的时间段的范围和分割后每一个时间片段的长度。

(5) 阈值选择。选择合适的引文数量、共被引频次和共被引系数。

(6) 展示。生成标准的聚类视图和时间序列视图。

(7) 可视化检测。CiteSpace 可以让用户通过几种方法与这个可视化系统进行交互。用户可以根据运算法则通过控制各种参数来控制可视化属性和标签的展示。

(8) 确认关键点。可以通过询问该领域的专家来确认关键点的意义,这些专家可以是处于关键点的文章的作者,也可以是文章中引用过关键点处的文章的作者。

2. HistCite

1) HistCite 概述

HistCite 是一个引文分析可视化软件,其全称是 History of Cite。该软件由 SCI 的创始人加菲尔德开发,能够用图示的方式展示某一领域不同文献之间的关系。它可以帮助我们快速绘制出一个领域的发展历史,定位出该领域的重要文献及最新的重要文献。

2) HistCite 的使用

使用 HistCite 的一般步骤如下。

(1) 下载、安装软件之后,单击 HistCite 图标即可开启软件。

(2) 数据的获取。HistCite 目前用于分析的文献信息只能来源于 Web of Science 数据库。在 WOS 数据库进行检索后,在页面的底端选择需要导出的数据记录,由于 WOS 数据库目前只支持每次导出 500 条记录,如果检索结果超过 500 条,则需要分多次导出。选择导出的文献记录之后,一定要选择输出全记录,并且要包含引文信息。最后将需要的文献保存成文本文件。一般来说,如果文献记录少于 500 条,那么分析的意义就不是很大。

(3) 单击"File"菜单中的"Add File"命令,导入上述保存的数据。如果有多个文本文件,可以重复执行导入操作。

(4) 数据导入后,软件会自动进行分析。单击"Tool"菜单中的"Graph Maker"命令,然后在新的界面单击左上角的"Make Graph"按钮,软件会根据默认的条件做出一张引文关系图,展示当前数据库中重要文献之间的关联。

(5) 做出图之后,理解图谱是关键。一般默认会画出 30 篇文献之间的关联。图上有 30 个圆圈,每个圆圈表示一篇文献,圆圈的大小表示引用次数的多少,圆圈越大表示受关注越多。不同圆圈之间用箭头相连,箭头表示文献之间的引用关系。多数情况下,最上面有一个圆圈较大,并有很多箭头指向这个较大的圆圈(这个圆圈对应的文章很可能就是这个领域的开山之作)。

3) 软件功能和基本概念

将数据导入到软件之后,文献会自动排列在软件的主界面。在默认窗口的右侧,有 GCS、CR、LCS、LCR 几项。下面分别解释一下它们的功能。

GCS 是 global citation score 的缩写,即引用次数,也就是在 Web of Science 数据库中看到的引用次数。如果单击"GCS",软件会按照 GCS 进行排序,此时的结果与在 WOS 数据库中按被引频次排序的结果是一样的。

CR 是 cited reference 的缩写,即文章引用的参考文献数量。如果某篇文献引用了 50 篇参考文献,则 CR 为 50。这个数据通常能帮我们初步判断某篇文献是一般论文还是综述。

LCS 是 local citation score 的缩写,即本地引用次数。GCS 是总的被引用次数,而 LCS 是某篇文章在当前数据库中被引用的次数,所以 LCS 一定是小于或等于 GCS 的。

一篇文章的 GCS 越高,说明被全球科学家关注得越多。而如果一篇文章的 GCS 很高,而 LCS 很小,说明这种关注主要来自与你不是同一领域的科学家。

LCR 是 local cited reference 的缩写,是指某篇文献引用的所有文献存在于当前数据库中的文献数量。如果最近有两篇文章,即 p1、p2,都引用了 30 篇参考文献,其中 p1 引用的 30 篇文献中有 20 篇在当前数据库中,而 p2 只有 2 篇文献在当前数据库中,此时,p1 相对来说更有参考价值,因为它引用了大量和研究相关的文献。

根据 LCS 可以快速定位一个领域的经典文献,LCR 可以快速找出最新的文献中与自己研究方向最相关的文章。

8.3 信息鉴别

面对从各种途径搜集来的大量信息,一项非常重要的工作是对其进行鉴别、分析,弄清其性质,判断其真伪,评估其价值,以便去粗求精、去伪存真,进而充分利用。这项工作即信息鉴别。信息鉴别主要涉及信息内容、信息范围和信息质量三个方面,通常可以从信息先进性、真实性、权威性、适用性、时效性、完整性等六个方面对搜集来的信息加以分析辨别。

8.3.1 信息先进性鉴别

信息的先进性主要指信息内容的新颖性。可通过以下几条途径判断信息的先进性。

(1)观察信息报道的内容是否是新概念、新理论、新原理、新假设、新的应用领域、新的技术与方法。

(2)看技术产品是否在原有的基础上提高了参数水平、扩大了应用范围,材料或设备是否发生了改变等。

(3)看经济效果如何。通常可用质量、产量、成本、劳动生产率、利税等技术经济指标来衡量一项技术的经济效果。经济效果好的信息一般较为先进。

(4)把各个国家和地区的同类信息的内容进行横向对比,从比较中发现信息的先进性。

(5)根据各个国家和地区的自然资源优势、地理环境特点和科学技术水平来判断。一般情况下,有独特自然资源或处于独特地理环境下的国家,其有关该资源或该地理环境的理论研究和开发技术较为先进。某项科学技术在世界上处于领先地位的国家,其发表的相关信息也较为先进。

8.3.2 信息真实性鉴别

信息的真实性鉴别指的是鉴别信息是否真实、准确。出现不真实信息的主要原因有两个：一是信息产生时发生的信源错误，如书写不规范造成人名、地名或其他专有名词识别错误，分析情况时以偏概全、以点代面或轻描淡写等；二是信息传递过程中发生的信息失真，如信息发送者的目的不明确、表达模糊，而信息接收者对信息过度加工等，都会使信息失真。

鉴别信息是否真实，要坚持五个方面的标准：一是时间、地点、人物、事件、因果等基本构成要素必须准确；二是信息中引用的各种数据资料不得有误；三是信息中反映的事情应当实事求是，不扩大、不缩小、不渲染；四是信息中反映的观点应当从事实材料中产生；五是信息中的表述不能悖于常理。

鉴别信息真伪的方法主要有三种：一是核对，即依据法律、法规、政策文件、权威部门发布的统计数据等可靠材料，对信息进行对照、比较，舍弃不真实的信息，"挤干"信息中掺杂的"水分"，纠正存在的某些差错；二是分析，即依据平时掌握的理论政策水平和多方面的科学知识，对信息中所表述的事实和叙述论证方法进行逻辑分析，以发现其中的疑点和破绽；三是调查，即对重要信息反映的内容，直接或间接向当事人、有关单位进行调查，以检验其真实性和准确性。核对、分析、调查在实际应用中往往结合起来使用，互相补充。

8.3.3　信息权威性鉴别

信息的权威性指的是信息接收者对信息的信服程度的量度。它有两重含义：①信息发送者在信息接收者中所具有的威望；②信息发送者对信息接收者所能行使的权力。判断信息的权威性，可从信息的外部特征和信息的内容两个方面入手。

1. 从信息的外部特征判断

1）根据信息的责任者判断

信息的责任者即发布或发表信息的个人、团体。一般情况下，团体责任者（如政府部门、科研机构、高等院校、学术组织等）发表的文献或发布的信息及著名科学家和著名学者发表的文献，权威性最强；团体责任者发表的文献要比个人发表的文献更具权威性。

2）根据信息的类型判断

信息的类型不同，其权威性也不相同。总体上讲，网上的新闻和消息的权威性较之文献要差得多。在文献类型中，内部资料和秘密资料报道的内容较为真实可靠，权威性较高。公开发表的文献，其权威性差别较大：教科书、专著、年鉴、百科全书、技术标准、专利文献和核心期刊的内容较为真实可靠，普通期刊次之；阶段性研究报告、会议论文、学位论文、实验报告等具有一定的科学性，但不够成熟、完整；综述性文献结构严谨、论述全面，质量较高；产品广告可靠性最差。

3）根据出版单位判断

国家政府部门、国内外著名出版社、著名学术团体与组织、知名高等院校和科研机构出版的文献，一般质量较高，可信度大，权威性较高。

4）根据文献的被引用情况判断

被引用是指文献被文摘型刊物摘引和被其他文献作为参考文献引用。被引用次数较高的文献，其内容较可靠，权威性较高。查询文献的被引用次数可使用中国知网的《中国学术文献网络出版总库》、中国科学院文献情报中心开发的《中国科学引文数据库》、解放军医学图书馆数据库研究部开发的《中国生物医学期刊引文查询系统》、美国的 *Science Citation Index* 等。

5) 通过实际验证来判断

除了上述方法外，还可通过科研实际、临床实验、实地考察和数据审核等方式来判断信息的权威性。

2. 从信息的内容判断

从信息的内容判断其权威性，首先要看信息是否真实。真实的信息具有明确的前提，有精确的实验数据为依据，叙述应与实验数据一致。其次要看对内容的阐述是否清楚、深刻、完整，是否具有深度和广度。对内容的详情做了具体的阐述即为深刻，对内容进行了全面的叙述即为完整。最后要看论点、论据和结论是否一致，是否有充分的理论与实践为依据，逻辑推理是否严谨、正确。对于技术文献，还要看它的技术内容是否详细、具体，是处于试验探索阶段，还是生产应用阶段。一般来说，立论科学、论据充分、数据精确、阐述完整、技术成熟的文献，可靠性较大，权威性较高。

信息权威性评价可归结为"十看"：看作者，看出版机构，看文献类型，看来源，看被引用次数，看引文，看程度，看密级，看内容，看实践。

8.3.4 信息适用性鉴别

适用性即可利用性，是指对用户适用的程度。信息的适用性受多种因素的影响，这些因素包括用户需求、地域环境、科技发展水平、经济能力、科研条件等。信息的适用性具体可以从两个方面进行考察。

从内容考察，看信息内容是否适合国情，是否适合用户的需要；是适合近期的需要，还是远期的需要等。凡适合研究需要的资料，就具有适用性，就是有参考价值的信息。

从适用范围考察，看信息是只适用于某一个方面，还是适用于多个方面；是适用于特定条件的局部，还是适用于整体；是适用于少数有关人员，还是适用于大多数人员；是适用于低水平，还是适用于高水平；是适用于较发达的地区，还是适用于较落后的地区。

一般认为，在科学技术发展水平上处于同一高度、同一发展阶段的国家和地区，其智力资源、教育水平、人员素质及经济条件也大体相同，往往可以互相参考和使用彼此的技术和成果。地域环境或科研条件相近者，其科学技术或科研成果也可以相互借鉴。另外，还可从信息的读者面来判断信息的适用性：读者的人数越多，说明信息的使用价值越大；读者的职业面越宽，说明信息的适用范围越广。

8.3.5 信息时效性鉴别

信息的时效性在一定程度上决定着信息的价值。多数信息都只在一定的时间内才有效用，过了期限信息就会贬值，甚至完全失去价值。时效性同急缓程度密切相连，在鉴别时效性方面，要有强烈的时间观念，舍弃已过时的信息，对事关重大、时间要求高的突发事件的信息，要做紧急处理，急事急办，对一般性的、时间要求不高的信息，则按正常程序抓紧处理。

8.3.6 信息完整性鉴别

信息的完整性是指信息在输入和传输的过程中，不被非法授权修改和破坏，保证数据的一致性。在网络时代，信息的完整性较难保证。因为信息可能在网络传输过程中被截获篡改后再转发出去，造成信息的完整性受损。

信息的完整性涉及源数据的完整性、数据通信的完整性、数据/信息处理的完整性、信息使用的完整性,乃至整个信息系统的完整性等多个方面的内容。保证信息的完整性,需要防止数据的丢失、重复及保证传送秩序的一致。信息接收者必须借助于网络安全系统才能判断收到的信息是否已被改动,如已被改动则认为该信息无效,以此保证信息的完整性。

思考题

1. 信息分析方法有哪三种类型?
2. 常用的信息分析方法有哪些?
3. 社会科学统计软件 SPSS 是指什么?它有什么功能?
4. 如何鉴别信息的真实性?
5. 如何鉴别信息的权威性?
6. 什么是布拉德福定律?它有什么指导作用?
7. 什么是头脑风暴法?你在日常生活中用过吗?
8. 市场信息分析与预测的方法有哪些?

第9章 个人文献资料管理

9.1 个人文献资料管理概述

9.1.1 个人信息管理的概念

科技工作者在完成信息的搜集工作后,还应该对搜集的信息进行真伪和可靠性的鉴别,去伪存真之后再把有用的信息以一定的方法组织编排起来,形成自己的文档,以便随时查用。

随着计算机的普遍使用,有很多读者开始利用一些软件来管理自己的个人资料文献库,如用 Word、Excel、Access 等软件来处理书目信息,但常常遇到的问题是,当需要写文章时却又找不到所需的资料。如果可以使用一些整合性工具,整理组织各种信息,则能大量节省研究人员的宝贵时间。

个人信息管理是为实现一定目标而对各种个人信息进行获取、组织、维护、检索及利用的行为过程。个人信息管理系统可以帮助读者处理个人所汇集的各种书目信息,其主要功能是建立并维护个人文献资料库,使用者在输入文献信息后,可以按记录中有关内容的字段进行检索,如利用关键词、作者、标题等字段进行布尔逻辑检索。它还包含一般管理系统的功能,如排序、增删记录等。这种个人研究领域的文献资料库,无论是在撰写研究报告时参考引用,还是用来查阅文献记录的书目资料或者为学生开列参考书目都很方便。

使用合适的个人信息管理软件,能较好地完成文献检索和管理任务。个人信息管理软件的不断发展,增强了文献管理与论文写作的结合功能,简化了科研人员在科技论文写作和投稿方面的程序,提高了写作效率。目前,在国外以计算机为基础的个人信息管理系统深受学术界的欢迎。

9.1.2 个人文献资料管理的作用

目前,很多机构研究开发了相应的软件,来解决电子信息资源的高效率组织管理问题。这些软件的基本功能大同小异,主要有以下一些功能。

1. 批次输入信息资料

系统提供了将各种资料库的检索结果直接转入系统的功能。用户可以将不同数据库的检索结果直接转入系统,使之成为格式一致的资料信息。

2. 检索查询功能

文献信息输入后,可按不同的字段(如作者、标题、关键词、主题等)进行布尔逻辑检索,并可排序或增删记录等。该功能能有效地帮助读者写研究报告、查阅文献记录。

3. 查重功能

当用户陆续汇集许多资料后,系统可以自动查重,并允许将重复的记录删除。

4. 直接搜索网络信息

在不打开浏览器的情况下,系统可以直接检索提供的网站信息,并能直接将检索结果下载到自己的信息管理系统中。

5. 加注个人读书心得

系统提供自定义字段,能让使用者随时将读书心得或重点笔记加注在该条书目记录内,方便以后写文章时直接调用。

6. 自动生成期刊所需的参考书目格式

个人文献信息管理软件提供数百种期刊引用格式以供用户选择。由于在科学领域内没有标准的文献引用格式,投稿时不同的期刊有不同的投稿要求,因此该功能极大地方便了读者投稿。

7. 生成科技写作模板,简化论文投稿程序

个人文献信息管理软件方便了研究人员在针对不同出版机构的写作要求写作论文时,一步到位地建立符合投稿要求的论文格式,节省了大量时间。

目前市场上可以提供给读者使用的个人文献信息管理软件有近 50 种,其中国外较为典型的有 EndNote、Reference Manager、ProCite 及 Papyrus 等,国内较为典型的有 NoteExpress、文献之星等。

9.2 EndNote

EndNote 是美国 Thomson ResearchSoft 开发的科研文献管理工具,具备数据库文献的检索、查找功能,并和 Word 编辑软件集成,可以方便地在 Word 文档中插入文献,自动生成引用标记和文献列表。

9.2.1 EndNote 的基本功能

1. 文献组织管理

EndNote 可以快速收藏管理文献、查找文献、设置文档关联、下载 PDF 等。

2. 文献编辑分析

EndNote 可以对文献进行编辑,在文献中添加阅读笔记,分析和统计主要作者、期刊等。

3. 定制文稿

EndNote 可直接在 Word 中格式化引文和图形，利用文稿模板直接书写合乎杂志社要求的文章。EndNote 支持国际期刊的几百种写作模板，涵盖各个领域的杂志，用户可以通过 EndNote 方便地使用这些格式和模板。

4. 参考文献格式化

EndNote 支持国际期刊的几千种参考文献格式，将 EndNote 快捷工具嵌入 Word 编辑器中，用户就可以很方便地边书写论文边插入参考文献，书写过程中用户不用担心插入的参考文献会发生格式错误。

5. 在线搜索文献

EndNote 直接从网络搜索相关文献并导入 EndNote 的文献库。EndNote 能直接连接上千个数据库，并提供通用的检索方式，提高了科技文献的检索效率。

6. 交流共享文献

实现一键同步，E-mail 直接发送文献。

9.2.2 EndNote 的使用

1. 文献导入

首先，新建"My Library"，然后可以导入参考文献。EndNote 可以通过手工导入、网络数据库检索结果导入、数据库检索导入等方式导入参考文献。下面以 CNKI 数据库和 Elsevier ScienceDirect 数据库为例介绍 EndNote 参考文献的导入。

1）CNKI 数据库的导入

通过 CNKI 数据库检索后，选择需要的文献，选择"导出与分析"—"导出文献"—"EndNote"选项，如图 9-1 所示。

图 9-1　CNKI 数据库检索处理

单击"复制到剪贴板"按钮，如图 9-2 所示，然后粘贴到相应的文档保存即可。

打开 EndNote 软件，执行"File"—"Import"—"File"命令，如图 9-3 所示。

图 9-2 复制 CNKI 检索结果

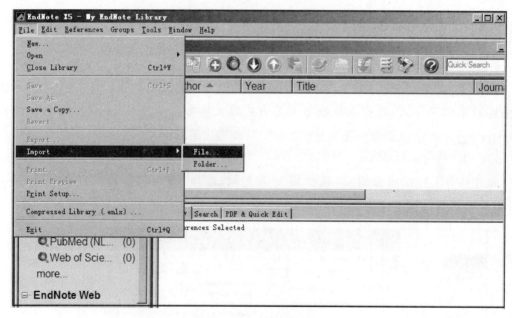

图 9-3 进入导入界面

在导入界面的"Import Option"选项框中选择"EndNote Import",单击"Choose"按钮,找到保存到桌面的文本文档,即"同族专利.txt",如图 9-4 所示。

单击图 9-4 中的"Import"按钮,即可把 CNKI 文献导入到 EndNote 中,如图 9-5 所示。

2)Elsevier ScienceDirect 数据库的导入

通过 Elsevier ScienceDirect 数据库检索后,选择需要的文献,单击"Export citations"按钮,如图 9-6 所示。

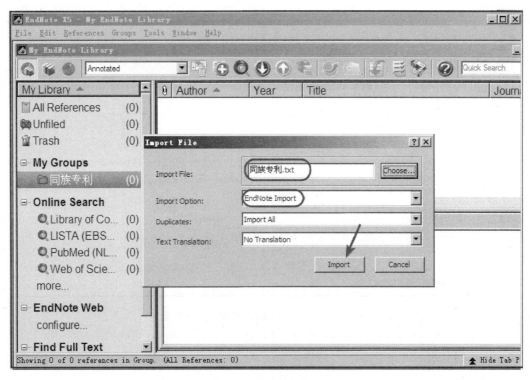

图 9-4　导入界面处理

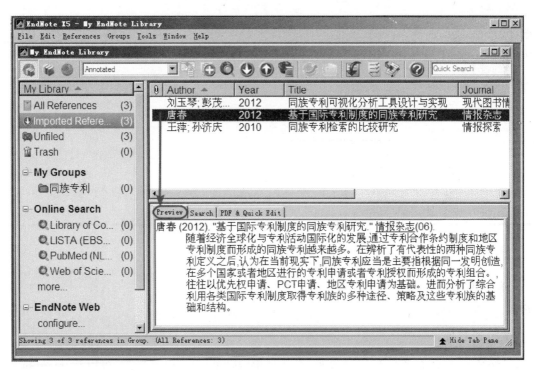

图 9-5　CNKI 文献导入结果

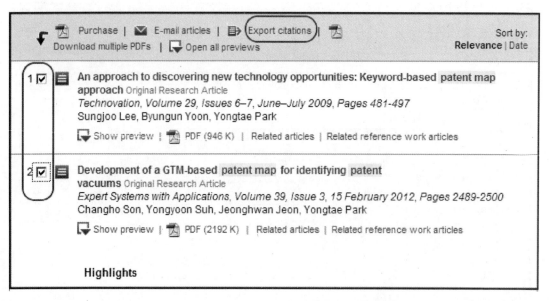

图 9-6　Elsevier ScienceDirect 检索结果保存处理

"Content format"项选择"Citations and Abstracts","Export format"项选择"RIS format（for Reference Manager，ProCite，EndNote）",如图 9-7 所示。

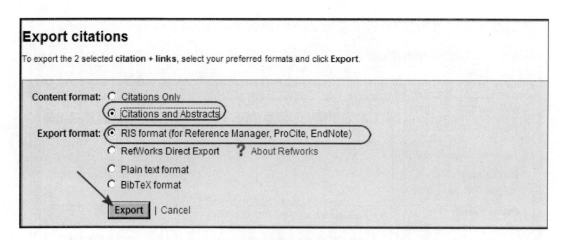

图 9-7　选择相应格式

单击"Export"按钮,即可把 Elsevier ScienceDirect 文献导入到 EndNote 中,如图 9-8 所示。

2. 文献管理

EndNote 文献管理具有排序功能、查找功能、去重功能、编辑功能、分组功能、分析功能等。

第 9 章 个人文献资料管理

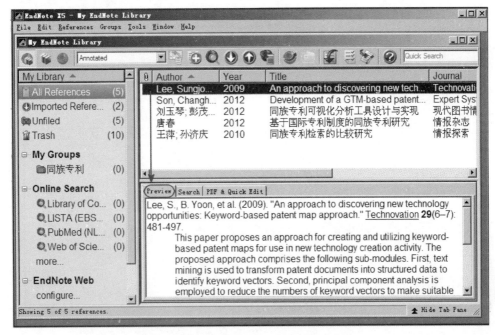

图 9-8　Elsevier ScienceDirect 文献导入结果

3. 插入参考文献

安装 EndNote 后，Word 中会相应地生成 EndNote 插件，如图 9-9 所示。

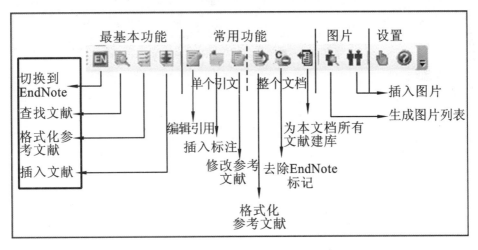

图 9-9　EndNote 在 Word 工具栏中的选项

将光标移至要加参考文献的位置，单击"Go To EndNote"图标，如图 9-10 所示，切换至 EndNote 界面。

在 EndNote 窗口中选中要插入的参考文献，如图 9-11 所示。

单击图 9-11 中的"Insert Citation"图标，该参考文献即插入到 Word 插入点，如图 9-12 所示。

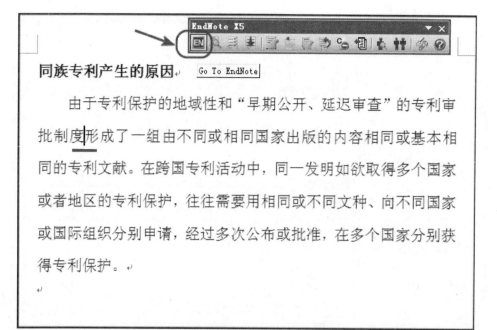

图 9-10 从 Word 界面切换到 EndNote 界面

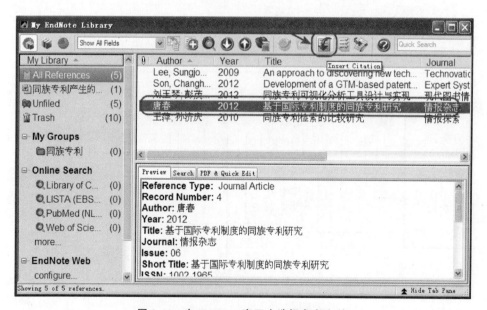

图 9-11 在 EndNote 窗口中选择参考文献

其他文献插入依此类推,待全部文献插入完毕后,单击"Format Bibliography"图标,进行参考文献的格式化,如图 9-13 所示。

EndNote 除了提供 2000 多种杂志的参考文献格式以外,还提供 200 多种杂志的全文模板。如果投稿的是这些杂志,只需要按模板填入信息即可。

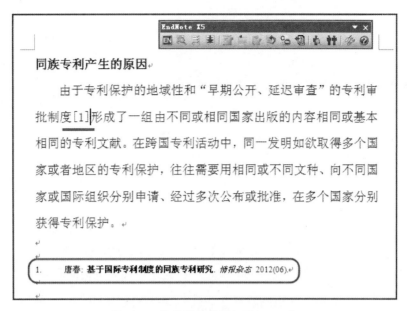

图 9-12　将参考文献插入到 Word 中

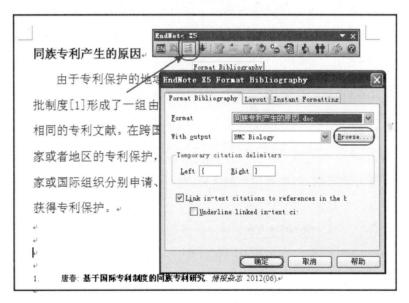

图 9-13　参考文献的格式化

9.3　NoteExpress

　　NoteExpress 是北京爱琴海软件公司(http://www.scinote.com)开发的一款专业级别的文献检索与管理系统,其核心功能是帮助用户搜集、整理文献资料,在撰写学术论文、学位论文、专著或报告时,可在正文中的指定位置方便地添加文中注释,然后按照不同的期刊格式要求自动生成参考文献索引。

9.3.1 NoteExpress 的基本功能

NoteExpress 的基本功能如下。

(1) 从硬盘本地文件中将用户以前搜集的各种文献资料题录导入 NoteExpress 所定义的数据库中，从而形成个人的参考文献数据库。

(2) 支持万方、维普、CNKI、EI、Elsevier ScienceDirect、ACS、OCLC 等文献数据库。检索结果能够保存到特定目录中，供平时研究时使用。

(3) 对检索结果进行多种统计分析，从而使研究者更快速地了解某领域里的重要专家、研究机构、研究热点等。

(4) 具有附加笔记功能，可以为正在阅读的题录添加笔记，并把笔记和题录通过链接关联起来，方便以后阅读。任意格式的附件和文献全文、笔记与附件功能结合，可以把该软件作为个人的知识管理系统。参考文献的全文也可作为题录或者笔记的附件来保存。

(5) 按照不同的出版要求格式输出参考文献。NoteExpress 的核心功能之一就是在学术论文、专著或研究报告等的正文中，按照国际通行惯例、国家制定的各种规范、期刊要求的规范(可由用户自己编辑规范)，在正文中的指定位置添加相应的参考文献注释或说明，进而根据文中所添加的注释，按照一定的输出格式(可由用户自己选择)，自动生成所使用的参考文献、资料或书目的索引，添加到指定位置。

9.3.2 NoteExpress 的使用

1. 建立题录数据库

建立题录数据库，一方面是为了写作时能实时插入题录作为文中标引，另一方面是为了方便用户阅读文章时查看摘要，节约用户的宝贵时间。建立题录数据库有以下几种方式。

1) 手工建立题录数据库

在"题录"文件夹下选中某子文件夹，作为新建题录的存放位置。在右方题录列表中单击鼠标右键，在弹出的快捷菜单中选择"添加文件夹(新建题录)"命令，并输入题录名，如"文旅融合"，如图 9-14 所示。

2) 文献数据库检索结果批量导入

在国内 CNKI、维普、万方，以及国外的 EI、Wiley、ProQuest、Elsevier ScienceDirect 等数据库检索后，可以直接导入批量题录。将题录信息输出到剪贴板或文件中，这些题录数据就可以被批量导入 NoteExpress 的数据库，供阅读、研究或论文写作时引用。下面以 CNKI 数据库为例，来说明题录导入的方法。

在 CNKI 数据库检索平台输入检索词(如"文旅融合")进行检索，并选中自己感兴趣的检索结果，单击网页上方的"导出与分析"按钮，如图 9-15 所示。

在"导出与分析"按钮的下拉菜单中，先选择"导出文献"选项，再选择"NoteExpress"选项，如图 9-16 所示。

第 9 章 个人文献资料管理

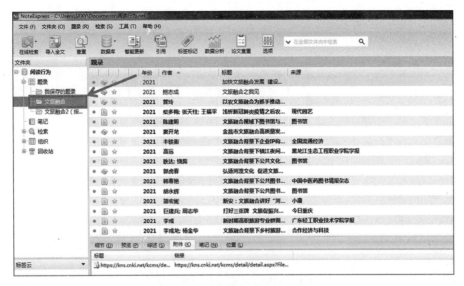

图 9-14 NoteExpress 题录界面

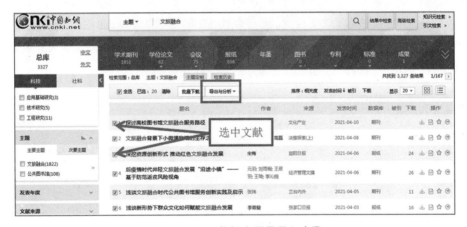

图 9-15 CNKI 数据库题录导入步骤 1

图 9-16 CNKI 数据库题录导入步骤 2

在弹出的新页面窗口中，单击"导出"按钮，在弹出的对话框中勾选"打开，通过"，单击

"确定"按钮,如图 9-17 所示。

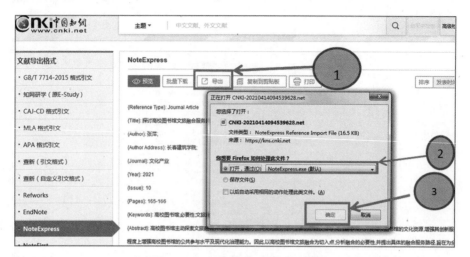

图 9-17　CNKI 数据库题录导入步骤 3

在弹出的"导入题录"对话框中选择 NoteExpress 题录格式的过滤器,单击"更多"按钮,选择存放位置——"文旅融合"文件夹,最后单击"开始导入"按钮,如图 9-18 所示。导入题录前最好先安装过滤器。若系统无所需的过滤器,应先下载过滤器,然后在 NoteExpress 主界面的"工具"菜单中,选择"过滤器管理器"命令进行安装即可。

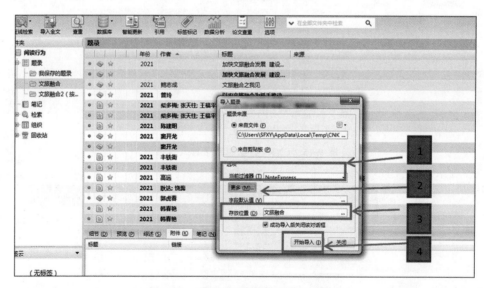

图 9-18　CNKI 数据库题录导入步骤 4

3)在线数据库检索后直接导入

NoteExpress 支持直接从互联网上检索题录,允许用户自己管理(增、删、改)在线数据库。

4)从网页中导入

这种方式主要运用于各数据库的检索结果页面,在选取所需保存的题录数据后,一般在

"保存"按钮处使用鼠标右键菜单中的"添加为 NoteExpress 题录"命令,可直接将页面的文献导入数据库,而无须先保存到计算机中。

2. 管理个人信息

1)查重

NoteExpress 提供查重和快速删除的功能。在 NoteExpress 主界面的"工具"菜单中,选择"查找重复题录"命令,在查找框中选取相关条件并查找,在结果中默认选中查找到的所有重复题录,可以按键盘的"Delete"键一次性删除所有多余题录,也可以解锁后单独选中某些题录进行删除操作。

2)检索与保存检索结果

在工具栏的检索栏中输入关键词,按回车键开始检索。检索后,在界面中的"检索"项中的"最近检索"文件夹下自动生成以关键词命名的新文件夹,拖拽该文件夹到"保存的检索"文件夹,可以永久保存检索结果。

3)管理参考文献的全文及相关资源

可以将与题录相关的文献全文、电子书或任何格式的文件,通过添加附件的方式与题录关联起来管理。选中某条题录,单击"细节"旁边的"附件"按钮,在附件下方空白处单击鼠标右键,选择弹出的右键菜单中的"添加"命令,选择添加附件的类型并添加。

4)笔记功能

利用 NoteExpress 的笔记功能进行记录,可以与某个参考文献的题录建立链接,方便管理。新建和添加笔记:选中软件主界面左侧"数据库"目录下的"笔记"文件夹或它的子文件夹,选择"笔记"菜单中的"新建笔记"命令,即可创建一个新的笔记;也可以将笔记链接到题录,即在"笔记"或其下级文件夹下选中一条笔记,在选中的笔记上单击右键,在弹出的右键菜单中选择"链接到题录"命令,在弹出的题录列表中选择某条题录即可。

3. 撰写论文

NoteExpress 可将参考文献题录作为文中注释插入文章中,同时可以在文章末尾按照各期刊的格式要求自动生成参考文献列表。NoteExpress 安装后,如果计算机上安装有 Word 文字处理软件,则会自动安装一个 Word 插件,如果没有 Word 插件,则可通过依次选择 NoteExpress 的"工具"—"选项"—"扩展"命令来安装 NoteExpress Word 插件。

如图 9-19 所示,将鼠标移至注释处,选择 NoteExpress Word 插件上的"转到 NoteExpress"按钮,即可打开 NoteExpress 软件。

选中某条题录,再单击图 9-19 中的"插入引文"按钮,就可以插入所引用的参考文献,如图 9-20 所示。

单击 Word 插件中的"格式化参考文献"按钮,在"格式"窗口中单击"浏览"按钮,选择要使用的输出样式,再单击"确定"按钮,即可自动完成引文格式化。NoteExpress 内置了 1600 多种国内外著名期刊要求的样式,并且还在不断增加。如果要编辑输出样式,让参考文献的

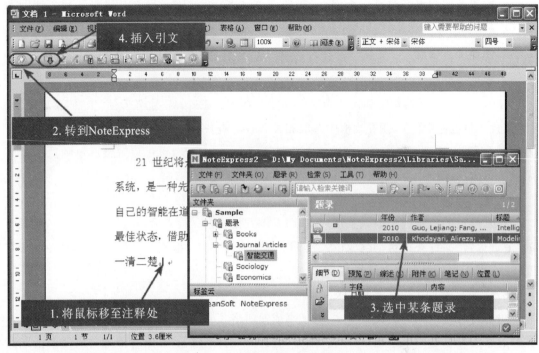

图 9-19 插入参考文献步骤 1

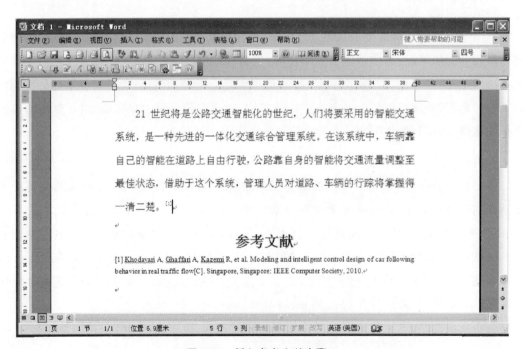

图 9-20 插入参考文献步骤 2

文中标引和文末参考文献列表按照自己需要的方式生成,则可以通过依次选择 NoteExpress 的"工具"—"输出样式"—"编辑当前样式"命令来进行。

思考题

1. 简述个人文献资料管理的作用。
2. 简述 EndNote 的基本功能。
3. 如何将 CNKI 数据库的文献导入 EndNote？
4. 怎么用 EndNote 将参考文献插入 Word？
5. 国际期刊的参考文献格式有几千种，如何在 EndNote 中修改参考文献格式？

第 10 章 学术论文写作

10.1 学术论文概述

10.1.1 学术论文的定义

学术论文通常是指对社会科学和自然科学领域中的某些现象和问题进行比较系统的研究,以探讨其本质特征及其发展规律等的理论性文章,具有学术性、科学性、创造性和理论性。

一篇学术论文的结构形式应在层次、段落、开头、结尾、过渡和前后照应等各方面体现出结构的严密性、思路的清晰性和体系的完整性。一般而言,一篇完整的学术论文,其组成部分可归纳为提出命题、阐明研究方法、得出研究结果、给出明确结论等,具体包括题名、作者、作者单位、摘要、关键词、中图分类号、文献标识码、引言、正文、结论、参考文献、附录及致谢等。

10.1.2 学术论文的类型

严格且科学地对学术论文进行分类不是一件容易的事。学术论文根据不同的标准,可以划分为不同的类别。

1. 按论文所涉及的学科分类

学术论文按其所涉及的学科可以分为社会科学论文和自然科学论文两大类。

(1)社会科学论文即文科论文,其任务是研究并阐述各种社会现象及其发展规律,内容涉及政治学、经济学、文艺学、美学、教育学、语言学、新闻学、军事学、历史学、民族学、宗教学、法学、哲学等。

(2)自然科学论文即理科论文,其任务是探讨自然科学和技术科学领域的各种问题或现象,内容涉及数学、物理学、化学、生物学、医学、地质学、天文学,以及材料科学、能源科学、空间科学、农业科学等。

2. 按论文形式和研究层次分类

学术论文按其形式和研究层次可以分为理论型论文、应用型论文和综述型论文三大类。

(1)理论型论文重在对各学科的基本概念和基本原理进行研究。

(2)应用型论文重在将各学科的知识转化为专业技术和生产技术,直接为社会服务。

(3)综述型论文是指在作者博览群书的基础上,综合介绍、分析、评述该学科(专业)领域里国内外的研究成果、发展趋势,并表明作者自己的观点,做出科学的预测,提出较中肯的建设性意见和建议的论文。综述型论文的创作以汇集文献资料为主,辅以注释,客观而少的评述。

3. 按论文写作的不同阶段分类

学术论文按其写作的不同阶段可以分为学年论文、毕业论文和学位论文三大类。

1)学年论文

学年论文是在校本科生在学年度所写的考查学习成绩和科研能力的论文,是一种最初级形态的学术论文,一般在大学三年级完成。撰写学年论文就是初次尝试运用已有知识去分析和解决一个学术问题,了解学术论文写作的全过程,初步掌握撰写论文的方法,为今后写作毕业论文奠定基础的过程。

撰写学年论文是大学生开展科研活动的第一步,需要在教师的指导下,利用课余时间独立完成。所以,论文的题目不宜太大,论述的问题不宜过深,篇幅一般控制在5000字左右。

2)毕业论文

毕业论文是高等院校应届毕业生独立完成的总结性的学术论文。说它是总结性的,是因为毕业论文能反映出毕业生大学四年所学的基础知识、基本理论和基本技能。学校可通过考查学生的毕业论文,检验学生综合运用所学知识解决实际问题的能力。综合运用所学知识的能力与解决实际问题的能力,是两个基本点。如果不写毕业论文,就不知道自己究竟掌握了多少知识,对自己可能没有一个基本认识,也不知道自己的研究能力如何。因为各门功课的考试重在背,而论文重在应用,无须背什么,主要看作者的选题、分析、论证和驾驭语言的能力,看论文的学术价值、新颖性、深刻性,是对能力的考查。

指导学生撰写毕业论文是高等学校教学过程的一个重要环节。毕业论文的完成与通过是本科生圆满完成专业学习的标志。

3)学位论文

学位论文是学位申请者为申请学位而提交的学术论文,这种论文是考核申请者能否授予学位的重要条件。

根据有关规定,学位申请者通过规定的课程考试及毕业论文审查合格后,就可以授予学位。对于大多数高校学生来说,学士学位论文既是学位论文,又是毕业论文。

《中华人民共和国学位条例》第三条规定:"学位分学士、硕士、博士三级。"所以,学位论文也相应地分为学士论文、硕士论文和博士论文三种。

(1)学士学位。高等学校本科毕业生,成绩优良,达到下述学术水平者,授予学士学位:①较好地掌握本门学科的基础理论、专门知识和基本技能;②具有从事科学研究工作或担负专门技术工作的初步能力。

(2)硕士学位。高等学校和科学研究机构的研究生,或具有研究生毕业同等学力的人员,通过硕士学位的课程考试和论文答辩,成绩合格,达到下述学术水平者,授予硕士学位:①在本门学科上掌握坚实的基础理论和系统的专门知识;②具有从事科学研究工作或独立担负专门技术工作的能力。

(3)博士学位。高等学校和科学研究机构的研究生,或具有研究生毕业同等学力的人员,通过博士学位的课程考试和论文答辩,成绩合格,达到下述学术水平者,授予博士学位:①在本门学科上掌握坚实宽广的基础理论和系统深入的专门知识;②具有独立从事科学研究工作的能力;③在科学或专门技术上做出创造性的成果。

10.1.3 撰写学术论文的意义

1. 展现和保存科研成果

学术论文记载着广大科研工作者对人类的贡献,展现着科学研究的丰硕成果和已达到的学识水平,增加人类对自然现象认识深化的成果,并将这种成果永久性地保存于人类的科学宝库中,使其成为人类共同的精神财富。

2. 促进学术交流

在现代科学研究中,科研的继承性和开放性是紧密相关的,没有前人公示的科研成果,就没有现在的人的研究基础,因此每个人的科研成果都应该拿来与大家交流。科研成果只有形成学术论文,才能进行学术交流,并通过交流和传播,活跃学术思想,促进学术交流和科技发展。

3. 业务水平考核

发表学术论文的数量与其对社会效益、经济效益的贡献,是评价科研工作者的业务和科技成果的重要标准,也是进行业务考核与职称评定的重要依据。

10.2 论文选题概述

论文选题是指确定研究方向,明确要解决的主要问题。选题在学术论文写作中具有重要意义。课题选择恰当,论文就等于成功了一半。这是因为,只有研究有意义的课题,才能获得好的效果,对科学事业和现实生活才有益处;而一项毫无意义的研究,即使研究得再好,论文写得再美,也是没有科学价值的。

10.2.1 论文选题的原则

科研工作者在难以计数且纷繁复杂的科学和技术问题面前,正确地选择适合自己能力和条件的研究课题显得尤为重要,很显然,在这方面没有固定的模式和套路,但一般来说,必须遵循以下几条基本原则。

1. 创新性原则

科研选题必须具有创新性或先进性,即我们在继承和运用已有的科学成就的基础上要有所发现、有所发明、有所前进。要选择前人没有解决或没有完全解决的问题,不能只重复前人做过的工作。创新性体现在以下几个方面:①理论方面的创新见解,如某些理论方面的独创见解和这些见解的依据;②应用方面的创新技术,如新发明、新技术、新产品、新设备等;③研究方法方面的创新性,如研究方法方面的改进或突破等。

那么,如何做到创新呢?首先要多查阅和掌握丰富的文献资源,了解他人在这一领域的基本研究情况,熟悉他人在这方面的研究工作;其次要掌握与课题相关的基础理论知识。

2. 可行性原则

可行性是指实现研究课题的主要技术指标的可能性。影响可行性的因素有:主观条件,包括作者的知识素质结构、研究能力、技术水平等;客观因素,包括实验条件、经费、资料、时间和设备等。一般选题不宜过大,涉及的知识面不宜过广,最好选择符合自己能力和精力的课题。

3. 需要性原则

科学研究旨在解决理论和实践问题,基础理论研究最终也将应用于生产领域。论文选题都应本着需要性的原则,选择那些对社会和生产有直接或间接效益的课题。当然,有些纯理论的课题暂时还看不出其应用价值,但随着科技的发展,其需要性会逐渐显现出来。

4. 科学性原则

科学性原则包括三个方面的含义:其一,要求选题必须有依据,其中包括前人的经验总结和个人研究工作的实践,这是选题的理论基础;其二,选题要符合客观规律,违背客观规律的课题就不是实事求是,就没有科学性;其三,科研设计必须科学,符合逻辑。科研设计包括专业设计和统计学设计,前者主要保证研究结果的先进性和实用性,后者主要保证研究结果的科学性和可重复性。

10.2.2 论文选题的方法

1. 在前人研究成果的基础上进行选题

任何新成就的取得都是对前人成果的继承与发展。随着社会的进步、条件的变化,有必要对前人做过探讨的课题进行研究。要弄清楚前人的思想、研究成果、已解决的问题、存在的问题、尚待开拓的领域等基本情况,站在前人的基础上,深化、补充和发展原有的研究成果。这样的选题,既意味着继承,又意味着发展,深入一步,往往就意味着创新和突破。

牛顿处理的一些具体问题,如切线问题、求积问题、瞬时速度问题及函数的极大值和极小值问题等,在牛顿之前就已经得到人们的研究了。但牛顿超越了前人,他站在了更高的角度,将以往分散的努力加以综合,将自古希腊以来求解无限小问题的各种技巧统一为两类普通的算法——微分和积分,并确立了这两类算法的互逆关系,从而完成了微积分发明中最关键的一步,为近代科学发展提供了最有效的工具,开辟了数学上的一个新纪元。

2. 在广泛阅读中选题

在广泛阅读中选题是指通过快速、大量阅读文献资料,在比较中来确定研究课题的方法。在阅读资料的过程中,总会发现漏洞和不足或不全面之处,我们可以提出问题,并从中寻找自己的研究课题。为了获得值得研究的线索和问题,在阅读文献过程中要重点关注论文的引言和讨论部分,因为在这些论述中,作者不仅总结了某一学科领域所存在的尚未解决的问题和难题,而且根据自己的理解和观点,提出了下一步要研究的内容或课题,这对提炼课题是十分有帮助的。要在阅读大量相关资料的基础上,结合本地、本实验室等具体情况,提出适合自己的新课题,并抓紧实施。

《南方周末》于 2002 年 9 月刊登了一篇题为"花旗中国暗布专利暗器 中资银行何时梦醒?"的文章,该文章让刚刚开始攻读中国社会科学院知识产权博士学位的郎贵梅对商业方法专利这个专利领域的新事物产生了浓厚兴趣,于是郎贵梅查阅了大量的与商业方法专利有关的资料,随后在导师的支持和鼓励下,将商业方法资料保护问题的研究定为了自己的博士论文选题。

3. 在社会实践中凝练课题

在社会生产和生活中不断形成、出现的新问题,是形成科学研究的重要源泉,具有重大的科学价值和现实意义。要密切关注实践,与实践部门保持密切联系,了解国内外改革和现代化进程,从中发现新课题。

例如,在临床工作中会经常遇到许多需要解决的实际应用问题或理论问题,对此,只要从本学科实际出发,用心思考,就会从中产生很多好的选题,如诊断方法和治疗方法、疾病的多因素分析、发病机制等。

4. 在交叉学科领域中选题

一部科学发展史就是一部不断开拓新领域、不断产生新学科的历史。现在看起来风马牛不相及的事物,也许科学家们不久后就会揭示它们之间重要的内在关系。要敢于从自己熟知的学科跨入到生疏的学科,敢于从一些边缘学科或交叉学科中寻找新课题。

遗传工程也称基因工程,是在分子遗传学基础上发展起来的一种新兴技术。它是物理学、化学渗透到传统生物学之中,将生物学的研究推进到分子以下的层次而形成的新学科。从学科的交叉地带找到的科研课题,往往容易出成果。当今,科学技术正由专业化阶段向综合化阶段转化,新兴学科、交叉学科和边缘学科不断涌现,有很多新的课题有待研究。如美国加州理工大学的 Kopfldd 教授,是一位生物化学专家,他在生物医学、神经科学、电学等的交叉处提出了人工神经网络电路模型,开辟了电模拟人工神经网络硬件的新的研究领域。

5. 借助于检索工具选题

有关领域的检索工具(如 SCI、EI、SciFinder Scholar 等)能对正在开展的工作进行量化分析,使科研人员了解有关领域的研究热点、发展趋势、国际学术研究动态,以及某领域的重点实验室、杰出专家等,并从中发现新课题。

以石墨烯课题为例,通过 SCI 检索工具的分析功能,科研人员可以准确地了解石墨烯领域的相关信息:发表有关石墨烯研究论文最多的作者、最多的国家、最多的机构等,石墨烯研究论文在哪一年发表得最多,石墨烯研究论文主要发表在哪些杂志上,石墨烯研究论文主要涉及哪些研究领域等。

6. 在意外中选题

确切的目标和周密的计划在研究过程中经常会因为某种偶然的启迪而发生偏离或改变。当这种偏离或改变发生时,不要急于去纠正它、排斥它。如果它确实给了我们新的启发和新的想法,追踪下去,往往会产生令人意外的、有价值的课题。

X 射线就是在意外中发现的。1895 年 11 月 8 日,伦琴意外地发现不远处一块涂有钡铂氰化物的屏上发出了荧光。这个新奇现象使伦琴确信,从放电管中发出的肯定不是阴极射线,而是一种新射线。由于一时还搞不清楚这种新射线的本质,伦琴就把它称为了"X 射线"。

10.2.3 论文选题的注意事项

1. 选题应大小适中

选题的大小应与论文的篇幅大小相称,与论文的水平高低、层次高低相适应。若题目定得太宽、太大,则涉及面广,不容易把握全局,也不可能做深入仔细的分析,写起来往往是泛泛而谈，难以说深讲透，写出的文章也会显得肤浅。有时选一些比较具体的"小"题目，进行深入研究、透彻分析，往往能够取得令人满意的效果。有学者提出论文选题应"一寸宽，一公里深"，也就是说科研人员在选题时要注意选某个课题中的一个很小、很专业的问题，并且把这个问题研究透，挖掘到相当的深度，才可能发现研究课题的创新点。

2. 选题应扬长避短

任何成果的取得都是理论与实践相结合的结果，是知识和经验不断积累的结果，因此确定论文选题时要尽可能联系自己的专业背景、知识结构、所从事的工作和个人兴趣等来考虑。要热爱和立足于自己的研究方向，发挥自己的业务专长，这样研究起来才会有实践基础，才会有热情，才能体会深刻，才能写好论文。

3. 选择处于前沿位置的课题

科学上的新发现、新发明和新创造都有重大的科学价值，也必将对科学技术发展起推动作用。因此，选题时要敢于创新，选择那些在本学科的发展中处于前沿位置并有重大科学价值的课题。

10.3 开题报告的撰写

10.3.1 开题报告概述

1. 开题报告的含义

开题报告是指开题者对科研课题的一种文字说明材料，是一种新的应用文体，这种文体是随着现代科学研究活动计划性的增强和科研选题程序化管理的需要应运而生的。开题报告一般为表格式，它把要报告的每一项内容都转换成相应的栏目，这样做，既便于开题报告按栏目填写，避免遗漏；又便于评审者一目了然，把握要点。

就我国的情况来看，关于科技工作者要写"科研开题报告"，大学研究生、本科生申请学位要写"学位论文开题报告"等规定，都已经处于实施之中。今后，随着科研管理的加强，开题报告写作方面的要求也会越来越高。

当今搞科学研究，必须重视开题报告的写作。许多科学家每年几乎要用两个多月的时间从事开题报告的起草工作。

2. 撰写开题报告的意义

通过开题报告，开题者可以把自己对课题的认识理解程度和准备工作情况加以整理、概括，以便使具体的研究目标、步骤、方法、措施、进度、条件等得到更明确的表达。

通过开题报告，开题者可以为评审者提供一种较为确定的开题依据。"言而无文，其行不远"，以书面开题报告取代昔日广为运用的口头开题报告形式，无疑要切实可靠得多。

总之，科研开题报告是选题阶段的主要文字表现，它实际上成了连接选题过程中备题、开题、审题及立题这四大环节的强有力的纽带。

10.3.2 开题报告的内容

1. 课题名称

课题名称要准确、科学、简洁地表达课题要研究的内容。所谓准确,就是在课题名称中明确课题研究的问题及研究的对象;所谓科学,就是指用词科学、句型规范;所谓简洁,就是指课题名称不能太长,一般不要超过20个字。

2. 研究的目的和意义

研究的目的和意义也就是为什么要研究,这项研究有什么价值,研究背景是什么。一般先谈现实需要——由存在的问题导出研究的实际意义,然后再谈理论及学术价值,要求具体、客观,且具有针对性,注重资料分析基础,注重时代、地区或单位发展的需要,切忌漫无边际地空喊口号。

3. 国内外在该方向的研究现状及发展趋势

国内外研究现状,即文献综述,要以查阅文献为前提,所查阅的文献应与研究课题相关,但又不能过于局限。与课题无关则流散无穷;过于局限又违背了学科交叉、渗透原则,使视野狭隘,思维"窒息"。综述的"综"即综合,综合某一学科领域在一定时期内的研究概况;综述的"述"更多并不是叙述,而是评述与述评,即要有作者自己的独特见解。要注重分析研究,善于发现问题,突出选题在当前研究中的位置、优势及突破点;要摒弃偏见,不引用与导师观点相悖的观点是一个明显的错误。综述的对象,除观点外,还可以是材料与方法等。

4. 研究的基本内容

要根据研究目标来确定具体的研究内容,研究内容要全面、翔实、周密。如果研究内容笼统、模糊,甚至把研究目的、意义当作内容,那么往往会使研究进程陷于被动。

5. 研究的步骤和进度

研究的步骤和进度是整个研究在时间及顺序上的安排,要分阶段进行,对每一阶段的起止时间、相应的研究内容及成果均要有明确的规定,阶段之间不能有间断,以保证研究进程的连续性。一般情况下,都从基础问题开始,分阶段进行,每个阶段从什么时间开始、到什么时间结束都有规定。

6. 研究方法

课题研究的方法很多,包括历史研究法、调查研究法、实验研究法、比较研究法、理论研究法等。一个大的课题往往需要多种方法,小的课题可以主要采用一种方法,同时兼用其他方法。即便是已研究过的课题,只要采取一个新的视角,采用一种新的方法,也常能得出创新性的结论。

7. 拟解决的关键问题

对可能遇到的最主要的、最根本的关键性困难与问题要有准确、科学的估计和判断,并采取可行的解决方法和措施。

8. 创新点

要突出重点,突出所选课题与同类其他研究的不同之处。

9. 条件和经费

这里的条件和经费是指为完成课题已具备和所需的条件和经费。

10. 困难和措施

预计研究过程中可能遇到的困难和问题及解决的措施。

11. 研究的成果形式

研究的成果形式包括报告、论文、发明、软件等。课题不同,研究成果的内容和形式也不一样。但不管是什么形式,课题研究必须有成果,否则,就默认这个课题没有完成。

12. 主要参考文献

开题报告中应包括相关参考文献的目录。

10.3.3 撰写开题报告的注意事项

目前,研究生的开题报告都以表格的形式来呈现,这种形式其实会带来许多问题。表格内含的项目被分离开来,从表面上看,每个项目都有自身的独立性,这样很容易忽略各项目之间的联系。对于许多研究生来说,似乎填好了表格所要求的项目,开题报告就算完成了,但事实并非如此。撰写开题报告时应避免以下几点。

(1)题目太大或不明确、不恰当、不合适。
(2)问题的提出过于空洞、夸大。
(3)研究目标设置过多、不具体。
(4)方法描述过于笼统或缺乏规范。
(5)结果叙述层次感不强,有时罗列没用的数据,有的过于简略,表述不规范。
(6)讨论问题较多,不能围绕研究结果展开讨论,措辞和语句毛病多,提出太多空泛的建议,引用文献不具体。
(7)结论下得太多。
(8)参考文献字体不规范、错误多、重复的多。

其实,只要掌握了开题报告的内在逻辑,这些问题都可以迎刃而解。概括地说,开题报告无非就是有依据地提出问题,对问题加以分析,谋划解决问题的方法。只要坚持一切以问题为中心,就不难找到开题报告各部分之间的联系,也不难写出真正能够指导自己研究的开题报告来。

10.4 学术论文的写作格式

学术论文的基本格式包括前置部分、主体部分和后置部分。

10.4.1 前置部分

前置部分包括标题、作者、作者单位、摘要和关键词。

1. 标题

标题又称题目或题名。标题是以最恰当、最简明的词语反映论文中最重要的特定内容的逻辑组合。标题的主要作用有两个:一是吸引可能的读者,二是协助检索。因此,标题中一定要包含一些关键词。确定标题的最佳时刻是在论文正文已经完成之后,这时确定的标题最能准确、清晰地反映文章的内容和重点。撰写论文标题的总体原则是满足 ABC 三点,即 accuracy(准确)、brevity(简洁)和 clarity(清楚)。

1) 准确

标题应能准确表达论文的主要内容,恰当反映所研究的范围和深度,用词要反映实质,不能用笼统的、泛指性很强的词语。

2) 简洁

标题应言简意赅,以最少的文字概括尽可能多的内容,一般不超过 20 个字。若简短标题不足以显示论文内容,则可采用正、副标题的方法来解决。

如在"关于钢水中所含化学成分的快速分析方法的研究"这类标题中,像"关于""研究"等词若舍之,并不影响表达。由此,上述标题便可精炼为"钢水化学成分的快速分析法",这样一改,显得更为干净利落、简短明了。

3) 清楚

标题要清晰地反映论文的具体内容和特色,明确表明研究工作的独到之处,力求简洁有效、重点突出。标题中应慎重使用缩略语,避免使用化学式、上下角标、特殊符号(如数字符号、希腊字母)等。

论文的标题可以在论文写作之前暂时拟订一个,等论文写完后再重新仔细斟酌。如路遥的中篇小说《人生》的书名就是在小说写完之后、发表之前才确定的,他在构思及写小说时暂定的书名是"高加林的故事",小说写好后从"生命的乐章"到"你得到了什么?",最后才将书名确定为"人生"。

2. 作者

作者是论文内容的构思者、研究工作的参与者和撰稿执笔人员。作者署名一是为了表明文责自负,二是为了记录作者的劳动成果,三是为了便于读者与作者联系及文献检索(作者索引)。

中国作者姓名的汉语拼音采用如下写法:姓前名后,中间为空格;姓氏的字母均为大写,复姓应连写;名字的首字母大写,双名中间加连字符;名字不缩写。

多作者论文按署名顺序分别列为第一作者、第二作者,依此类推。重要的是坚持实事求是的态度,将对研究工作与论文撰写实际贡献最大的作者列为第一作者,贡献次之的,列为第二作者,余类推。

3. 作者单位

作者单位包括单位全称、所在省市名及邮政编码。单位名称(不得采用缩写)与省市名之间以逗号分隔。外国作者的工作单位应在省市名及邮编之后加列国名,中间以逗号分隔。

不同工作单位的作者,应在姓名右上角加注不同的阿拉伯数字序号,并在其工作单位名称之前加与作者姓名序号相同的数字,各工作单位之间并列排列。

4. 摘要

摘要就是用简明的语言,摘录出与论文等价的主要信息,并具有独立性和自明性的短文。摘要通常分为资料性摘要和指示性摘要。资料性摘要一般适用于研究性论文,这类摘要主要包括研究目的、方法、结果和结论四种要素,篇幅控制在250字左右为宜。指示性摘要一般适用于综述性论文,以介绍近期某学科的发展居多,而很少涉及方法和结果等内容,这类摘要很短,常常只有几句话。

摘要是全文的缩影,应具有独立性、全息性、简明性和客观性。在摘要中,不要加评论和注释,不要引用文献,不要用图表,也尽可能不要用数学公式和化学结构式。

慎在"摘要",重在"结论"。摘要是论文中最重要的部分,是论文的心脏。一篇论文最常被读者快速浏览以取得第一印象的,往往是一"头"一"尾",即"摘要"和"结论"两个部分。一篇论文如果摘要写得好,不仅便于被国内外重点检索期刊录用,扩大交流面,而且还可以激发读者的阅读兴趣。因此,摘要的撰写一般安排在正文完成后。

5. 关键词

关键词是指从论文中选取的,最能体现文章内容、特征、意义和价值的单词或术语,选编关键词应注意代表性、通用性和序贯性。关键词一般以 3~6 个为宜,词与词之间用分号隔开,中文关键词同时应注有对应的英文关键词。关键词十分重要,读者可以通过对关键词的检索与解读,初步判断论文的技术范围。选取关键词时要注意以下三点。

1)代表性

关键词是从论文的题名、摘要和正文中抽取的表征论文特征内容的技术代表性词汇。不要使用过于宽泛的词做关键词(如有机化合物、地球化学等),以免失去检索的作用。

2)通用性

关键词主要用于标引或检索,必须选用具有通用性的、被同行熟知的专业用词。避免使用自定的缩略语、缩写字作为关键词,除非是科学界公认的专有缩写字(如 DNA)。

3)序贯性

如何将关键词有序排列,目前尚无明确的规范加以约束,建议将关键词按技术配套关系,自前至后、由大及小或由小及大有序递归排列,使其具有序贯性。

关键词可从研究的对象、性质和采取的方法(手段)中选取,一般可从论文的题目、摘要、小标题和结论中遴选,注意不要全部从论文的标题中选取。选取的关键词应具有代表性、通用性和序贯性。

10.4.2 主体部分

学术论文有自然科学论文和社会科学论文之分,因它们研究的对象和任务不同,故论文的主体部分也不尽相同。自然科学论文构架一般有引言、材料与方法、结果和讨论四个部分;社会科学论文构架一般有序论、本论和结论三个部分,往往被称为"三段论式"。

如何撰写能吸引读者注意力的学术论文呢?戏剧性和悬念似乎和学术论文无缘,但是,除了展示学术成果,作者也应该运用其他吸引读者的手段,如层层推进、突出重点、举例说明、采用设问等。

层层推进。任何形式的变化都是具有吸引力的。比如段落的变化,内容的推进、拓宽、缩小或者跳跃等。审读段落时可自问:我想通过此段落达到什么目的?该段落是否阐述了不止一个论点?是否应该将这一段落一分为二,从而使问题更加清晰,使观点得以层层推进?

突出重点。小标题之所以能吸引注意力是因为它被突出显示。因此,应尽可能使小标题蕴含信息并且有预示下文的作用。另外,长短句、下划线句、重复句等也能吸引注意力。

举例说明。之所以需要举例,更多的是因为读者不熟悉你的研究领域里发生的事情,所以需要列举细节。仅仅通过文字通常难以让人充分理解,视图、插图、示意图、表格、图表和照片等,有助于阐明、分析、解释、说明和归纳总结。

采用设问。最有效的注意力获取工具是什么?它超越了语言,能引导读者、触发思想,并催生强烈的期望,它就是设问。

1. 自然科学论文基本构架

目前,自然科学论文的基本构架就是 IMRAD(introduction, materials and methods, results, and discussion)四段式结构,即引言、材料与方法、结果和讨论。

1) 引言

引言又称前言、序言、导言、引论或绪论,是学术论文主体的重要组成部分。引言要向读者交代本研究的来龙去脉,其作用在于引起读者的注意,使读者对论文有一个总体了解。引言的文字不可冗长,内容选择不要过于分散、琐碎,措辞要精练,要吸引读者读下去。引言看似简单,但并不容易写好。好的引言通常具有以下作用。

(1) 介绍研究课题的背景。有针对性地围绕文章内容介绍相关研究的历史和现状,包括国内外研究概况、现状和已达到的水平,使读者了解研究方向的全貌。

(2) 指出前人研究的不足。实事求是地总结前人研究过程中遇到的困难、存在的局限性及尚未解决的问题,以便引出自己研究的内容。

(3) 强调本研究的创新点。简明扼要地说明研究中要解决的问题、所采取的方法,特别要强调本研究的创新点,说明与前人研究的区别,提出自己的观点。

(4) 预期本研究的现实意义。指出该研究成果达到了怎样的水平,能解决什么问题,有什么现实意义,激发读者阅读正文的热情。

2) 材料与方法

材料与方法部分的作用在于描述所用的材料、实验装置、实验方法、理论模型和计算方法等。在学术论文中,这一部分也可以称为实验部分、理论基础等。写好这部分的关键在于把握好度,即提供恰到好处的细节,避免过于简单或烦琐(太繁复或不必需的公式、推导可放入附录部分)。衡量标准是看你所提供的细节是否足以让感兴趣的专业读者重复你的实验或方法。

3) 结果

在结果部分只需要如实地汇报结果和数据,让结果和数据来表达研究结论即可,无须加入自己的解释。这一部分通常会包含图表。读者在阅读一篇论文时,往往看完题目和摘要后就会浏览所有图表,有进一步的兴趣才会再读文章的其他部分,所以图表非常重要。它们不仅应该简明、清晰、准确,还应该完整,即每一个图表均应有详尽的说明,读者即使不看论文的文字部分也能够理解图表所要传达的信息。图表的顺序也很重要,它们应该体现行文的逻辑。有些作者习惯于将图表陈列在一起,不在表头做解释,仅在正文中简单地进行介绍,期待读者自己去研究和理解各个图表,这种做法是不可取的。

4) 讨论

讨论部分是论文的精髓所在,也是普遍感到难写的部分,其内容包括:提炼原理,揭示关联,进行归纳;提出分析、模型或理论;解释结果与作者提出的分析、模型或理论之间的联系。

撰写讨论部分时要避免含蓄,尽量做到直接、明确,以便审稿人和读者了解论文为什么值得引起重视。因为讨论部分包含了作者的观点和解释,这一部分在行文时需要注意语气,不可夸张;同时,也要注意避免无关紧要或并不相关的内容。

2. 社会科学论文基本构架

一般来讲,社会科学论文的基本构架包括序论、本论和结论三大部分。

1)序论

序论也叫前言、引言或绪论,它是论文的开头部分。序论一般包括选题的背景、历史研究回顾、意义和目的(或研究的目的)、范围、方法及所取得的成果。

序论只能简要地交代上述各项内容,尽管序论可长可短,因题而异,但其篇幅的分量在整篇论文中所占的比例要小,用几百字即可。序论应开门见山、引人入胜和简洁有力,同时也要说明在课题研究中使用的研究方法。序论通常有以下几种写法。

(1)交代式。开头交代论文的写作背景、目的和意义。

(2)提问式。首先提出问题,或在简要交代写作背景之后随即提出本文所要解决的问题。序论的其他内容也往往是围绕着问题的提出而被表达的。有时论文要随着问题的提出对某些背景材料加以介绍,指明在本项课题的研究中已取得了哪些成果及还存在着哪些尚未得到解决的问题等。

(3)提示范围式。有的问题包含的内容很多,作者只是在一个特定的范围内探讨某一问题,在论文的序论中应对此做出说明,至少要把课题着重涉及问题的哪些方面或不准备涉及的方面向读者交代清楚。

(4)出示观点式。在序论中开宗明义,将本文的基本观点或主要内容揭示出来。

(5)阐释概念式。为了保证论文的确定性和一致性,在序论中可对题目中和文中出现的基本概念所特有的内涵加以阐释。

2)本论

本论是论文的主体部分,是集中表述研究成果的部分。作者在该部分将对序论中提出的问题加以详细分析,展开有效论证,并提出可能的解决问题的方案。本论集中反映了作者所要阐述的理论观点、所运用的论证方法和所达到的学术目标,是作者理论功底和创造性才能的综合体现。

本论主要由作者的论点、论据和论证过程构成。论点和论据的联系,论述的先后顺序,文章的层次、推理,这些都要根据材料和要表达的观点合理组织、精心安排,要做到环环相扣、层层推进,使观点和材料有机地统一起来,以增强论证效果。

由于本论在文章中篇幅长、容量大、层次多、头绪杂,因此其在内容安排和论证层次上尤其要注重严密的逻辑性。这就牵涉到本论的结构层次如何安排的问题。通常,本论的结构层次有以下三种类型。

(1)并列式结构。并列式结构是指依据事物多角度、多侧面、多因素的特点,将本论中描述总论点的各个层次、各个侧面或各个部分平行并列,分别展开论述,使论文的本论部分呈现出一种齐头并进的结构层次。

并列式结构的特点是,用以论证中心论点的各个分论点,紧紧环绕中心论点,各个分论点不分主次、彼此独立,从不同角度、不同侧面围绕中心论点展开论证。分论点与分论点之间在逻辑上呈并列关系,不存在因果或递进关系,所有分论点与总论点构成部分与整体的关系。

这种结构层次行文自然，条理清晰，能够较充分地揭示事物的全貌，使读者一目了然，易于把握。

(2)递进式结构。递进式结构是指本论的各个层次之间构成了一种逻辑递进的深度模式，即观点在序论部分阐明，在本论的各个部分展开系统的论证的结构层次。通常由第一段的内容和论证引出第二段，从第二段又推出第三段，各段之间层层推进，揭示事物的本质，归纳出作者的结论。

递进式结构的特点是，各段落或层次之间的逻辑关系不是并列关系，而是层层推进的，它是按照人们由表及里、由近及远、由浅入深、由现象到本质的认知过程来安排结构的。没有上一个段落或层次的论证，就无从展开下一个段落或层次的论证；下一个段落或层次的内容是对上一个段落或层次内容的比较或发展。上、下分论点的内容具有环环相扣、步步紧逼的特点。

这种结构层次能够较好地反映客观事物发展的内在规律及其内在联系，在论证过程中要注意鉴别、提炼和选择材料，使材料和观点在内在实质上保持统一。

(3)混合式结构。混合式结构是指在并列的过程中，在每一个并列的面上，又展开递进（并列中的递进），或者在递进的过程中，在每一个递进层次上，又展开并列（递进中的并列）的结构层次。混合式结构是并列式结构和递进式结构的综合。

这种结构层次使并列式结构和递进式结构交错出现、相得益彰，从而使丰富而复杂的材料紧紧围绕中心论点从不同方面加以论述，更显得全面、完整，同时又增加了论文写作的广度和深度。

社会科学论文的写作方法与一般文章的写作方法比较有其自身的特点，主要体现在它的学术性和严谨性方面。社会科学论文的写作方法主要有议论、立论和驳论。

(1)议论就是讲道理、论是非。作者通过事实材料和逻辑推理来阐明自己的观点，表明赞成什么或者反对什么。一篇完整的议论文总是由论点、论据和论证构成的。

(2)立论也称为证明，即正面阐述自己的观点，证明其正确性，从而确立论点。常用的证明方法有例证法、引证法、分析法、推理法等。

例证法是一种用事实作为论据、举例说明的论证方法，需要注意的是，事例要典型，数据要确凿，叙述的语言要简明扼要。引证法是引用专家的观点、理论或科学上的公理、定律，还有其他格言、谚语、名言等来证明自己观点的论证方法，也称为事理论证。分析法是把一个较为复杂的事物或事理分解切割成若干部分，然后一一加以考察的论证方法。通过对所论事物或事理的分析、透视，发掘出其中蕴含的道理和规律，从而很好地证明论点。推理法是从一个或几个已知的判断推出一个新判断的思维过程。议论文与逻辑推理是分不开的。从文章的整体来看，完整的论证过程就是归纳、演绎或类比推理的过程。

(3)驳论是通过驳斥反面论点，证明它是错误的、荒谬的，从而证明自己观点正确性的一种论证方法。驳论可分为驳论点、驳论据和驳论证三种。常用的驳论方法有直接反驳、反证法、归谬法等。

直接反驳是运用论据或推理，直接证明反面论点是错误的方法。反证法是指为了证明对方的论点是错误的，先证明与其相矛盾的另一论点是正确的方法。归谬法是先假定对方的论点是对的，然后以它为前提，推导出一个明显荒谬的结论，从而证明对方论点是错误方法。

一般来说,单纯地只用一种论证方法是不多见的,在多数情况下,需要将几种论证或反驳的方法结合起来,才能取得好的论证效果。

3)结论

结论是一篇论文的结尾部分,在结构上是序论的照应,在内容和意义上是本论的归纳、延伸和升华。文章在序论部分提出了问题,在本论部分进行了充分论证,最后需要在结尾部分对全文做出总结,而且在结论中作者要表明对问题的看法或解决问题的思路。

写结论时要注意与本论紧密衔接,最好与序论前后呼应,使全文思绪贯通、格调一致,形成完整、和谐的统一体。结论部分通常有以下作用。

(1)提出论证结果。结论部分要对本论中分析、论证的问题加以综合概括,引出基本论点。结论必须是在序论中提出的、在本论中论证的、自然得出的结果。这部分要写得简要、具体,使读者能明确了解作者的独到见解。

(2)展望课题研究。在论文的结论部分,作者常常不仅要概括自己的研究成果,而且要指出课题研究中所存在的不足,为他人继续研究指明方向、提供线索。

10.4.3 后置部分

后置部分包括致谢、参考文献和附录等。

1. 致谢

必要时可在文末以简短的语言对研究工作或论文写作给予了资助或帮助的组织或个人致以谢意,在表达时要恰如其分。

2. 参考文献

按规定,凡是引用了前人已发表的(包括作者自己过去发表的)文献中的观点、数据和材料等的学术论文,都要对它们在文中出现的地方予以标明,并在文末列出参考文献列表。对于一篇完整的学术论文来说,参考文献的著录是不可缺少的。

3. 附录

对需要收录于学术论文中且又不适合书写于正文中的附加数据、资料、详细公式推导等有特色的内容,可作为附录编排,序号采用"附录1""附录2"等的形式。

10.4.4 参考文献的著录格式

1. 著录参考文献的目的

著录参考文献的目的如下。

(1)可以反映论文作者的科学态度和论文的真实性、科学性,也可以反映出该论文的起点和深度。

(2)能方便地把论文作者的成果与前人的成果区别开来。这不仅表明了论文作者对他人劳动的尊重,而且免除了抄袭、剽窃他人成果的嫌疑。

(3)能起索引作用。读者通过著录的参考文献,可方便地检索和查找有关文献资料,以对该论文中的引文有更详尽的了解。

(4)有助于科技情报人员进行情报研究和文献计量学研究。

(5)有利于控制论文篇幅。

2. 著录参考文献的基本原则

著录参考文献的基本原则如下。

(1)所引用的文献主题必须与论文密切相关。

(2)必须是亲自阅读过的,若为间接引用,则需要提及该中间论文。

(3)优先引用最新发表的同等重要的论文。

(4)避免过多地,特别是非必要地引用作者自己的文献。

(5)确保参考文献各著录项(作者姓名、论文题目、期刊或专著名等)正确无误。

(6)遵循拟投稿期刊的体例要求。

3. 著录参考文献的基本格式

作者向刊物投稿时,所撰写论文的参考文献有各种文献类型,其著录格式要按照规定的格式进行标注,具体标注见中华人民共和国国家标准《信息与文献 参考文献著录规则》(GB/T 7714—2015)中的规定。

1)期刊类格式

[序号] 作者.篇名[J].刊名,出版年份,卷号(期号):起止页码.

举例:

[1] 姜丽丽,鲁雄.石墨烯在太阳能电池中的应用[J].无机材料学报,2012,27(11):1129-1137.

2)专著类格式

[序号] 作者.书名[M].出版地:出版社,出版年份.

举例:

[2] 宋楚瑜.如何写学术论文[M].北京:北京大学出版社,2014.

3)学位论文格式

[序号] 作者.篇名[D].学位授予单位,学位授予年份.

举例:

[3] 周庭安.分布式搜索引擎研究与实现[D].中山大学,2014.

4)专利格式

[序号] 专利申请者或所有者.专利题名:专利号[文献类型标识/文献载体标识].公告日期或公开日期.

举例:

[4] 华南理工大学.一种电动汽车的无线充电电路:201410610211.7[P].2015-02-04.

5)标准格式

[序号] 标准编号,标准名称[S].

举例:

[5] GB 19298—2014,食品安全国家标准 包装饮用水[S].

6)报纸类格式

[序号] 作者.篇名[N].报纸名,出版日期(版次).

举例:

[6] 谭畅.是药三分毒,关键在告知[N].南方周末,2015-10-22(D21).

7) 电子文献格式

[序号] 主要责任者.电子文献题名[文献类型标识/文献载体标识].电子文献的出处或可获得地址,发表或更新日期/引用日期.

举例:

[7] 王楚.语义搜索领跑后 google 搜索引擎[EB/OL]. http://net.chinabyte.com/77/8208577.shtml,2008-07-09/2010-01-09.

8) 论文集格式

[序号] 作者.篇名[C].出版地:出版者,出版年份:起始页码.

举例:

[8] 伍蠡甫.西方文论选[C].上海:上海译文出版社,1979:9-17.

9) 研究报告格式

[序号] 作者.篇名[R].出版地:出版者,出版年份:起始页码.

举例:

[9] 冯西桥.核反应堆压力管道与压力容器的 LBB 分析[R].北京:清华大学核能技术设计研究院,1997:9-10.

10.5 学术规范与合理使用文献

10.5.1 学术规范

学术规范是人们在长期的学术实践活动中逐步形成的被学术界公认的一些行为规则。学术规范的内涵是在学术活动过程中,尊重知识产权和学术伦理,严禁抄袭剽窃,充分理解、尊重前人及今人已有的相关学术成果,并通过引证、注释等形式加以明确说明,从而在有序的学术对话、学术积累中加以学术创新。学术规范主要由学术道德规范、学术法律规范及学术技术规范三个基本部分组成。

1. 学术道德规范

学术道德规范是学术规范的核心部分,要点如下。

(1) 学术研究应坚持严肃认真、严谨细致、一丝不苟的科学态度。不得虚报教学和科研成果,反对投机取巧、粗制滥造、盲目追求数量而不顾质量的浮躁作风和行为。

(2) 学术评价应遵循客观、公正、准确的原则,如实反映成果水平。在充分掌握国内外材料、数据的基础上,做出全面分析、评价和论证,不可滥用"国际领先""国内首创""填补空白"等词语。

(3) 学术论文的写作应坚持继承与创新的有机统一。树立法制观念,保护知识产权,要充分尊重前人的劳动成果,在论文中应明确交代哪些是借鉴、引用前人的成果,哪些是自己的发明创见。

2. 学术法律规范

学术法律规范是指学术活动中必须遵循的国家法律法规及相关要求,要点如下。

(1)必须遵守《中华人民共和国宪法》和其他法律。应坚决贯彻执行党的路线、方针和政策,坚持以马克思列宁主义、毛泽东思想和邓小平理论为指导,坚持四项基本原则,坚持学术研究为社会主义现代化建设服务的方向。

(2)必须遵守《中华人民共和国著作权法》(简称《著作权法》)。按照《著作权法》等有关法律文件的规定,应特别注意以下几点:合作创作的作品,其版权由合作者共同享有;未参加创作,不可在他人作品上署名;不允许剽窃、抄袭他人作品;禁止在法定期限内一稿多投;合理使用他人作品的有关内容。

(3)必须保守党和国家的秘密,维护国家和社会利益。遵守《中华人民共和国保守国家秘密法》,对学术成果中涉及国家机密等不宜公开的重大事项的,均应严格执行送审批准后才可公开出版(发表)的制度。

(4)遵守其他适用的法律法规。按照《中华人民共和国民法通则》的规定,不得借学术研究以侮辱、诽谤方式损害公民法人的名誉。按照《中华人民共和国统计法》的规定,必须对属于国家机密的统计资料保密;在学术研究及学术作品中使用的标准、目录、图表、公式、注释、参考文献、数字、计量单位等应遵守国家标准化法、计量法等法律法规的规定。

3. 学术技术规范

1)数学式、反应式及数字、字母的规范

文章提及的数学式、反应式等可另占一行,并用阿拉伯数字连续编号。序号加圆括号,顶格排。一行表达不完需用多行来表示时,涉及的各符号要紧靠,最好用一些比较关键的符号断开。各类式子应遵守有关规定,并注意应严格区别容易混淆的各种字母、符号。

凡使用阿拉伯数字得体的地方,均应使用阿拉伯数字。世纪、年代、日期和时刻采用阿拉伯数字,年份不能简写。日期和时刻可采用全数字式写法。计量和计数单位前的数字采用阿拉伯数字。多位阿拉伯数字不能拆开换行。

2)量和单位的规范

科技论文中的量和单位,应严格执行国家标准,采用国家法定的计量和单位。不能使用已经被废除的量名称和非法定单位及非标准单位符号。表示变量含义的字母一般用单个斜体拉丁字母或希腊字母(少量变量用正体表示,如 pH),对于矢量和张量,应使用黑斜体表示,名称和名词缩写、单位和数字等一律用正体。

同一个字母,在一篇论文中只能表示同一个物理量;反之,同一个物理量也只能用同一个字母表示。如果要表示不同条件或特定状态下的同一个量,可采用不同的下标加以区别。应使用国标中规定的量符号,不能随意选用字符表示,更不允许用多个字母来表示一个量。

3)图和表的规范

正文中采用的图和表主要是用来表达文字难以表达清楚的内容,应注意以下几点。

(1)凡是用简短文字语言能叙述清楚的内容不要用图或表来表示,更不要既用文字叙述又用图或表,甚至用多个图和表重复表示相同的结果和数据。

(2)图和表应设计合理,并各具独立性,按在文中出现的先后顺序分别给出图(表)序和图(表)题,图(表)题应简明、贴切,具有准确的说明性和特指性。

(3)线图中,凡有刻度和标值的坐标,必须标注量和单位(量纲为1的量单位除外),归一化或相对量值应加以说明。

(4)表格一般应采用"三线表"的格式,但在必要时也可以加辅助线。项目栏中的物理量均应标注单位,百分号(％)应放置在项目栏中,而不能随数值写入表中。

10.5.2 合理使用文献

合理使用文献是指在一定的条件下使用受著作权保护的作品,可以不经著作权人的许可,也不必向其支付报酬。合理使用最直观的考虑,是不允许使用他人的作品时出现阻碍自由思想的表达和思想的交流的情形。

《著作权法》的立法原则,除了首先保护著作权人的利益外,还要维护作品的传播者和使用者的权益,以利于科学文化的传播、传承和创新。因此,为了平衡三者之间的权益,《著作权法》规定,在一定条件下,对著作权人享有的专有使用权要进行适当的限制,其中"合理使用"就是这样一种制度。

1. 合理使用的范围

在下列情况下使用作品,可以不经著作权人许可,不向其支付报酬,但应当指明作者姓名或名称、作品名称,并且不得影响该作品的正常使用,也不得不合理地损害著作权人的合法权益。

(1)为个人学习、研究或者欣赏,使用他人已经发表的作品。

(2)为介绍、评论某一作品或者说明某一问题,在作品中适当引用他人已经发表的作品。

(3)为报道新闻,在报纸、期刊、广播电台、电视台等媒体中不可避免地再现或者引用已经发表的作品。

(4)报纸、期刊、广播电台、电视台等媒体刊登或者播放其他报纸、期刊、广播电台、电视台等媒体已经发表的关于政治、经济、宗教问题的时事性文章,但著作权人声明不许刊登、播放的除外。

(5)报纸、期刊、广播电台、电视台等媒体刊登或者播放在公众集会上发表的讲话,但作者声明不许刊登、播放的除外。

(6)为学校课堂教学或者科学研究,改编、汇编、播放或者少量复制已经发表的作品,供教学或者科研人员使用,但不得出版发行。

(7)国家机关为执行公务在合理范围内使用已经发表的作品。

(8)图书馆、档案馆、纪念馆、博物馆、文化馆等为陈列或者保存版本的需要,复制本馆收藏的作品。

(9)免费表演已经发表的作品,该表演未向公众收取费用,也未向表演者支付报酬且不以营利为目的。

(10)对设置或者陈列在公共场所的艺术作品进行临摹、绘画、摄影、录像。

(11)将中国公民、法人或者非法人组织已经发表的以国家通用语言文字创作的作品翻译成少数民族语言文字作品在国内出版发行。

(12)以阅读障碍者能够感知的无障碍方式向其提供已经发表的作品。

(13)法律、行政法规规定的其他情形。

上述规定适用于对出版者、表演者、录音录像制作者、广播电台、电视台的权利的限制。

2. 文献引用

文献引用贯穿于学术论文的写作中。在引言部分,研究者在大量的背景信息(被引用的文献)中找出该研究领域中的某些"空白"之处(发现问题或提出问题),以说明进行本研究的缘由;在具体实验中,研究者通常利用前人相关研究中的一些方法和技术路线(被引用的文献),对实验结果进行总结,提出理论假说的验证结果,并与已知经验或理论知识(被引用的文献)进行对照比较,提出肯定、否定或修正的意见。

1)引用的作用

支持了论文作者的论证,提出了有力证据;体现了科学研究的继承性,研究的依据、起点和深度;反映了论文作者严谨的科学态度和对他人劳动成果的尊重;给读者提供了详细具体的文献信息,便于查证和阅读原始文献;有助于文献情报人员进行情报研究和文献计量学研究;有利于精简论文篇幅,节省版面。

2)引用的时机

使用他人的原始数据,逐字使用他人的表述、概述、解释或使用他人的观点,使用他人论文的特殊结构、组织形式和方法,提及他人的工作。

3)引用的原则

参考文献要具有全面性、权威性、时效性;引文要准确、中立,不带感情倾向;要告知读者哪些是引用,及时标明或声明;私人通信录、访问录、未发表或出版的论著、不宜公开的内部资料和文件,以及未经发表的国家、地方政府及单位的计划等,不得引用。

10.5.3 学术不端行为的界定

1. 抄袭和剽窃

1)抄袭和剽窃的定义

抄袭和剽窃是欺骗行为,被界定为虚假声称拥有著作权,即取用他人思想产品,将其作为自己的产品拿出来的错误行为。

一般而言,抄袭是指将他人作品的全部或部分,以或多或少改变形式或内容的方式当作自己的作品发表;剽窃是指未经他人同意或授权,将他人的语言文字、图表公式或研究观点,经过编辑、拼凑、修改后,加入到自己的论文、著作、项目申请书、项目结题报告、专利文件、数据文件、计算机程序代码等材料中,并当作自己的成果而不加引用地公开发表。

尽管抄袭与剽窃没有本质的区别,在法律上被并列规定为同一性质的侵权行为,其英文表达也同为"plagiarize",但二者在侵权方式和程度上还是有所差别的:抄袭是指行为人不适当引用他人作品以自己的名义发表的行为;而剽窃则是行为人通过删节、补充等隐蔽手段将他人作品改头换面而没有改变原有作品的实质性内容,或窃取他人的创作(学术)思想或未发表的成果作为自己的作品发表的行为。抄袭是公开的"抄",而剽窃却是暗地里的"抄"。

2)抄袭和剽窃的形式

抄袭和剽窃的形式如下。

(1)抄袭他人受著作权保护的作品中的论点、观点、结论,而不在参考文献中列出,让读者误以为观点是作者自己的。

(2)窃取他人研究成果中的调研、实验数据、图表,照搬或略加改动就用于自己的论文。

(3)窃取他人受著作权保护的作品中的独创概念、定义、方法、原理、公式等且据为己有。

(4)片段抄袭,文中没有明确标注。

(5)整段照抄或稍改文字叙述,增删句子,实质内容不变,包括段落的拆分合并、段落内句子顺序的改变等,整个段落的主体内容与他人作品中对应的部分基本相似。

(6)全文抄袭,包括全文照搬(文字不动)、删减(删除或简化,将原文内容概括简化、删除引导性语句或删减原文中的其他内容等)、替换(替换应用或描述的对象)、改头换面(改变原文文章结构,或改变原文顺序,或改变文字描述等)、增加(一是指简单的增加,即增加一些基础性概念或常识性知识等;二是指具有一定技术含量的增加,即在全包含原文内容的基础上,有新的分析和论述补充,或基于原文内容和分析发挥观点)。

(7)组合别人的成果,把字句重新排列,加些自己的叙述,字面上有所不同,但实质内容就是别人的成果,并且不引用他人文献,甚至直接作为自己论文的研究成果。

(8)自己照抄或部分袭用自己已发表文章中的表述,而未列入参考文献,应视作"自我抄袭"。

3)抄袭和剽窃行为的界定

抄袭和剽窃侵权与其他侵权行为一样,需具备四个条件:第一,行为具有违法性;第二,有损害的客观事实存在;第三,与损害事实有因果关系;第四,行为人有过错。由于抄袭物在发表后才产生侵权后果,即有损害的客观事实,所以通常在认定抄袭时都指已经发表的抄袭物。

一般来说,我国司法实践中认定抄袭和剽窃有三个标准。第一,被剽窃(抄袭)的作品是否受《著作权法》保护。第二,剽窃(抄袭)者使用他人作品是否超出了"适当引用"的范围。这里的范围不仅要从"量"上来把握,而且要从"质"上来确定。第三,引用是否标明出处。

这里所说的引用"量",有些国家做了明确的规定,如有的国家法律规定引用部分不得超过评价作品的1/2,有的国家规定引用部分不得超过评价作品的1/4,有的国家规定引用部分不得超过评价作品的1/10。我国《图书期刊保护试行条例实施细则》第十五条明确规定:引用非诗词类作品不得超过2500字或被引用作品的1/10;凡引用一人或多人的作品,所引用的总量不得超过本人创作作品总量的1/10。目前,我国对自然科学的作品尚无引用量上的明确规定。考虑到一篇科学研究的论文在前言和结果分析部分会较多引用前人的作品,所以建议在自然科学论文和工程技术学术论文中,引用部分不要超过本人作品的1/5。

对于引用"质",一般应把握以下几点。

(1)作者在另一部作品中所反映的主题、题材、观点、思想等的基础上进行新的发展,使新作品区别于原作品,而且原作品的思想、观点不占新作品的主要部分或实质部分,这在法律上是允许的。

(2)对他人已发表的作品中所表述的研究背景、客观事实、统计数字等可以自由利用,但要注明出处,即便如此也不能大段照搬他人表述的文字。

(3)《著作权法》保护独创作品,但并不要求其是首创作品,作品虽然类似但如果是作者完全独立创作的,则不能认为是剽窃。

2. 伪造和篡改

1)伪造和篡改的定义

伪造是在科学研究活动中,记录或报告无中生有的数据或实验结果的一种行为。伪造不以实际观察和实验中取得的真实数据为依据,而是按照某种科学假说和理论演绎出的期望值,伪造虚假的观察和实验结果。

篡改是在科学研究活动中,操纵实验材料、设备或实验步骤,更改或省略数据或部分结果使得研究记录不能真实地反映实际情况的一种行为。篡改是科研人员在取得实验数据后,或急功近利,或为了使结果支持自己的假设,或为了附和某些已有的研究结果,对实验数据进行"修改加工",按照期望值随意改动或取舍数据,以使其符合自己期望的研究结论的行为。

伪造和篡改都属于学术造假,其特点是研究成果中提供的材料、方法、数据、推理等不符合实际,无法通过重复实验再次取得,有些原始数据甚至都被删除或丢弃,无法查证。这两种做法是科学研究中非常恶劣的行为,因为这直接关系到与某项研究有关的所有人和事的可信性。

科学研究的诚信取决于实验过程和数据记录的真实性。伪造和篡改会对科学研究的诚信造成不良影响,使得科学家们很难向前开展研究,也会导致许多人在一条"死路"上浪费大量时间、精力和资源。

2)伪造和篡改的形式

伪造和篡改的形式如下。

(1)伪造实验样品。

(2)伪造论文材料与方法,无中生有。

(3)伪造和篡改实验数据,伪造虚假的观察和实验结果,故意取舍数据和篡改原始数据,以使其符合自己期望的研究结论。

(4)虚构发表作品、专利、成果等。

(5)伪造履历、论文等。

3. 一稿多投

1)一稿多投的定义

一稿多投是指同一作者,在法定或约定的禁止再投期间,或者在期限以外获知自己的作品将要发表或已经发表,在期刊(包括印刷出版和电子媒体出版)编辑和审稿人不知情的情况下,试图或已经在多种期刊同时或相继发表内容相同或相近的论文。《中华人民共和国著作权法》第三十五条第一项设定了一稿多投的法律规定。如果是向期刊社投稿,则法定再投稿条件为"自稿件发出之日起三十日内未收到期刊社通知决定刊登的"。约定期限可长可短,法定期限服从于约定期限。法定期限的计算起点是"投稿日",而约定期限可以是"收到稿件日"或"登记稿件日"。法定期限的终点是"收到期刊社通知决定刊登日"。

国际学术界对于一稿多投现象的较为普遍认同的定义是:同样的信息、论文或论文的主要内容在编辑和读者未知的情况下,于多种媒体(印刷媒体或电子媒体)上同时或相继报道。

2)一稿多投的形式

一稿多投的形式如下。

(1)完全相同型投稿。

(2)肢解型投稿。比如,作者把 A 文章分成 B 文章和 C 文章,然后把 A、B、C 三篇文章投递给不同的期刊。

(3)改头换面型投稿。作者仅对文章题目做改动,而文章结构和内容不做改动。

(4)组合型投稿。除了改换文章题目外,对段落的前后连接关系进行调整,但整体内容不变。

(5)语种变化型投稿。比如,作者把以中文发表的论文翻译成英文或其他外文,在国际著作权公约缔约国的期刊上发表,这在国际惯例中也属于一稿多投,是违反国际著作权公约准则的行为。

3)一稿多投行为的界定

构成一稿多投行为必须同时满足以下四个条件。

(1)相同的作者。对于相同作者的认定,包括署名和署名的顺序。鉴于学术文章的署名顺序以作者对论文或者科研成果的贡献进行排列,调整署名顺序并且再次投稿发表的行为,应当从学术剽窃的角度对行为人进行处理。同一篇文章的署名不同,应认定为剽窃,不属于一稿多投。

(2)同一论文或者同一论文的其他版本。将论文或者论文的主要内容,以及经过文字层面或者文稿类型变换后的同一内容的其他版本、载体格式再次投稿,也属于一稿多投。

(3)在同一时段将论文故意投给两家或两家以上的学术刊物,或者在不同时段且已知该论文已经被某一刊物接受或发表的情况下仍将论文投给其他刊物。

(4)在编辑未知的情况下一稿多投。

思考题

1. 论述撰写学术论文的意义。
2. 在论文撰写过程中,应如何选题?
3. 论述选题时应注意的问题。
4. 简述学术论文的基本格式。
5. 何时需要引用他人文献?
6. 简述抄袭和剽窃行为的定义。
7. 在自己的文章中适当引用他人已经发表的作品时,应当把握的原则是什么?
8. 简述论文的 IMRAD 格式。
9. 期刊的参考文献格式有什么要求?
10. 简述伪造和篡改的形式。

第 11 章 课题检索流程与检索案例研究

11.1 课题检索流程

11.1.1 课题检索流程图

在进行课题检索时,为了提高检索的查全率和查准率,一般要遵循一定的检索流程,如图 11-1 所示。

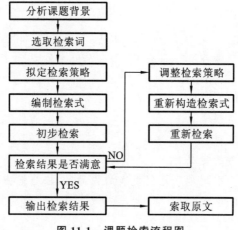

图 11-1 课题检索流程图

11.1.2 分析课题背景

当检索课题比较生疏时,应当首先利用百科全书、图书、综述性论文等,掌握与课题有关的基本知识、名词术语及需要检索的文献范围(包括文献类型、所属学科、所处年代、语言种类等)。

了解课题的有关专业知识和研究情况(如前人做到了何种程度、取得了哪些成果等),弄清楚课题的内容和要解决的问题及解决该问题的初步设想等,进而确定检索的主题范围。

11.1.3 选取检索词

在计算机检索系统中,检索界面友好、功能强大、简单易用,用户无须经过太多的培训,就能从事计算机检索操作。但从用户从事计算机检索的实践来看,检索的效果远没有人们想象的那么好。在计算机检索时,检索词选取的准确率,直接影响着信息的查全率和查准率,与检索效率息息相关,决定着检索的成败。

与分类检索相比,主题检索因具有检索的直接性、反映主题的灵活性及便于特性检索等优点,已成为机检系统下读者查找文献的主要检索途径。主题检索语言包括叙词语言和自然语言。叙词语言是经规范化的人工语言,它虽然具有种种优点,但这种受控的人工语言具有标引难度大、标引一致性和专指性差、词汇更新快等缺点。

如今,书目数据库检索的操作者已由专业的图书情报工作者转变为众多学科不同、水平不一的用户,用户不熟悉叙词语言经过人工控制后的选词及词间关系,基本不了解或根本不了解复杂的叙词标引技术及规则,检索时通常使用各自熟悉的语词,而自然语言则是首选。自然语言具有专指度高、通用性好、词汇更新快等优点,但是单纯使用自然语言进行检索,漏检率与误检率却很高,这是因为自然语言存在大量的同义词、近义词、多义词和同形异义词等。

在选取检索词时要从概念入手,而不是从字面意思入手;要立足规范词,兼顾自由词。因此,选择检索词时应注意以下几点。

1. 找出课题中的隐性主题

所谓隐性主题,就是在题目中没有文字表达,经分析、推理得到的有检索价值的概念。如课题"能取代高残杀菌剂的理想品种",其主题似乎只有"杀菌剂、(新)品种",但实际隐含有"高效低毒农药"的隐性主题。

(1)利用字顺表查寻隐性主题。字顺表中的主题款目包括属分项、参见项等,其中属分项可用于查寻从属隐性主题,参见项可用于查寻相近的隐性主题。

(2)利用词族表查寻隐性主题。词族表具有按词间等级关系成族展开的特点,可用于查寻隐性主题,如检索课题"高温合金",在族首词"合金"下可查到耐热合金、镍铬耐热合金、超耐热合金、镍耐热合金。

(3)利用范畴表查寻隐性主题。范畴表具有将相同专业主题词集中起来的特点,可用于查寻隐性主题,如检索课题"飞机舱",在"航空器"类可查得炸弹舱、座舱、增压座舱、短舱、吊舱、发动机舱等。

2. 运用与选定检索词概念相同或相近的词

同义词和近义词在检索中占有重要地位,因为同一事物有不同的名称。有的是习惯用语,有的是科学用语,还有的是别名。同义词、近义词等若不同时并存,则会影响检索效果。如"制备""制造""合成""生产"等,每一个关键词下均能找到文献,若只采用其中一个关键词去检索,往往只能找到其中的一部分文献,导致漏检。所以,我们必须尽一切可能把同义词和近义词找全。如有毒(toxic、poisonous)、设备(apparatus、equipment、device)、汽车(car、automobile、vehicle)、化学分析(chemical analysis、analytical chemistry、chemical determination)等。总之,同义词、近义词找得越全,文献查全率越高。

3. 注意选用国外惯用的技术术语

查阅外文文献时,一些技术概念的英文词若在词表中查不到,就要先阅读国外的有关文献,弄清技术概念的含义。如查有关"麦饭石应用"的国外文献,如何将"麦饭石"译成英文名词呢?一种方法是直译,即 wheat rice stone,显然这不是国外的专有名词。另一种方法是分析实质,考虑"麦饭石"是一种石头或矿物,其功能主要是吸收水中的有害物质并释放出一定量人体必需的微量元素,从而改善水质,所以,应选用"改善""水质""石头或矿石"这几个概念进行检索。

4. 上位词或下位词的选取

上位词、下位词的检索方法有两种。一种是直接采用"扩展检索",这种方法是考虑主题概念的上位概念词。课题"加氢裂化防污垢的开发与应用研究",将"加氢裂化"与"防污垢"组配,结果等于零。概念向上位"石油加工与石油炼制"的概念扩大,再与"防垢剂"组配,完成了课题的要求。另一种是将主题词的上位词、下位词并用。如检索"血细胞"的有关文献,血细胞是红细胞、白细胞及血小板的上位词,反过来红细胞、白细胞及血小板是血细胞的下位词,而白细胞的下位词有粒细胞、单核细胞和淋巴细胞。将"血细胞"的上、下位词并用扩展检索到的文献篇数明显大于用"血细胞"检索到的文献篇数。

5. 异称词的选取

(1)学名与俗名。如大豆与黄豆、马铃薯与土豆、乙酰水杨酸与阿司匹林。有商品名或俗名的,最好将化学物质名称与它们联合起来使用。例如,检索二溴羟基苯基荧光酮的文献,由于该物质商品名叫作新洁尔灭,所以在检索时要将这个名称考虑进去,用化学物质名称与商品名组配检索。

(2)意译与音译。如电动机与马达、逻辑代数与布尔代数、形势几何学与拓扑学,以及激光与莱塞、镭射。

(3)新称与旧称。如狗与犬、杜鹃与子规或杜宇、索引与通检、硅与矽。

(4)异地称。如撰稿与文案、助产士与稳婆、官员与官位、小偷与三只手或瘪三。

(5)不同领域或行业的异称。如智囊在政界多称幕僚,在军界称参谋。

(6)小时称与大时称。如小马称驹,小牛称犊,幼儿称孩。

6. 简称及全称的选取

值得一提的是,当检索的全称词里含有简称时,则只用简称;当全称里不含简称时,检索时必须两者均用。如"肾综合征性出血热"和"出血热",只查"出血热"即可;而"艾滋病"和"获得性免疫缺陷综合征",则应采用"艾滋病 OR 获得性免疫缺陷综合征"来进行检索。

7. 翻译要准确

在翻译时,有些词语如果按照中国人的思维,想当然地进行翻译,对某一概念的表达不遵从英语的表达习惯,就会找不到相关的文献。如:中文"超分子",错误地译成英文"super molecular",而正确的翻译是"macro molecular";中文"数字通信",错误地译成英文"number communication",而正确的翻译是"digital communication"等。

8. 从信息反馈中获得

有的课题因检索效果不理想,需要进行第二次、第三次检索,将第一次检索得到的信息反馈到第二次检索中去,可获得良好的检索效果。如"液压油污染测量模板",用"液压油"(hydraulic oil)和其他词组配检索,没有查到对口文献,但是发现了隐性主题——液压液体(hydraulic liquid),用"液压液体"和其他词组配检索,查得英国专利"液压液体污染等级测量仪",该专利技术内容与检索课题很相似,满足了用户申报专利时对对比文献的需要。因此,检索者要尽可能仔细阅读检获的相关文献,并进行第二次、第三次检索。

9. 变体分析

变体分析即找出词或词组的各种变化形式,常见的有以下几种。

(1)拼写变体,如 center 与 centre、meter 与 metre。

(2)单数加复数,如 silicon carbide 与 silicon carbides。

(3)分离形式加连体形式,如 book case 与 bookcase、data base 与 database。

(4)原序形式加逆序形式,如仔猪与猪仔、抗拉性不锈钢与不锈钢抗拉性。

10. 少用或不用对课题检索意义不大的词

检索时避免使用无关紧要的、参考价值不大、使用频率较低或专指性太高的词,一般不选用动词和形容词,不使用禁用词,尽量少用或不用不能表达课题实质的高频词,如分析、研究、应用、利用、方法、设计、发展、展望、趋势、现状、动态、影响、效率等。必须用时,应与能表达主要检索特征的词组配,或增加一些限制条件再用。

11. 相关词的选取

相关词是指与检索主题相关的主题词。要根据检索的需要,利用与检索主题彼此在概念上处于相互关联、交错、矛盾、对立关系,以及作为主题的工具、材料、原因、结果及用途等关系进行选词。例如,"热效率"主题概念与"热损失"概念相矛盾,如果检索主题需要,应选取"热效率"和"热损失"作为检索词。如果某一物质确实非常复杂,还可以考虑根据用途检索进行补充。例如,N-月桂酰-L-丙氨酸的唯一用途是作生物表面活性剂,那么就可以用"生物表面活性剂"作为关键词进行检索。

11.1.4 编制检索式

一个好的检索式是最终实现检索策略、达到预想结果的具体表现形式。

1. 影响查全率的因素

影响查全率的因素有:检索词是否已扩大到穷尽,是否合理应用逻辑或来优化检索,是否对课题检索策略做了必要的扩大。扩大检索范围的基本方法有以下几种。

(1)调节检索提问表达式的网罗度,去掉一些次要的、崭新的概念,以及专指度很高或没有把握的某些主题概念。

(2)充分利用逻辑或将某些主题概念组配起来,以扩大检索范围。

(3)降低检索词的专指度。

(4)适当使用关键词在标题、文摘甚至全文中查找。

2. 影响查准率的因素

影响查准率的因素有:是否尽量选用了专指度较高的检索词,是否尽量采用了逻辑与、逻辑非和位置算符进行优化检索,是否对所检课题做了范围的有效限制等。缩小检索范围的基本方法有以下几种。

(1)提高检索提问表达式的网罗度,充分利用逻辑与将某些主题概念组配起来。

(2)提高检索词的专指度。

(3)用某些检索系统提供的限定检索功能。

(4)用某些检索系统提供的二次检索功能。

3. 检索式的调整

多主题概念的课题应以"简"为主。若课题有 A、B、C、D、E、F 等主题概念可进行逻辑与组配,其中"C"主题词建库人员未从原始文献中挑选出标引词时,则该"C"主题词表现为零,整个检索式等于零。

少用或不用对课题检索意义不大的词。词义泛指度过大的词应尽量少用或不用,如展望、趋势、现状、近况、动态、应用、作用、利用、用途、用法、开发、研究、方法、影响、效率等。

4. 检索字段的调整

在实际检索过程中,很多用户使用数据库提供的默认检索字段(一般默认字段为全文检索),而不进行篇名、关键词、主题词、摘要、全文等检索字段的选择,因此往往造成漏检。一般来说,检索时首选字段为篇名或关键词,如果检索结果不多,可以扩大到摘要字段检索,如果摘要检索也很少,可以扩大到全文检索。

11.2 检索案例研究

11.2.1 中文期刊检索案例

【例1】 玻璃智能温室等蔬菜高效安全生产技术研究与示范。

1. 课题背景分析

随着人们生活质量的提高和健康意识的增强,蔬菜作为人们每天必不可少的食用农产品,其质量安全越来越受到人们的关注,无论从国内走可持续发展的道路还是从克服国际贸易中的绿色壁垒出发,都必须发展无公害商品蔬菜。

蔬菜产品受到污染,与其生产环境密切相关。一些企业单位或个人追求经济利益,向环境中排放污染物质,造成环境污染或二次污染,导致水质下降、土壤功能衰退,对蔬菜的安全生产极其不利。另外,蔬菜生产中大量使用农药和植物生长激素、化肥施用不当等也是影响安全问题的主要因素。

解决蔬菜安全生产问题的措施主要有:建设水土环境优良的绿色蔬菜基地;大力发展物理防治技术;积极推广生物防治技术;合理进行化学防治,使用高效低毒、低残留农药,禁止使用高毒、高残留农药;普及科学施肥技术,建立质量安全检测体系等。

2. 检索目的

本课题的检索目的是了解国内玻璃智能温室等蔬菜高效安全生产技术研究进展,并通过阅读文献,利用系统逐代进行抗性测定,选育耐寒、抗病虫、高产、优质的蔬菜新品种;研发环境相容、缓释高效的新型无害生物农药;设计智能型的玻璃温室,在这样的环境下进行蔬菜高效安全生产技术研究等,并进行对比分析,看是否有与查新点内容相同的玻璃智能温室等蔬菜高效安全生产技术研究与示范的文献报道。

3. 文献检索策略及检索范围

(1)拟定检索词。从检索课题及课题背景分析中,拟定如下检索词:蔬菜、安全生产、无污染、绿色、无公害、玻璃、智能、温室、棚室、高效、设施。

(2) 编制检索式。在检索过程中不断调整检索词、检索字段等,以达到最佳的检索效果。

检索式 1:蔬菜 * 安全生产 * 温室。

检索式 2:蔬菜 *(安全生产＋无污染)*(智能＋温室＋棚室＋设施)。

(3) 确定检索数据库。检索中文期刊首选中国知网(CNKI 数据库)。

4. 检索过程与结果

打开 CNKI 数据库期刊检索界面,按编制的检索式输入内容,如图 11-2 所示。

图 11-2　CNKI 数据库期刊检索界面

依据上述文献检索范围和检索式,共检索到相关文献 88 篇,从中挑选出可比文献 24 篇,其余文献为一般相关文献。

[1] 王殿峰,张洪春,王登波. 温室蔬菜病虫害绿色防控技术[J]. 乡村科技,2020,11(32):102-103.

摘要:随着社会经济的快速发展,人民群众的生活水平持续提升,对饮食、生活、健康的要求也在不断提升。在此背景下,纯天然、无污染、无药物残留的温室蔬菜越来越受社会各界的认可。基于温室的特征,其在为蔬菜提供生长环境的同时,为病虫害繁殖发育提供了条件,因此加强病虫害绿色防控技术研究成为提升温室蔬菜品质的重要途径。基于此,本文主要针对温室蔬菜病虫害特征、诱因进行系统的阐述,在此基础上全面研究温室蔬菜病虫害防控技术,以供参考。

[2] 李想,龙振华,朱彦谚,杨昳,李明堂. 东北设施叶菜类蔬菜镉铅污染安全生产分区研究[J]. 农业环境科学学报,2020,39(10):2239-2248.

摘要:近年来东北地区设施蔬菜种植业发展迅速,导致菜地土壤出现了不同程度的镉(Cd)和铅(Pb)污染,影响了蔬菜的安全生产。本文以保护 90% 和 5% 的蔬菜品种为划分依据,利用物种敏感性分布法对 Cd 和 Pb 污染设施蔬菜土壤进行了安全生产分区研究。结果表明,蔬菜中 Cd 和 Pb 的含量超标率分别为 23.53% 和 20.59%。蔬菜对 Cd 的富集系数与土壤 pH 呈显著性负相关关系($P<0.05$),而对 Pb 的富集系数与土壤有机质的含量呈显著性正相关关系($P<0.05$)。菠菜和小白菜对 Cd 的富集能力较强,而油麦菜对 Cd 的富集能力较弱。小白菜和韭

菜对 Pb 的富集能力较强,而茼蒿对 Pb 的富集能力较弱。建议设施叶菜类蔬菜宜产区、限产区和禁产区土壤中 Cd 的含量分别为 $\leqslant 0.43$ mg·kg^{-1}、$0.43 \sim 2.88$ mg·kg^{-1} 和 $\geqslant 2.88$ mg·kg^{-1};Pb 的含量分别为 $\leqslant 24.21$ mg·kg^{-1}、$24.21 \sim 392.31$ mg·kg^{-1} 和 $\geqslant 392.31$ mg·kg^{-1}。设施叶菜类蔬菜对 Cd 和 Pb 的吸收富集特征不同,并且在蔬菜样品间也表现出了明显的差异,因此进行宜产区、限产区和禁产区划分对 Cd 和 Pb 污染设施蔬菜土壤的安全生产具有重要意义。

[3] 杨帆,王攀,望勇,周利琳,骆海波,蔡定军,司升云.武汉设施蔬菜病虫害防控中影响农药合理使用的因素分析[J].长江蔬菜,2020,(10):31-33.

摘要:农药是确保农产品稳产、丰产和保证品质不可缺少的重要农业生产资料,但长期不合理的滥用、误用会造成农田生态环境污染、有害生物抗药性增加、农药残留超标、农产品品质下降等一系列为害[1~3]。2015 年,农业部制定《到 2020 年化肥农药使用量零增长行动方案》,大力推进农药减量控害,引导农产品安全生产及农业产业绿色发展;同年,国家设立"十三五"重点研发专项"化肥农药减施增效综合技术"[4]。农业产业的可持续发展问题已引起国家高度重视。

[4] 李想,翟玉莹.设施农业蔬菜栽培技术初探[J].时代农机,2020,47(01):12+14.

摘要:俗话说,"民以食为天",为了满足人们日益增长对于绿色、无污染蔬菜的需求,需要将现代化设施和技术应用于农业蔬菜生产过程中。文章对农业蔬菜栽培技术的应用发展现状及应用要点进行了研究和探讨,以期为我国的农业生产提供一些建议。

[5] 姜成玉.温室蔬菜病虫害绿色防控技术策略[J].江西农业,2019,(16):25.

摘要:随着社会经济的发展以及生活质量的提高,人们越来越倾向于购买无污染、无农药残留、纯天然的温室蔬菜。为提高温室蔬菜病虫害的防控水平,有必要在种植过程中应用绿色防控技术。基于此,首先分析了温室蔬菜病虫害产生的原因,进而分析了温室蔬菜病虫害绿色防控技术类型,包括农业防治技术类型与物理防治技术类型,最后提出温室蔬菜病虫害绿色防控技术策略。

[6] 张京社,阎世江.基于物联网技术的设施蔬菜质量安全控制体系研究与应用[J].蔬菜,2018,(10):53-57.

摘要:物联网技术应用于设施蔬菜质量安全控制体系,可实现蔬菜产前、产中、产后的全过程监控,对蔬菜标准化生产、蔬菜质量安全监管、保障食品安全、设施蔬菜产业升级都具有十分重要的意义。在介绍物联网技术在蔬菜质量安全控制中的应用现状基础上,具体列举了山西省农业科学院蔬菜研究所与合作单位开发的一款蔬菜安全生产管理平台应用实例,包括系统总体方案、通信系统设计、智能控制子系统和智能管理系统,以及其应用效果,并对物联网技术和蔬菜质量安全控制管理体系的进一步开发和应用提出了相应建议,以期加快蔬菜质量安全控制体系的发展。

[7] 史艳波.关于设施蔬菜绿色生产集成配套技术研究[J].农民致富之友,2018,(19):96.

摘要:近年来,我国在种植业方面进行了几次变革,促使其结构变得越来越完善,设施蔬菜种植面积逐步扩大。但在该产业迅速发展的同时,也衍生出一系列绿色安全生产难题。该类问题与人民身体健康情况息息相关,同时也关系到种植农民的经济收入。因此,在确保蔬菜绿色生产安全的同时,尽量降低病虫害防治过程中对化学农药的依赖性,为无公害绿色蔬菜的生产奠定基础。

[8] 孙婷.设施蔬菜健康栽培技术[J].农村科技,2017,(09):51-52.

摘要:新疆设施农业历经近20年发展,面积不断扩大,产出大幅增加。随着科技发展和人们对蔬菜产品的需求变化,农产品安全提上重要日程,迫切需要通过优质高效设施蔬菜栽培技术和安全生产技术研究开发,以设施蔬菜安全生产为核心,以设施蔬菜健康栽培为主要目标开展系统研究。提出健康栽培理念,通过适宜栽培措施来控制有害生物种群数量或减少其侵染可能性,培育健壮植物,增强植物抗害、耐害和自身抗病能力,以达到稳产、高产、高效率、低成本的一种植物保护措施。

[9] 任巍.设施蔬菜安全生产存在的问题及发展对策[J].园艺与种苗,2017,(05):13-14+21.

摘要:阐述了设施蔬菜安全生产中存在的问题,提出今后加快设施蔬菜安全生产的发展对策,即加快科技创新与技术研究、实施安全生产标准化、科技服务体系建设和技术培训及加强监督与检测,为蔬菜安全生产提供理论参考。

[10] 周东亮,叶丙鑫,王姣敏,张晶.设施蔬菜育苗存在的问题及其技术分析[J].农业与技术,2016,36(22):88.

摘要:蔬菜是人们日常最重要的消费品之一,随着人口数量的不断增加以及物质生活水平的不断提升,蔬菜的消费量和品质需求也在不断提升。尤其是随着食品安全问题的日渐突出,蔬菜安全生产问题成为人们关注的焦点。蔬菜育苗是当前蔬菜生产的重要方式,对蔬菜育苗存在的问题进行分析,采取相应的育苗技术提高育苗质量是当前蔬菜产业生产的重要课题。

[11] 任艳伶.设施蔬菜生产新技术[J].河北农业,2016,(09):16-18.

摘要:一、高温闷棚技术 高温闷棚技术是一项简易、高效而又安全无污染的棚室环境及土壤消毒处理技术,尤其对真菌和细菌问题引起的土传病害具有十分明显的防治效果,对黄瓜、番茄枯萎病的相对防效可达90%以上,对根结线虫病的相对防效也可达30%以上。高温闷棚的时机选择在7月或8月夏季温度最高的时期,正是上茬作物收获后、下茬作物定植前的空闲时期,既不占用生产时间,又能为下茬作物生产做好底肥准备,改善土壤环境,是最为方便易行的病害防治方法。

[12] 连青龙,张跃峰,丁小明,鲁少尉,田婧,马宁,李邵,鲍顺淑.我国北方设施蔬菜质量安全现状与问题分析[J].中国蔬菜,2016,(07):15-21.

摘要:采用设施蔬菜生产实地调研、设施专家专访和设施内环境因子实时监测等方法,研究并总结分析我国北方设施蔬菜安全生产的现状、存在问题以及影响设施蔬菜质量安全的主要因素。调研结果显示,被调查种植户以种植番茄、黄瓜、辣椒等果菜为主,1年2～3茬。北方东部发达地区年平均化肥、农家肥施用量分别高于 100 kg·(667m^2)$^{-1}$ 和 16 m^3·(667m^2)$^{-1}$ 的比例高达65.5%和72.4%;灌溉和追肥方式以大水漫灌和随水施肥为主,分别占58.6%和93.1%;每次施药量在20～40 kg·(667m^2)$^{-1}$(药水混合)范围的用户比例最多,占41.7%。与东部相比,北方西部欠发达地区年平均化肥、农家肥施用量最高范围在81～100 kg·(667m^2)$^{-1}$ 和 6～10 m^3·(667m^2)$^{-1}$ 的比例均为41.4%;灌溉和追肥方式以滴灌和随水施肥为主,分别占75.9%和96.6%;每次施药量在20～40 kg·(667m^2)$^{-1}$(药水混合)范围的用户比例最多,占46.7%。采收季,农户在农药安全间隔期之外采收蔬菜的比例占90%

以上，设施蔬菜产品农药残留总体在安全可控范围内。温室环境是影响蔬菜病虫害发生的重要因素，土壤盐渍化影响了蔬菜产量和品质；设施蔬菜生产中大量使用畜禽粪便，加重了菜田土壤的重金属污染。今后，应加强栽培管理，提高温室环境调控、病虫害防治和肥水管理技术，并提升温室生产的省力化和机械化水平。

[13]程亨曼,李博,潘超然,窦钰程,韩喜军,王楠,李金拾.棚室蔬菜播种机的研究与应用[J].农机使用与维修,2016,(02):20-21.

摘要：蔬菜是我们人类都要摄取的食物，随着人口的增加，环境的恶化，衍生出了大棚蔬菜种植，这种种植方法可以让人们在冬天蔬菜没有办法在室外种植生产的情况下吃到夏天的蔬菜，这种种植方法也是为了满足人们日益增长的物质需求，棚室蔬菜种植的不断发展使得之前以人工为主的种植模式已经满足不了实际发展的需求，针对此种情况研发设计一种适合棚室作业的手推式蔬菜播种机。整个机具结构简单，设计巧妙，占地面积小，该机具投入使用后将大大减轻农民的劳动强度，使棚室内的种植环境保持清洁、无污染，填补了国内棚室蔬菜种子播种机械的空白。

[14]王志勇,赵艳艳,姚秋菊,原玉香,张晓伟,张强.雾霾寒冷天气对河南省设施蔬菜生产的影响[J].北方园艺,2015,(06):47-50.

摘要：在寒冷冬季，雾霾天气侵袭了河南省大部分地区，不仅给人民群众带来了生活不便和健康危害，而且还严重影响了冬季蔬菜安全生产。通过分析研究雾霾寒冷天气产生的原因和危害，要积极采取应对措施加强设施蔬菜安全生产，做好设施蔬菜生产在雾霾寒冷天气情况下的防灾和减灾。

[15]马理.微生物肥料在设施蔬菜生产中的应用[J].西北园艺（蔬菜）,2015,(02):24-25.

摘要：微生物肥料又称生物肥料、菌肥、接种剂，是指由单一或多个特定功能菌株通过发酵工艺生产的能为植物提供有效养分或防治植物病害的微生物接种剂。它不是以直接供给植物养分或农药为目的，而是通过特定菌株在土壤中的大量繁殖为植物提供养分或抑制有害菌的生产。微生物肥料在最近20多年里发展较快，具有低投入、高产出，原料充足、节约能源，质量好、效益高，无毒、无污染，制作技术简单，容易推广等优点。

[16]马雪侠,刘巧云,安曙光,李秀云.设施蔬菜病虫害绿色防控技术研究[J].农业技术与装备,2015,(02):16-18.

摘要：随着社会经济的发展以及生活质量的提高，人们越来越重视对无污染、无农药残留、纯天然的有机蔬菜的追求。为提高对蔬菜病虫害的防控水平，国家相关机构对设施蔬菜病虫害绿色防控技术进行了大量的研究和推广，并开发出大片绿色蔬菜试验基地进行试验示范。结果表明：设施蔬菜病虫害绿色防控技术是多种防治技术的集成，具有很强的推广性和可操作性，应该进行深入的理论研究和推广实践。

[17]赵义平,马兆义,胡志刚.雾霾天气对设施蔬菜生产的影响及对策[J].中国蔬菜,2013,(05):1-3.

摘要：2012年底至2013年初，雾霾天气侵袭了我国大部分地区，不仅对人们的身体健康造成危害，而且严重阻碍了冬春设施蔬菜的安全生产。面对雾霾天气，如何采取有效措施积极应对？

[18]赵燕慧.设施蔬菜生产中存在的问题及对策[J].热带农业工程,2012,36(06):

22-25.

摘要：分析当前设施蔬菜安全生产的现状，指出设施蔬菜生产中存在的主要问题，提出设施蔬菜发展的对策，为蔬菜的安全生产提供参考。

[19]马剑波.设施蔬菜病虫害绿色防控技术研究[J].西北园艺（蔬菜），2011，(06)：4-5.

摘要：近年来，随着设施蔬菜生产规模的逐年扩大，蔬菜连作重茬种植现象越来越普遍，导致菜田病虫发生和危害越来越严重。通过大力发展农业防治、加强物理防治、科学应用生态防治、积极推广生物防治、合理选用植物源农药等病虫害综合防治措施，使蔬菜产品达到纯天然、无污染、安全营养，是蔬菜生产中最为重要的环节之一。

[20]王书凤.温室蔬菜大棚害虫防治中色板诱杀技术的应用[J].现代园艺，2011，(11)：50.

摘要：食品安全切实关系到人们的生命安全，采用科学有效的绿色无害治虫方式，是保证安全无污染蔬菜的合适手段。根据不同种类的害虫的趋光性特点，采用黄板、蓝板诱杀害虫，成本低、操作简单且能有效减少杀虫剂的使用，避免农药残留危害生命和环境，是一种经济的、绿色的控害技术，值得推广。

[21]秦贵，马伟，王秀，孙贵芹，沈瀚，张睿，翟长远，邹伟.温室智能装备系列之二十三 设施蔬菜标准园收获后相关技术设备研究应用[J].农业工程技术（温室园艺），2011，(02)：26-27.

摘要：设施蔬菜栽培收获后需要完成秸秆的处理以及下批次的育苗作业，并提前做好准备以便适应设施环境下的周年生产方式。由于大面积采用工厂化生产，秸秆等废弃物处理不妥当会引起病虫害发生和交叉感染，影响作物产量和品质。为了阻断病原，同时实现节能减排、绿色无污染的生产方式，就必须将生产的废弃物有效地利用起来，形成生物质资源的循环可持续利用。

[22]孙贵芹，马伟，王秀，秦贵，沈瀚，陈立平，李志强.温室智能装备系列之二十二 设施蔬菜标准园生长期管理先进技术设备应用[J].农业工程技术（温室园艺），2011，(01)：34-35.

摘要：设施蔬菜作物在种植生长期，为了满足有机绿色作物生长的要求，需要采用先进的技术设备实现作物的增产和农户增收，同时提高劳动生产率，降低劳动强度。采用先进声、磁、电等物理技术调控设施环境，可以实现零污染，没有化学残留，是实现高产、高效的理想选择；采用智能控制技术，可以全面地提升设施装备的技术水平，实现高效安全的生产要求。

[23]李季，苏芳，刘文国，田志武.日光温室无污染蔬菜生产定位试验研究[J].中国生态农业学报，2002，(03)：127-129.

摘要：对日光温室蔬菜生产连续进行4年10茬的无污染定位试验，其中处理基肥施用EM堆肥，追肥则减少N肥施用量，病虫防治以生物农药为主，且在病虫无法控制情况下选用少量化学农药，对照采用常规施肥与施药方法，试验结果表明，土壤有机质含量提高了0.14%～0.4%，化肥用量降低50%，农药用量降低30%，产量提高了5%～10%，产值提高1%～6%。

[24]汪羞德，王方桃，汪寅虎，田吉林，陈春宏，柯福源.蔬菜设施栽培的基质选择试验和应用[J].上海农业学报，2001，(04)：60-64.

摘要：先后在上海市嘉定区黄渡镇园艺场温室、上海市农业科学院环境科学研究所温室及东海蔬菜示范基地现代化温室共设立三个试验点，用岩棉、蛭石、珍珠岩、泥炭、煤炉渣等国产材料设计的五个配方作栽培基质，以春番茄、春甘蓝、秋番茄、春黄瓜为栽培对象进行了60个小区的试验和一个玻璃温室春番茄煤炉渣栽培基质生产应用示范。结果证明，泥炭、煤炉渣、珍珠岩、蛭石等国产材料及其复合配方替代进口基质，作蔬菜设施栽培的基质材料，均可取得良好的产量结果，其中煤炉渣来源广泛、取材方便、成本低廉，对农产品无污染，作栽培基质具有广阔的应用前景。

5. 结论

针对"玻璃智能温室等蔬菜高效安全生产技术研究与示范"课题，我们利用中国知网进行了检索。共检索到相关文献88篇，选取可比文献24篇。

通过对检索到的相关文献进行分析对比，可以得出以下结论。

(1)见有文献对蔬菜安全生产进行了报道，但未涉及玻璃智能温室。

(2)见有文献对日光温室蔬菜安全生产关键技术进行了研究，但未涉及环境相容、缓释高效的新型无害生物农药。

综上所述，未见有与查新点内容相同的玻璃智能温室等蔬菜高效安全生产技术研究与示范的文献报道。

11.2.2 专利检索案例

【例2】 检索有关微生物脱硫技术的中国和美国专利文献。

1. 课题背景分析

随着人们对环境污染造成的危害的日益重视，一些发达国家制定了严格的法律法规和技术措施来控制二氧化硫的排放量。加大二氧化硫的控制力度越来越重要和紧迫。控制二氧化硫排放可以采用多种方法，主要途径有三个：在煤燃烧前进行洗煤和选煤，可以脱除10%～20%的硫分；在煤燃烧时采用先进的燃烧方法，如循环流化床技术和煤气化技术可以控制二氧化硫的形成；燃烧后，可进行烟气脱硫。

依据目前的技术水平和实际能力，烟气脱硫是降低二氧化硫排放量最经济、有效的手段。烟气脱硫是国际上广泛采用的控制二氧化硫排放的成熟技术，目前，按照脱硫剂和脱硫产物的干湿状态可分为三大类：湿法脱硫技术、干法脱硫技术和半干半湿法脱硫技术。湿法脱硫技术有石灰石-石膏烟气脱硫技术、海水脱硫技术；干法脱硫技术有电子束脱硫技术、循环流化床脱硫技术；半干半湿法脱硫技术有喷雾干燥脱硫技术、炉内喷钙尾部增湿活化脱硫技术。目前，国际上已实现工业应用的燃煤烟气脱硫技术中，湿法脱硫技术约占85%。

新兴的烟气脱硫方法有微生物脱硫技术、尿素法脱硫技术和脉冲电晕等离子体脱硫技术等。其中，微生物脱硫技术即生物催化脱硫(BDS)，是一种在常温常压下，利用厌氧菌、好氧菌的生长特性对物质中各形态的硫进行脱除的技术。

2. 选择检索词

从检索课题及课题背景分析中，拟定如下检索词：微生物、脱硫、生物催化脱硫、二氧化硫。

3. 编制检索式

根据上述各个检索词之间的逻辑关系,编制了如下检索式:微生物 AND (脱硫 OR 生物催化脱硫 OR BDS)。

4. 检索过程与结果

1) 检索中国专利

打开中华人民共和国国家知识产权局专利检索界面(http://epub.cnipa.gov.cn/),单击"高级查询",按编制的检索式在"名称"栏后面的输入框中输入内容,如图 11-3 所示。

图 11-3 国家知识产权局专利检索界面

依据上述文献检索范围和检索式,共检索到相关专利 45 篇,从中挑选出可比专利 5 篇,其余为一般相关专利。

[1] 北京大学工学院包头研究院. 一种硫化物矿物的微生物脱硫方法. 中国,201410224523[P]. 2014-11-19.

[2] 北京化工大学. 一种利用微生物菌脱硫再生废橡胶的方法. 中国,201410154011[P]. 2014-07-16.

[3] 天津工业生物技术研究所. 一种微生物烟气脱硫剂. 中国,201110103030[P]. 2011-09-14.

[4] 上海彤微环保科技有限公司. 煤炭的组合型微生物脱硫法及其工艺. 中国,201010183566[P]. 2011-11-30.

[5] 山东金佰生物技术有限公司. 一种由放线菌 LD021 制备微生物脱硫剂的工艺. 中国,200510042281[P]. 2005-11-23.

2) 检索美国专利

先翻译检索词:微生物,microbial;脱硫,desulphurization、desulfurization;生物催化脱硫,biocatalytic desulfurization、BDS;二氧化硫,sulfur dioxide。

编制检索式,根据上述检索词之间的逻辑关系,编制了如下检索式。

检索式 1:TTL/microbial AND (desulfurization OR "sulfur dioxide")。

检索式 2:TTL/microbial AND desulfurization。

检索式 3:TTL/microbial AND "sulfur dioxide"

打开美国专利商标局网站(http://patft.uspto.gov/),单击左侧栏(PatFT:Patents)的"Advanced Search",进入高级检索界面,按编制的检索式输入内容,如图 11-4 所示。

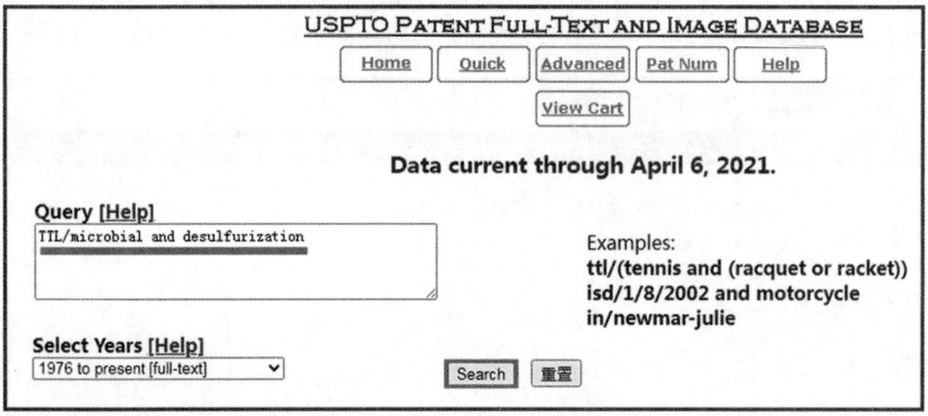

图 11-4 美国专利检索界面

依据检索式 1,没有检索到相关专利文献。

依据检索式 2,共检索到相关专利 21 篇,从中挑选出可比专利 6 篇,其余为一般相关专利。

[1]Clean Diesel Technologies Inc. Microbial catalyst for desulfurization of fossil fuels. US 6,124,130[P]. 2000-09-26.

[2]Gas Research Institute. Microbial process for the mitigation of sulfur compounds from natural gas. US 5,981,266[P]. 1999-11-09.

[3]Institute of Gas Technology. Microbial cleavage of organic C-S bonds. US 5,358,869[P]. 1994-10-25.

[4]ABB Environmental Services Inc. Microbial process for the reduction of sulfur dioxide. US 5,269,929[P]. 1993-12-14.

[5]The Standard Oil Company. Microbial desulfurization of coal. US 4,851,350[P]. 1989-07-25.

[6]Union Carbide Corporation. Microbial desulfurization of coal. US 4,206,288[P]. 1980-06-03.

依据检索式 3,共检索到相关专利 36 篇,从中挑选出的可比专利与检索式 2 的相同。

11.2.3 综合检索案例

【例3】 难加工材料绿色切削加工的研究进展和方向。

1. 课题背景分析

某大型机械制造企业的生产中,正越来越多地采用不锈钢、钛合金,以及高温耐热合金等高硬度、高韧性材料,为了加工这些材料,必须使用大量的切削液,从而造成了环境的污染,而治理污染又要花费大量资金,为此该科研部门拟着手开展一项不采用切削液的难加工材料绿色切削加工的研究,以便从源头上解决环境污染问题。

因此,检索课题要求为"难加工材料绿色切削加工的研究进展和方向",要求提供目前国内外有关难加工材料绿色切削加工方面的研究进展情况,以及未来的发展方向。

通过相关资料初步了解到,所谓难加工材料指的是具有高硬度、高韧性、高耐磨性和低传热性的材料,如硅铝合金、镁合金、钛合金、高温耐热合金、高强度铸铁、淬硬钢、高锰钢、奥氏体不锈钢及陶瓷等,切削这些材料时,刀具在很短的时间内就会出现机械磨损、热磨损、热疲劳、破断或热龟裂,从而使切削加工无法进行。为了降低加工难度,传统的方法除了使用金刚石刀具或特殊涂层硬质合金刀具以外,主要就是依靠大量使用切削液来降温和润滑了。而大量使用切削液不仅会提高生产成本,而且会危害操作人员的身体健康,甚至会对环境造成严重污染。

进入21世纪后,制造业提出了"绿色制造"的口号,不采用或少采用切削液的"绿色切削加工技术"由此应运而生,目前绿色切削加工的研究主要集中在干式切削、低温切削和绿色湿式切削几个方面。干式切削又称为干切削,它又分为完全不使用切削液的全干式切削和使用气体混合微量润滑剂来代替切削液的准干式切削两种,其中,准干式切削采用的是微量润滑(minimum quantity lubrication,简称MQL)技术。低温切削是利用诸如液氮、液态二氧化碳或冷风等低温流体喷涂加工区域,通过降温来减少热的影响,并利用被加工材料在低温条件下产生的低温脆性,提高其切削加工性。还有的研究是在冷风中混入微量的可降解的植物性润滑油,有增加润滑和排屑的作用。绿色湿式切削从改造切削液的成分和性能入手,目前已出现各种微乳化液、水基切削液、合成切削液或离子型切削液,矿物油也逐渐被生物降解性好的植物油或合成酯所代替。

2. 选择检索词

由于本次检索课题属于开题前的调查研究,对有关的文献信息要尽量收集齐全,以便全面了解该研究领域的产生、发展和未来的情况,因此如何正确选择和确定检索词,就成了一个关键问题。

选择检索词最简单的方法是将检索课题从字面上进行切分,具体如下。

检索课题:难加工材料绿色切削加工的研究进展和方向。

初步切分:难加工材料、绿色切削加工、研究、进展、方向。

最后选择:难加工材料、绿色切削加工(研究、进展、方向等词涵盖面太宽,无检索意义,故不宜作为检索词)。

而从上述背景知识可知,"难加工材料"和"绿色切削加工"都是复合名词,它们主要出现在综述性文献的题名和文摘中,而综述性文献所包含的实质性技术信息量又不会很大,如果仅用它们作为检索词,不仅查获的相关文献数量不多,而且技术信息含量也不高,由此,还应根据上述背景知识增加同义词和下位词。

难加工材料的同义词有难切削材料、难削材料等。

难加工材料的下位词有铝合金、镁合金、钛合金、高温合金、高强度铸铁、淬硬钢、高锰钢、不锈钢、陶瓷等。如果全选,又太多了,最后根据所属企业的用材特点,仅选择了不锈钢、钛合金、铝合金和高温合金四个下位词。

绿色切削加工的同义词有绿色切削等。

绿色切削加工的下位类名词及其同义词有干式切削、干切削、低温切削、冷风切削、绿色湿式切削、微量润滑等。

3. 编制检索式

根据上述检索词之间的逻辑关系,编制了如下两个检索式。

检索式 1:(难加工材料+难切削材料+难削材料)*(绿色切削加工+绿色切削)。

检索式 2:(不锈钢+钛合金+铝合金+高温合金)*(干式切削+干切削+低温切削+冷风切削+绿色湿式切削+微量润滑)。

以上检索词和检索式在检索中应根据数据库的实际情况进行核对和调整。如果数据库能提供检索词词库,则应以词库中的检索词为准。在检索国外文献时,还应将检索词和检索式译成英文。

4. 选择数据库

数据库的选择要根据课题具体分析,因为要了解国内外的研究概况,所以中、外文都需要检索。其实,即便只是了解国内的研究概况,外文检索也是必不可少的,因为中国科研工作者的质量较高的文章大多都是以外文形式发表在外文期刊上的。

鉴于此课题的有关文献会出现在中、外文期刊论文、学位论文及专利文献之中,因此选择了下述数据库作为检索工具。

中文期刊:中国期刊全文数据库(CNKI)。

外文期刊:EI 数据库。

学位论文:中国优秀博硕士学位论文全文数据库。

专利文献:中国国家知识产权局、美国专利商标局。

5. 检索过程

1)中国知网

(1)初步检索。

主要概念词(作为检索词):难加工材料、绿色切削。

辅助概念词(根据检索结果多少决定取舍):加工、研究。

编制检索式:难加工材料*绿色切削加工。

检索结果:用篇名及文摘检索"难加工材料*绿色切削加工",检索结果均为 0 篇;用主题检索"难加工材料*绿色切削加工",检索结果为 8 篇。

(2)调整检索策略。

①调整方式 1。

用篇名检索"(难加工材料+难切削材料+难削材料)*(绿色制造+绿色切削)",检索结果为 1 篇。

用文摘检索"(难加工材料+难切削材料+难削材料)*(绿色制造+绿色切削)",检索结果为 8 篇。

用主题检索"(难加工材料+难切削材料+难削材料)*(绿色制造+绿色切削)",检索结果为 8 篇,如图 11-5 所示。

图 11-5　用主题检索

②调整方式 2。

用篇名检索"（难加工材料＋难切削材料＋难削材料＋不锈钢＋钛合金＋铝合金＋高温合金）＊（低温切削＋干切削＋冷风切削＋冷风加工＋微量润滑＋绿色制造＋绿色切削＋MQL）"。

用篇名检索时由于检索词比较多，可以分几次完成复杂的检索式，先输入"难加工材料＋难切削材料＋难削材料＋不锈钢＋钛合金＋铝合金＋高温合金"，如图 11-6 所示。

图 11-6　分段检索 1

再输入"低温切削＋干切削＋冷风切削＋冷风加工＋微量润滑＋绿色制造＋绿色切削＋MQL"，并单击"结果中检索"，最终完成检索。用篇名字段检索，检索结果为 49 篇，如图 11-7 所示。

用摘要检索"（难加工材料＋难切削材料＋难削材料＋不锈钢＋钛合金＋铝合金＋高温合金）＊（低温切削＋干切削＋冷风切削＋冷风加工＋微量润滑＋绿色制造＋绿色切削＋MQL）"，检索结果为 6285 篇。

用主题检索"（难加工材料＋难切削材料＋难削材料＋不锈钢＋钛合金＋铝合金＋高温

219

图11-7 分段检索2

合金)*(低温切削+干切削+冷风切削+冷风加工+微量润滑+绿色制造+绿色切削+MQL)",检索结果为10357篇。

利用追溯法进一步扩大检索范围。当检索结果中切题的文献题录信息不多时,可利用切题论文后的参考文献进一步扩检。如"奥氏体不锈钢在干切削和微量润滑条件下的切削力的研究"的题录论文后的参考文献如下。

[1] 刘志峰,张崇高,任家隆. 干切削加工技术及应用[M]. 北京:机械工业出版社,2005.

[2] 周春宏,赵汀,姚振强. 最少量润滑切削技术(MQL)——经济有效的绿色制造方法[J]. 机械设计与研究. 2005(05).

[3] 李新龙,何宁,李亮. 绿色切削中的MQL技术[J]. 航空精密制造技术. 2005(02).

[4] 虞付进. 高速切削机理的研究现状与思考[J]. 机械工程师. 2003(10).

[5] 王志鑫. 两种典型航空材料数控铣削工艺研究与优化[D]. 大连理工大学. 2005.

[6] Sandvik切削刀具产品目录手册.

[7] 艾兴,等. 切削用量手册[M]. 北京:机械工业出版社,1966.

[8] Vogel 福鸟润滑上海有限公司配套微量润滑系统操作和使用手册 Minimalmengenschmiersysteme fuer Aussen-schmierung-Betriebsanleitung Version V1.

[9] S. Tumis,K. Weinert. 绿色制造中的干切削技术[J]. 航空制造技术. 2007(04).

[10] 邹浩波,张宇. 高速干切削加工技术[J]. 机械研究与应用. 2005(05).

[11] 郭秀云,勾三利,梁建明,梁永生,张永清. 干切削加工方法的探讨[J]. 河北建筑工程学院学报. 2005(01).

从参考文献中得知作者何宁对本课题较早就有研究,因此可用高级检索界面从作者和机构途径进行组配检索。

2)中国优秀博硕士学位论文全文数据库

用题名检索"(难加工材料+难切削材料+难削材料+不锈钢+钛合金+铝合金+高温合金)*(低温切削+干切削+冷风切削+冷风加工+微量润滑+绿色制造+绿色切削+

MQL)",检索结果为 40 篇。

用摘要检索:"(难加工材料＋难切削材料＋难削材料＋不锈钢＋钛合金＋铝合金＋高温合金)＊(低温切削＋干切削＋冷风切削＋冷风加工＋微量润滑＋绿色制造＋绿色切削＋MQL)",检索结果为 241 篇。

3)中国国家知识产权局

检索式:(难加工材料 or 难切削材料 or 难削材料)and (低温切削 or 干切削 or 绿色切削 or MQL),通过发明名称进行检索,如图 11-8 所示,检索结果为 89 篇(切题 4 篇)。

图 11-8　中国国家知识产权局检索界面

4)EI 数据库

(1)将中文检索词译成英文检索词。

利用《汉英机械工程词典》《汉英工程技术词典》《汉英机电工程词典》或中国优秀博硕士学位论文全文数据库的英文题名或关键词,将中文检索词译成英文检索词。

难加工材料:hard-to-machine material　　　绿色切削加工:green machining
难切削材料:difficult-to-cutting material　　绿色制造:green manufacturing
绿色切削:green cutting　　　　　　　　　　低温切削:cryogenic cutting
冷风切削:cold air cutting　　　　　　　　　干切削:dry cutting
微量润滑:minimum quantity lubrication　　 钛合金:titanium alloy
铝合金:aluminium alloy　　　　　　　　　　不锈钢:stainless steel

注:①中译英的一词多译。

难加工:difficult-to-machine、hard-to-machine。

切削:cutting、machining。

②全称与简称:微量润滑,全称 minimum quantity lubrication,简称 MQL。

③单数与复数:国外数据库名词多用复数。

(2)执行检索。

①选择 EI 数据库。

②拟定初步检索策略,利用"Quick Search"界面进行检索。

从"Title"字段检索。检索式为:(stainless steel or titanium alloy or aluminium alloy or hard-to-machine material)and(cryogenic machin * or cryogenic cut * or cold air cut or dry cut or dry machine or minimum quantity lubrication or MQL)。

由于上述检索式太复杂,可以通过 EI 数据库的多次检索,然后进行多次检索的组合检索来完成。上面的检索式可以分三步完成。

第一步:字段选择"Title",输入检索词"stainless steel or titanium alloy or aluminium alloy or hard-to-machine material",如图 11-9 所示。

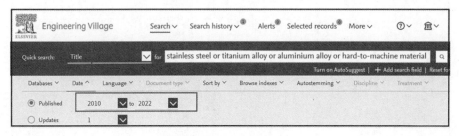

图 11-9　分步检索 1

第二步:字段选择"Title",输入检索词"cryogenic machin * or cryogenic cut * or cold air cut or dry cut or dry machine or minimum quantity lubrication or MQL",如图 11-10 所示。

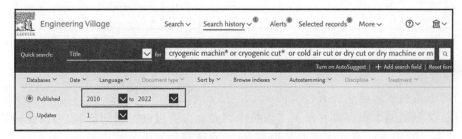

图 11-10　分步检索 2

第三步,单击"Search history",勾选 1 和 2,进行组合检索:＃1 AND ＃2,如图 11-11 所示。

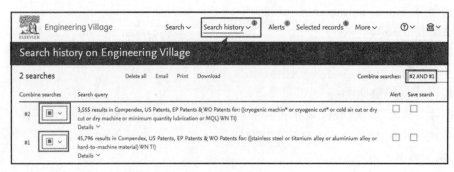

图 11-11　分步检索 3

第四步，单击"Search"按钮，完成组合检索，结果如图 11-12 所示。

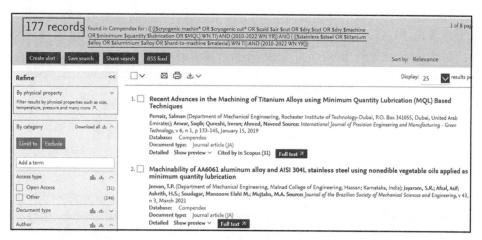

图 11-12　分步检索 4

完成检索后，EI 数据库可以对检索出的文献进行统计分析，并供读者分组浏览。数据库提供了论文发表的作者、作者单位、受控词、国家、文献来源等的排序，可以让读者对在这一领域研究较多的领军人物、主要的科研机构、主要国家、重要刊源等信息了然于心，便于读者进行下一步的筛选。EI 数据库检索结果的分组浏览如图 11-13 所示。

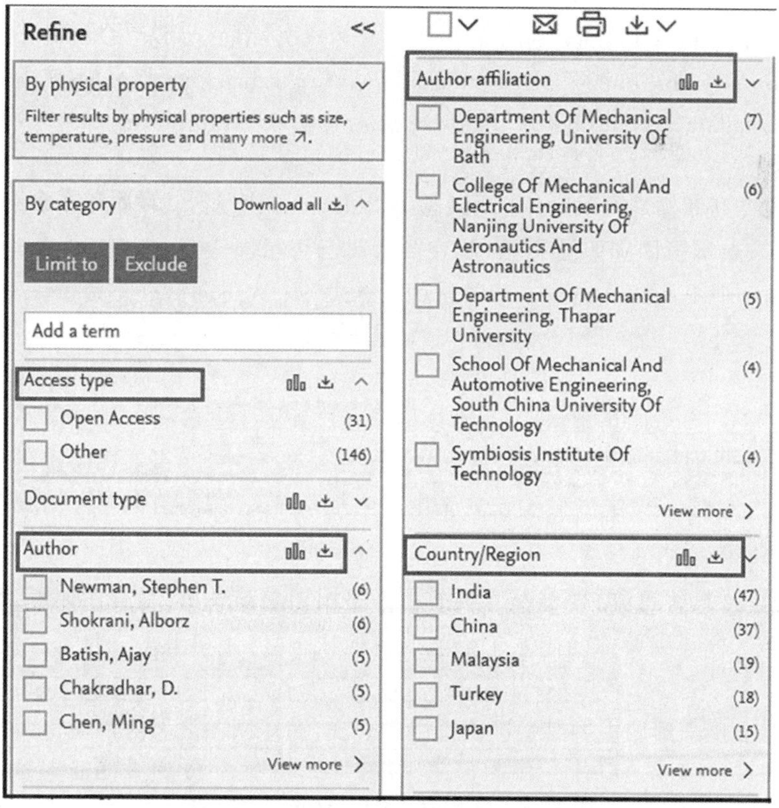

图 11-13　EI 数据库检索结果的分组浏览

5）美国专利商标局

（1）初步检索。

编制检索式，即 ABST/"hard-to-machine material"and "green machining"，打开美国专利商标局网站，单击快速检索"Quick"按钮，并输入检索词，如图 11-14 所示。

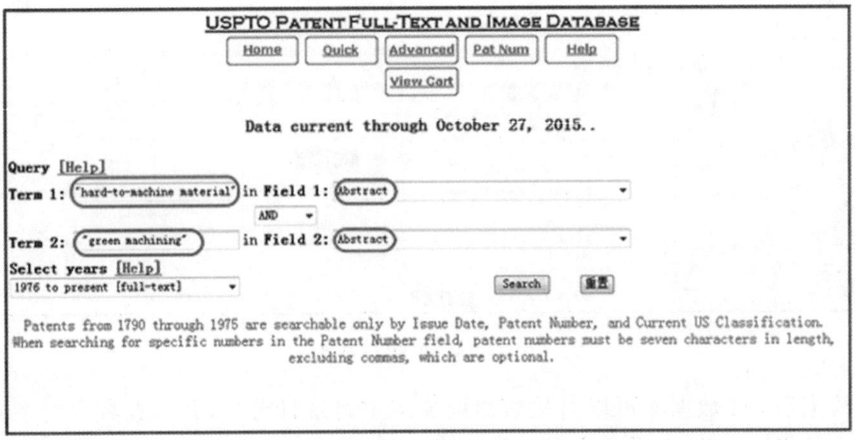

图 11-14 美国专利商标局快速检索界面

进行文摘字段检索，检索结果为 0 篇。

（2）调整检索策略。

重新编制检索式：TTL/"cryogenic cut $ " or "cryogenic machin $ "or"cold air cut $ "or "dry cut $ "or"dry machin $ "or"minimum quantity lubrication" or MQL and（"hard-to-machine material"or"stainless steel"or"titanium alloy"or"aluminium alloy"or "difficult-to-cut $ material"）。

打开美国专利商标局网站，单击高级检索"Advanced"按钮，并输入检索词，如图 11-15 所示。

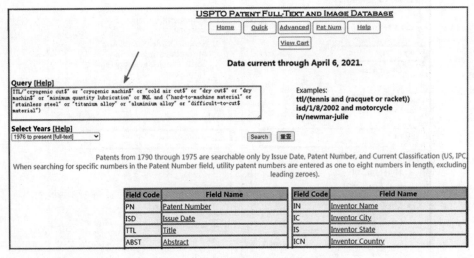

图 11-15 美国专利商标局高级检索界面

用发明名称字段检索,检索结果为 92 篇,经过分析挑选,其中有用文献有 4 篇。

6. 检索结果

从以上 5 个数据库中,检索出有用文献 29 条,其中,1~17 条为中文文献(1~9 条为期刊论文,10~14 条为学位论文,15~17 条为专利文献),18~29 条为外文文献(18~25 条为期刊论文,26~29 条为专利文献)。具体检索结果如下。

[1] 陈德成,铃木康夫,酒井克彦.微量润滑油润滑和冷风冷却加工法对高硅铝合金切削面的影响[J].机械工程学报,2000,11:70-74.

[2] 李新龙,何宁,李亮.绿色切削中的 MQL 技术[J].航空精密制造技术,2005(02).

[3] 舒彪,何宁.无污染切削介质下钛合金铣削刀具磨损机理研究[J].机械科学与技术,2005(04).

[4] 韩荣第,吴健.绿色切削技术探讨[J].工具技术,2006,12:8-10.

[5] 韩荣第,王辉,刘俊岩,王扬.绿色切削 Ni 基高温合金 GH4169 刀具磨损研究[J].润滑与密封,2008,08:12-15.

[6] 曾在春,黄福川,张亚辉,王海涛,易凯.绿色切削液的研制[J].广州化工,2008,05:58-60.

[7] 王玲君,杨富明,关世玺.难加工材料的新型加工技术研究[J].煤矿机械,2011,09:102-104.

[8] 康晓峰,翟南,初宏震,王德生,单英吉.低温 MQL 技术在 TA15 铣削加工中的应用研究[J].制造技术与机床,2012,06:56-59.

[9] 陈冲,赵威,何宁,李亮,杨吟飞.液氮冷却下大进给铣削 TC4 钛合金的试验研究[J].工具技术,2014,08:13-17.

[10] 李婷.难加工材料低温冷风切削性能分析与研究[D].西安石油大学,2015.

[11] 戚宝运.基于表面微织构刀具的钛合金绿色切削冷却润滑技术研究[D].南京航空航天大学,2011.

[12] 仲为武.铝合金干切削和少量润滑切削试验及模糊监控研究[D].南京航空航天大学,2012.

[13] 韩舒.基于微量润滑技术的涂层刀具高速切削钛合金性能研究[D].上海交通大学,2011.

[14] 赵威.基于绿色切削的钛合金高速切削机理研究[D].南京航空航天大学,2006.

[15] 无锡市华明化工有限公司.一种植物源切削液及其制备工艺.中国,CN201310185999[P].

[16] 无锡康柏斯机械科技有限公司.一种无污染绿色切削液及其制备工艺.中国,CN201210471310[P].

[17] 北京航空航天大学.基于微细冰水混合介质的低温冷风射流绿色切削方法.中国,CN201010141376[P].

[18] Huang, Aihua. Cryogenic machining of hard-to-machine material, AISI 52100: a study of chip morphology and comparison with dry machining[J]. Advanced Materials Research, v500, p140-145, 2012.

[19] Shokrani, A. Study of the effects of cryogenic machining on the machinability of

Ti-6Al-4V titanium alloy[J]. Proceedings of the 12th International Conference of the European Society for Precision Engineering and Nanotechnology, EUSPEN 2012, v2, p283-286, 2012.

[20] Sadeghi, M. H. Minimal quantity lubrication-MQL in grinding of Ti-6Al-4V titanium alloy[J]. International Journal of Advanced Manufacturing Technology, v44, n5-6, p487-500, September 2009.

[21] Sun, S. Machining Ti-6Al-4V alloy with cryogenic compressed air cooling[J]. International Journal of Machine Tools and Manufacture, v50, n11, p933-942, November 2010.

[22] Che Haron, C. H. The effect of minimal quantity lubrication(MQL)on the surface roughness of titanium alloy Ti-6Al-4V ELI in turning process[J]. Advanced Materials Research, v146-147, p1750-1753, 2011.

[23] Liu, Z. Q. Investigation of cutting force and temperature of end-milling Ti-6Al-4V with different minimum quantity lubrication(MQL) parameters[J]. Proceedings of the Institution of Mechanical Engineers, Part B: Journal of Engineering Manufacture, v225, n8, p1273-1279, August 2011.

[24] Sun, Y. Enhanced machinability of Ti-5553 alloy from cryogenic machining: comparison with MQL and flood-cooled machining and modeling[J]. Procedia CIRP, v31, p477-482, 2015, 15th CIRP Conference on Modelling of Machining Operations, CMMO 2015.

[25] Liu, Zhiqiang. Wear performance of (nc-AlTiN)/(a-Si_3N_4) coating and (nc-AlCrN)/(a-Si_3N_4) coating in high-speed machining of titanium alloys under dry and minimum quantity lubrication(MQL) conditions[J]. Wear, v305, n1-2, p249-259, July 30, 2013.

[26] Kadokawa, Water-soluble metal-processing agent, coolant, method for preparation of the coolant, method for prevention of microbial deterioration of water-soluble metal-processing agent, and metal processing. US 8,476,208[P], 2013-7-2.

[27] Usuki, Controlled atmosphere cutting method using oxygen enrichment and cutting tool. US 7,387,477[P], 2008-6-17.

[28] Ukai, Method of cutting of metal materials and non-metal materials in a non-combustible gas atmosphere. US 6,200,198[P], 2001-3-13.

[29] Ecer, Consolidation of a drilling element from separate metallic components. US 4,630,692[P], 1986-12-23.

7. 查阅以上检索结果的全文途径

1）期刊论文

将需要浏览全文的刊名全称、年、卷、期记下，然后利用本单位的书刊目录信息查询库或外刊馆藏数据库，了解本单位是否有收藏。如有收藏，直接到本单位外刊阅览室借阅。

通过中国科学院文献情报中心的《全国期刊联合目录库》、上海图书馆的《中外文期刊联合目录库》、国家科技图书文献中心的《外文期刊目次库》或高校图书馆的《CALIS 西文期刊目次数据库》均可检索出上述外刊的收藏机构,且均有提供原文的窗口。

2)专利文献

通过美国专利商标局网站,查询后选择"Images"图标,便可浏览专利说明书的全文。

思考题

1. 简述课题检索流程。
2. 如何进行检索课题的背景分析?
3. 怎样找出检索课题中隐性的主题词?
4. 如何从信息反馈中获得检索词?
5. 扩大检索范围的策略有哪些?
6. 缩小检索范围的策略有哪些?

附录 A 科技查新报告

项目名称:基于生态热力学的农村生物质利用
　　　　　综合评价模型研究

委 托 人:××××大学

委托日期:××××年××月××日

查新机构(盖章):教育部科技查新工作站(×××)

完成日期:××××年××月××日

查新项目名称	中文：基于生态热力学的农村生物质利用综合评价模型研究 英文：Research on Comprehensive Evaluation Model of Rural Biomass Utilization Based on Ecological Thermodynamics			
查新机构	名　　称	教育部科技查新工作站（×××）		
	通信地址	×××××××	邮政编码	××××××
	查新负责人	×××	电　话	×××××××
	联 系 人	×××	电　话	×××××××
	电子信箱	×××××××	网　址	×××××××

一、查新目的

博士点基金立项。

二、查新项目的科学技术要点

生物质的能源化利用常常被认为是减缓气候变化和能源危机极具前景的解决方案，我国丰富的生物质资源主要集中在农村。由于生物质利用技术是一种能量转换过程，必然会消耗化石能源和排放温室气体，因此有必要对其进行分析评价。目前，国内外一些学者引入生命周期评价法对一部分生物质利用技术的经济性进行了综合评价，但系统边界的不一致性、部分数据的不可得性及权重设定的人为差异性，使得生命周期评价结果存在一定的分歧。而基于热力学第二定律的㶲分析方法，通过与生态学和系统学的交融，在能值分析方法的基础上，应用范围不断扩大，成为解析能源-环境-经济复合系统重要的客观综合评价途径。

该课题针对农村生物质利用系统进行了如下研究。

1. 以热力学、动力学、环境科学、系统学、生态学和经济学的相关理论为基础，引入基于㶲分析的综合分析方法，耦合能源要素、环境影响要素和经济要素，分析不同指标体系之间的关系，建立农村生物质能源化利用的能源-环境-经济系统模型。

2. 利用基于多学科交叉的㶲值分析技术，并结合具体实验研究及现场考察进行模型校验和实证分析，对农村生物质利用系统的热力学特性进行分析。

3. 定量地对我国农村生物质利用系统，包括沼气集中供气、生物质气化和生物质成型燃料等进行分析，对其能源流、物质流和货币流进行计量，建立针对我国农村生物质能源化利用的综合评价模型和数据库，便于统一比较多种生物质转换过程的能源-环境-经济综合效益。

三、查新点

将改进的基于热力学的同质综合方法引入到生物质利用技术的综合评价模型中去。

四、查新范围要求

对查新项目分别或综合进行国内外文献对比分析，证明在所查范围内无相同或类似文献报道。

五、文献检索范围及检索策略

中文检索词:1.生物质;2.生态热力学;3.模型研究;4.综合评价;5.生命周期;6.化石能源投入;7.温室气体排放;8.可再生性;9.环境影响。

检索式:

S1:生物质*生态热力学。

S2:生物质*生态热力学*(模型研究+综合评价)。

S3:生物质*生态热力学*模型研究*综合评价。

S4:生物质*(生命周期+化石能源投入+温室气体排放+可再生性+环境影响)。

S5:生态热力学*(环境影响+可再生性)。

文献检索范围:

1.	中国期刊全文数据库	1979—2012/03
2.	中国博士学位论文全文数据库	1999—2012/03
3.	中国优秀硕士学位论文全文数据库	1999—2012/03
4.	中国重要会议论文全文数据库	1999—2012/03
5.	中文科技期刊数据库	1989—2012/03
6.	数字化期刊全文数据库	1984—2012/03
7.	中国学位论文文摘数据库	1977—2012/03
8.	中国学位论文全文数据库	1977—2012/03
9.	中国学术会议论文文摘数据库	1984—2012/03
10.	中国学术会议论文全文数据库	1984—2012/03
11.	中国科技成果数据库	1984—2012/02
12.	中国科技文献数据库	1984—2012/03
13.	国家科技成果网	1978—2012/02
14.	中国科技论文在线	2003—2012/03
15.	中国专利数据库	1985—2012/03

英文检索词:1. biomass;2. ecological thermodynamics;3. model research;4. comprehensive evaluation;5. life cycle;6. fossil energy cost;7. greenhouse gas emission;8. renewability;9. environmental impact。

检索式:

S1:biomass * ecological thermodynamics。

S2:biomass * ecological thermodynamics * (model research + comprehensive evaluation)。

S3:biomass * ecological thermodynamics * model research * comprehensive evaluation。

S4:biomass * life cycle * fossil energy cost * greenhouse gas emission。

S5:biomass * (environmental impact+life cycle)。

S6:biomass * ecological thermodynamics * life cycle * fossil energy cost * greenhouse gas emission。

文献检索范围:

1. INSPEC	1969—2012/03
2. National Technical Information Service（NTIS）	1964—2012/03
3. EI Compendex	1969—2012/03
4. Science Citation Index Expanded（SCI Expanded）	1997—2012/03
5. Derwent Innovation Index	1963—2012/03
6. United States Patent and Trademark	1976—2012/03
7. European Patent	1976—2012/03
8. Conference Proceedings Citation Index-Science（CPCI-S）	1996—2012/03
9. Elsevier SDOL（ScienceDirect OnLine，SDOL）	1998—2012/03
10. ProQuest Digital Dissertations（PQDD）	1861—2012/03
11. ProQuest Science Journals	1994—2012/03
12. IEEE/IEE Electronic Library	1988—2012/03
13. Technology Research Database	1962—2012/03
14. GREENR	1965—2012/03
15. Cell Press	1995—2012/03

六、检索结果

依据上述文献检索范围和检索式，共检索到相关文献 80 余篇，从中挑选出可比文献 23 篇，其余文献为一般相关文献。（后应附上 23 篇可比文献，此处略）

七、查新结论

依据与查新委托人签订的"科技查新委托单"的有关要求，针对"基于生态热力学的农村生物质利用综合评价模型研究"课题，我们利用相关数据库和网站进行了查新检索。检索国内外相关数据库及网站共 30 个，共检索到相关文献 80 余篇，选取可比文献 23 篇。

通过对检索到的相关文献进行分析对比，可以得出以下查新结论。

(1) 见有文献对生物质利用技术的生命周期过程进行分析，委托查新项目则是对我国农村生物质利用技术（包括沼气集中供气、生物质气化供气和生物质成型燃料等技术）进行分析比较。

(2) 见有文献对生物质利用技术的能耗方面和环境方面进行分析，但未涉及热力学㶲值综合分析方法。

(3) 见有文献利用热力学第二定律来对生物质利用技术进行分析，但研究对象过程不一样，且未涉及将基于热力学的同质综合方法引入到生物质利用技术的综合评价模型中，从技术成熟性、经济性、能源利用效率、环境影响分析、区域经济协调发展等方面对生物质利用技术进行评价。

综上所述，未见有与委托查新项目查新点内容相同的基于生态热力学的农村生物质利用综合评价模型研究的文献报道。

查新员(签字)：×××   职称：副研究馆员
审核员(签字)：×××   职称：副研究馆员

(科技查新专用章)
(××××年××月××日)

八、查新员、审核员声明

(1)报告中陈述的事实是真实和准确的;

(2)我们按照科技查新规范进行查新、文献分析和审核,并做出上述查新结论;

(3)查新费用与本报告中的分析、意见和结论无关,也与本报告的使用无关。

    查新员(签字):×××   审核员(签字):×××

    ××××年××月××日   ××××年××月××日

九、附件清单

(23篇中外可比文献的题录、文摘)

十、备注

(1)本查新报告无科技查新专用章、签字和骑缝章(或每页盖章)无效;

(2)本查新报告涂改、部分复印无效;

(3)检索结果及查新报告结论仅供参考。

附录B 信息查找上机实习

一、中文期刊、电子图书查找上机实习

(1)在期刊《南方医科大学学报》中发表过一篇有关阿德福韦酯致Fanconi综合征的文献,请找出该文献发表在哪一年、第几期、起止页码,并写出论文的篇名、作者、作者单位。

(2)在核心期刊上,查找与乳制品中三聚氰胺的检测方法相关的一篇期刊论文,写出中文篇名、英文篇名、作者、刊名、年、期。

(3)查找有关电子商务的法律问题的文章,写出发表该主题文献最多的年度、最多的作者、最多的机构,并写出其中被引频次最高的那篇文章的篇名、作者、文献出处、参考文献数、被引频次、下载频次。

(4)在期刊《中国药事》中发表过一篇有关刺五加注射液不良反应的文献,请找出该文献发表在哪一年、第几期,写出论文的篇名、作者、作者单位、共有几篇参考文献。

(5)找一本与你专业相关的图书,写出书名、责任者、出版社、出版地、出版日期、中图法分类号和ISBN。

(6)请在方正电子图书数据库中找出有关膨润土的电子图书一本,写出作者、书名、出版社、出版地、版次、ISBN、参考文献的篇数。

(7)在超星电子图书数据库中找出两本自己想看的电子图书,写出自己的兴趣、书名、作者、出版社、出版时间、出版地、ISBN。

(8)利用亚马逊网站,找一本有关工业水处理的图书,写出书名、作者、出版者、出版时间。

(9)自从人类可以制造和使用各种机器以来,人们就有一个理想,那就是让各种机器能听懂人类的语言并能按人的口头命令来行动,利用CNKI数据库分析2006—2015年国内以"语音识别"作为关键词且在这一方面研究较多的机构及科研人员,并分析这10年间最有影响力的论文,写出论文的中文篇名、作者姓名、刊期名称、年、期、起止页码。

二、中国专利、标准查找上机实习

(1)查找一篇有关一种银杏汁的提取方法的发明专利,写出发明人、申请人、申请号、公开号及摘要。

(2)查找一篇有关汽车尾气化学净化器的发明专利,写出发明人、申请人、申请号、公开号及摘要。

(3)中国专利ZL.99117225.6在美国获取了专利(US 6829672)(注:一项专利可以向多个国家申请,这是由专利的地域性决定的),请查找该中国专利的专利名称、发明人、申请号、公开号及摘要。

(4)已知中国某专利文献的公开号为CN101697181A,请查出其发明名称、申请号、申请(专利权)人、发明人。

(5)查找有关室内装饰装修材料木家具中有害物质限量的国家标准,写出标准编号、英文标准名称、发布单位、发布日期、实施日期、起草单位。

(6)查找有关鲜乳卫生标准的国家标准,写出标准编号、英文名称、发布日期、实施日期、中国标准分类号等,查看全文,并找出理化指标中相对密度和蛋白质的含量要求。

(7)查找有关包装饮用水安全问题的国家标准,写出标准编号、英文名称、发布日期、实施日期、中国标准分类号等,查看全文,并找出理化指标中相对密度和蛋白质的含量要求。

(8)从2014年1月1日起,第四阶段车用汽油标准("国四"汽油)将在全国范围施行,车用汽油质量标准升级至第四阶段,请查找最新的有关车用乙醇汽油的国家强制标准,写出标准的英文题名、标准号、发布日期、实施日期、替代标准号、中国标准分类号、铅含量和硫含量的质量指标。

三、中文学位论文、会议文献查找上机实习

(1)找一篇学位授予单位为武汉大学,内容关于网络时代的知识产权研究的学位论文,写出学位论文的篇名、作者、导师、学位授予时间、文摘内容。

(2)在万方数据库查找一篇2010—2015年间有关钛合金电镀工艺的研究的博士论文,写出该论文的中文题名、学位授予单位、学科专业名称、分类号、参考文献数。

(3)在CNKI数据库中,查看"高级检索"的检索项共有多少种;单击"学位授予单位导航",查看湖北省的博士学位授予单位共多少所。

(4)查找有关水资源污染治理的会议文献一篇,写出会议名称、会议论文标题、会议地点、召开时间。

(5)查找有关数字通信系统的会议文献,写出本期共收录的此次会议的文献数量、会议召开的时间、地点及会议名称。

四、英文资料查找上机实习

(1)利用EI Village 2数据库,检索一篇2013—2016年间发表的有关发动机尾气检测的期刊论文文献,写出检索使用的关键词、篇名、作者、作者单位、期刊名称及发表的年、卷、期和页码。

(2)利用EI数据库,查出有关生物柴油制备方法的一篇会议文献,写出检索使用的关键词,并写出篇名、作者、会议名称、会议召开的时间和地点。

(3)检索英文数据库EBSCO,要求查出一篇刊登在刊名为"International Journal of Market Research"的期刊上,并且论文的题目中含有"commerce"的论文,写出篇名、作者、年、卷、期和文摘内容。

(4)利用SpringerLink数据库,查出有关土壤修复的文献资料,写出篇名、作者、年、卷、期。

(5)智能手机不每天充电还真不习惯,美国苹果公司(受让人)近日获得了一项燃料电池专利的批准,名为"给便携式计算设备供电的燃料电池系统",使电子设备的续航达到几天甚

至几周。请检索该专利的专利号、专利名称、申请号、申请日期、公布日期、发明人(只写第一人)。

(6)利用 OA 资源,检索有关指纹识别的期刊论文文献,写出检索过程中使用的关键词,并找出其中一篇文献,写出该论文的篇名、作者、作者单位、期刊名称及发表的年、卷、期、页码。

附录 C TRIZ 理论入门导读

一、TRIZ 理论的发展

TRIZ 理论成功地揭示了创造发明的内在规律和原理,着力于澄清和强调系统中存在的矛盾,其目标是完全解决矛盾,获得最终的理想解。它是基于技术的发展演化规律研究整个设计与开发过程,而不再是随机的行为。实践证明,运用 TRIZ 理论,可大大加快人们创造发明的进程,得到高质量的创新产品。

TRIZ 理论是根里奇·阿奇舒勒创立的。1946 年,阿奇舒勒在处理世界各国著名的发明专利过程中,发现任何领域的产品改进、技术的变革和创新都同生物系统一样,存在着产生、生长、成熟、衰老、灭亡等阶段,是有规律可循的。人们如果掌握了这些规律,就能能动地进行产品设计并能预测产品的未来趋势。以后数十年中,阿奇舒勒穷其毕生精力致力于 TRIZ 理论的研究和完善,总结出各种技术发展进化遵循的规律模式,以及解决各种技术矛盾和物理矛盾的创新原理和法则,建立了一个由解决技术、实现创新开发的各种方法和算法组成的综合理论体系,并综合多学科领域的原理和法则,建立起 TRIZ 理论体系。

20 世纪 80 年代中期以前,该理论对其他国家是保密的。20 世纪 80 年代中期,随着一批科学家移居美国等西方国家,该理论才逐渐被介绍给世界产品开发领域,并逐渐对该领域产生重要的影响。

二、TRIZ 理论的核心思想

TRIZ 理论的核心思想如下。

(1)无论是一个简单产品还是复杂的技术系统,其核心技术都是遵循着客观的规律发展演变的,即具有客观的进化规律和模式。

(2)各种技术难题和矛盾的不断解决是推动这种进化过程的动力。

(3)技术系统发展的理想状态是用最少的资源实现最大效益的功能。

三、TRIZ 理论的主要内容

创新从最通俗的意义上讲就是创造性地发现问题和创造性地解决问题的过程,TRIZ 理论的强大作用正在于它为人们创造性地发现问题和解决问题提供了系统的理论、方法、工具。

现代 TRIZ 理论体系主要包括以下几个方面的内容。

1. 创新思维方法与问题分析方法

TRIZ 理论中提供了如何系统分析问题的科学方法,如多屏幕法等;而对于复杂问题的分析,则包含了科学的问题分析建模方法——物-场分析法,它可以帮助快速确认核心问题,发现根本矛盾之所在。

2. 技术系统进化法则

针对技术系统进化演变规律，TRIZ 理论在大量专利分析的基础上总结、提炼出 8 个基本进化法则。利用这些进化法则，可以分析确认当前产品的技术状态，并预测未来的发展趋势，开发富有竞争力的新产品。

3. 技术矛盾解决原理

不同的发明创造往往遵循着共同的规律。TRIZ 理论将这些共同的规律归纳成 40 个创新原理，针对具体的技术矛盾，可以基于这些创新原理、结合工程实际寻求具体的解决方案。

4. 创新问题标准解法

针对具体问题的物-场模型的不同特征，分别对应有标准的模型处理方法，包括模型的修正、转换，物质与场的添加等。

5. 发明问题解决算法 ARIZ

发明问题解决算法 ARIZ 主要针对问题情境复杂、矛盾及其相关部件不明确的技术系统。它是一个对初始问题进行一系列变形及再定义等非计算性的逻辑过程，实现对问题的逐步深入分析和问题转化，直至问题的解决。

6. 基于物理、化学、几何学等工程学原理而构建的知识库

基于物理、化学、几何学等领域的数百万项发明专利的分析结果而构建的知识库可以为技术创新提供丰富的方案来源。

四、TRIZ 理论的基本原则

1. 分割原则

a. 将物体分成独立的部分；b. 使物体成为可拆卸的；c. 增加物体的分割程度。

例：组合家具、分类垃圾箱、分体式冰箱。

2. 拆出原则

a. 从物体中抽出产生负面影响（即干扰）的部分或者属性；b. 从物体中抽出必要的部分或者属性。

例：避雷针、舞台上的反光镜。

3. 局部性质原则

a. 从物体或外部介质（外部作用）的一致结构过渡到不一致结构；b. 物体的不同部分应当具有不同的功能；c. 物体的每一部分均应具备最适于它工作的条件。

例：瑞士军刀、分隔式餐盒、多功能手表（兼具通话、存储等功能）。

4. 不对称原则

a. 物体由对称形式转为不对称形式；b. 如果物体不是对称的，则加强它的不对称程度。

例：防撞汽车轮胎具有一个高强度的侧缘，以抵抗人行道路缘石的碰撞。

5. 组合原则

a. 把相同的物体或完成类似操作的物体组合起来；b. 把时间上相同或类似的操作联合

起来。

例:集成电路板、冷热水混合器。

6. 多功能原则

一个物体执行多种不同功能,因而不需要其他物体。

例:提包的提手(可同时作为拉力器)。

7. 嵌套原则(套叠法)

a.一个物体位于另一个物体之内,而后者又位于第三个物体之内;b.一个物体通过另一个物体的空腔。

例:俄罗斯套娃、伸缩式天线、推拉门。

8. 重量补偿原则

a.将物体与具有上升力的另一物体结合以抵消其重量;b.将物体与介质(最好是气动力和液动力)相互作用以抵消其重量。

例:氢气球、热气球。

9. 预先反作用原则

a.事先施加反作用来消除不利因素;b.如果一个物体处于或将处于受拉伸状态,预先施加压力。

例:钉马掌,给树木罩上黑色的防护网。

10. 预先作用原则

a.预先完成要求的作用(整个的或部分的);b.预先将物体安放妥当,使它们能在现场和最方便的地点立即完成所需要的作用。

例:透明胶带座、在停车场安置的缴费系统。

11. 预先应急措施原则

以事先准备好的应急手段补偿物体的低可靠性。

例:安全气囊、电梯的应急按钮。

12. 等势原则

改变工作状态而不必升高或降低物品。

例:汽车修理部的地下修理通道、悬挂式流水线。

13. 相反原则

a.不实现课题条件规定的作用而实现相反的作用;b.使物体或外部介质的活动部分成为不动的,而使不动的部分成为可动的;c.将物体颠倒。

例:起跑器、做泥塑时使用的转盘、滚梯。

14. 球形原则

a.从直线部分过渡到曲线部分,从平面过渡到球面,从正六面体或平行六面体过渡到球形结构;b.利用棍子、球体、螺旋等结构;c.从直线运动过渡到旋转运动,利用离心力。

例:滚轮办公椅、洗衣机、汽车轮胎。

15. 动态原则

a.物体(或外部介质)的特性的变化应当在每一工作阶段都是最佳的;b.将物体分成彼此相对移动的几个部分;c.使不动的物体成为动的。

例:用于矫正牙齿的记忆合金、可以弯曲的吸管。

16. 局部作用或过量作用原则

如果难以取得百分之百所要求的功效,则应当取得略小或略大的功效。

例:给自行车打气时不一定要百分之百地打满。

17. 向另一维度过渡的原则

a.如果物体作线性运动(或分布)有困难,则使物体在二维度(即平面)上移动,相应地,在一个平面上的运动(或分布)也可以过渡到三维空间;b.利用多层结构替代单层结构;c.将物体倾斜或侧置;d.利用指定面的反面;e.利用投向相邻面或反面的光流。

例:双面集成的电路板、旋转楼梯。

18. 机械振动原则

a.使物体振动;b.如果已在振动,则提高它的振动频率(达到超声波频率);c.利用共振频率;d.用压电振动器替代机械振动器;e.利用超声波振动同电磁场配合。

例:无锯末断开木材的方法、超声波清洗、音叉电动剃须刀。

19. 周期作用原则

a.从连续作用过渡到周期作用(脉冲);b.如果作用已经是周期的,则改变周期性;c.利用脉冲的间歇完成其他作用。

例:用热循环自动控制薄零件的触点焊接方法、心脏起搏器、警笛。

20. 连续有益作用原则

a.连续工作(物体的所有部分均应一直满负荷工作);b.消除空转和间歇运转。

例:内燃机的活塞装置、循环流水线、喷墨打印机的打印头。

21. 紧急行动原则

a.快速执行一个危险或有害的作业;b.高速跃过某过程或其个别阶段。

例:照相机的闪光灯。

22. 变害为利原则

a.利用有害因素(特别是介质的有害作用)获得有益的效果;b.通过有害因素与另外几个有害因素的组合来消除有害因素;c.将有害因素加强到不再有害的程度。

例:再生塑料、再生纸、废旧物品回收。

23. 反向联系原则

a.进行反向联系;b.如果已有反向联系,则改变它。

例:自动调节硫化物沸腾层焙烧温度的方法、自动控温装置、声控喷泉。

24. 中介物原则

a.利用中介物质传递某一物质或中间过程;b.在原物体上附加一个易拆除的物体。

例:化学反应催化剂、动滑轮。

25. 自我服务原则

a. 物体应当为自我服务,完成辅助和修理工作;b. 利用废料能源和物质。

例:利用电焊电流工作的螺旋管供给电焊条,利用食物或野草等做肥料。

26. 复制原则

a. 用简单而便宜的复制品代替难以得到的、复杂的、昂贵的、不方便的或易损坏的物体;b. 用光学复制品(图像)代替物体或物体系统,此时要改变比例(放大或缩小复制品);c. 如果利用可见光的复制品,则转为红外线的或紫外线的复制。

例:大地测量学直观教具、公园中的微缩景观、楼盘模型、宇航员的模拟训练系统。

27. 用廉价的不持久性代替昂贵的持久性原则

用一组廉价物体代替一个昂贵物体,放弃某些品质(如持久性)。

例:一次性捕鼠器、模型警察、假花、一次性水杯。

28. 代替力学原理原则

a. 用光学、声学等设计原理代替力学设计原理;b. 用电场、磁场和电磁场同物体相互作用;c. 由恒定场转向不定场,由时间固定的场转向时间变化的场,由无结构的场转向有一定结构的场;d. 利用铁磁颗粒组成的场。

例:在热塑材料上涂金属层的方法、感应水龙头、感应门。

29. 气压和液压原则

用气体结构和液体结构代替物体的固体部分,如充气和充液的结构、气枕、静液的和液体反冲的结构。

例:消防救生用的充气气垫、液压减振器、气垫鞋底。

30. 利用软壳和薄膜原则

a. 利用软壳和薄膜代替一般的结构;b. 用软壳和薄膜使物体同外部介质隔离。

例:充气混凝土制品的成型方法、"水立方"游泳馆。

31. 利用多孔材料原则

a. 把物体做成多孔的或利用附加多孔元件(镶嵌、覆盖等);b. 如果物体是多孔的,事先用某种物质填充空孔。

例:电机蒸发冷却系统、枪械中用的消声器、蜂窝煤。

32. 改变颜色原则

a. 改变物体或外部介质的颜色;b. 改变物体或外部介质的透明度;c. 为了观察难以看到的物体或过程,利用染色添加剂;d. 如果已采用了染色添加剂,则采用荧光粉。

例:透明绷带、添加了荧光粉的交通警服。

33. 一致原则

同指定物体相互作用的物体应当用同一(或性质相近的)材料制成。

例:获得固定铸模的方法,用金刚石切割钻石。

34. 部分剔除和再生原则

a. 已完成自己的使命或已无用的物体部分应当剔除(溶解、蒸发等)或在工作过程中直接转化;b.消除的部分应当在工作过程中直接再生。

例:检查焊接过程的高压区的方法、自动铅笔的笔芯。

35. 改变物体聚合态原则

这里包括的不仅有简单的过渡,如从固态过渡到液态,还有向假态(假液态)和中间态的过渡。

例:弹性固体、固体胶、洗手液。

36. 相变原则

利用相变时发生的现象,如体积改变、放热或吸热。

例:加湿器、弹簧。

37. 利用热膨胀原则

a.利用材料的热膨胀(或热收缩);b.利用一些热膨胀系数不同的材料。

例:温度计,利用热膨胀将扁的乒乓球恢复原样。

38. 利用强氧化剂原则

a.用富氧空气代替普通空气;b.用氧气替换富氧空气;c.用电离辐射作用于空气或氧气;d.用臭氧化了的氧气;e.用臭氧替换臭氧化了的(或电离了的)氧气。

例:鼓风机、强氧化剂。

39. 采用惰性介质原则

a.用惰性介质代替普通介质;b.在真空中进行某过程。

例:预防棉花在仓库中燃烧的方法,其特征是,为提高棉花储存的可靠性,在向储存地点运输的过程中用惰性气体处理棉花;充入惰性气体的电灯泡等。

40. 利用混合材料原则

由同种材料转为混合材料。

例:复合地板、复合橡胶轮胎。

参 考 文 献

[1] 吴长江,朱丽君,黄克文.现代信息资源检索案例化教程[M].武汉:华中科技大学出版社,2011.

[2] 燕今伟,刘霞.信息素质教程[M].武汉:武汉大学出版社,2008.

[3] 周文荣.信息资源检索与利用[M].北京:化学工业出版社,2001.

[4] 唐永林,葛巧珍.网络时代信息基础与检索[M].上海:华东理工大学出版社,2003.

[5] 杜慰纯.信息获取与利用[M].北京:清华大学出版社,2009.

[6] 叶继元.信息检索导论[M].北京:电子工业出版社,2003.

[7] 朱丽君.信息资源检索与应用[M].北京:化学工业出版社,2004.

[8] 蔡志勇.教你免费查专利[M].北京:化学工业出版社,2008.

[9] 赵乃瑄,冯新.化工化学电子文献检索与分析策略[M].北京:化学工业出版社,2007.

[10] 朱小平.关键词检索技术与应用技巧[J].咸宁学院学报,2006(4):206-207.

[11] 夏立新.网络信息检索的失误分析及扩检与缩检措施的选择[J].现代图书情报技术,2003(3):55-57.

[12] 吴成芳.挖掘隐性主题 提高检索效果[J].煤炭科技情报工作,1992(3):13-16.

[13] 李小平,李英.医学文献检索漏检分析及对策[J].遵义医学院学报,2002,25(2):195-196.

[14] 李育嫦.书目数据库检索中的漏检与误检原因及对策[J].图书情报知识,2003(1):65-67.

[15] 陈荣.有机化学物质检索方法探讨[J].福建图书馆学刊,2002(2):25-26,21.

[16] 赵秀珍,杨小玲.科技论文写作教程[M].北京:北京理工大学出版社,2005.

[17] 罗敏.现代信息检索与利用[M].重庆:西南师范大学出版社,2007.

[18] 郎贵梅.专科客体的确定与商业方法的专利保护[M].北京:知识产权出版社,2008.

[19] (法)J.L.利伯恩.科技英语写作进阶[M].任胜利,莫京,安瑞,译.北京:科学出版社,2009.

[20] 陈延斌,张明新.高校文科科研训练与论文写作指导[M].北京:中央编译出版社,2004.

[21] 杨飚,吴长江.大学生信息检索与利用[M].武汉:华中科技大学出版社,2011.

[22] 王伟军,蔡国沛.信息分析方法与应用[M].北京:清华大学出版社,北京交通大学出版社,2010.

[23] 杜兴梅.学术论文写作ABC[M].2版.广州:广东高等教育出版社,2010.

[24] 吴长江.检索用词的选取规律与方法探讨[J].科技情报开发与经济,2006,16(4):66-67.

[25] 王勇,彭莲好.信息检索基础教程[M].武汉:华中科技大学出版社,2010.

[26] 丁传奉.信息资源检索与利用[M].北京:知识产权出版社,2004.

[27] 焦玉英,符绍宏,何绍华.信息检索[M].武汉:武汉大学出版社,2001.

[28] 李跃珍.信息检索与利用[M].杭州:浙江大学出版社,2006.

[29] 吉家凡,等.网络信息检索[M].武汉:华中科技大学出版社,2010.

[30] 王梦丽,杜慰纯.信息检索与网络应用[M].2版.北京:北京航空航天大学出版社,2009.